Informatik — Fachberichte

Informatik-Fachberichte 164

Herausgegeben von W. Brauer
im Auftrag der Gesellschaft für Informatik (GI)

Michael Eulenstein

Generierung portabler Compiler

Das portable System POCO

Springer-Verlag
Berlin Heidelberg New York
London Paris Tokyo

Autor

Michael Eulenstein
RBI, Fachbereich Informatik (20)
Johann Wolfgang Goethe-Universität
Robert-Mayer-Straße 11-15, 6000 Frankfurt/Main 11

CR Subject Classifications (1987): D.3.4

ISBN-13: 978-3-540-18937-4   e-ISBN-13: 978-3-642-73431-1
DOI: 10.1007/978-3-642-73431-1

CIP-Titelaufnahme der Deutschen Bibliothek
Eulenstein, Michael:
Generierung portabler Compiler : d. portable System POCO / Michael Eulenstein. –
Berlin; Heidelberg; New York; London; Paris; Tokyo: Springer, 1988
    (Informatik-Fachberichte; 164)
    Zugl.: Saarbrücken, Univ., Diss., 1987

NE: GT

Vorwort

Die vorliegende Arbeit ist die Beschreibung des Compiler-generierenden Systems POCO, das an der Universität des Saarlandes entwickelt
wurde und mittlerweile bei einigen akademischen und kommerziellen
Institutionen im Einsatz ist.

Dieses Buch ist eine nur unwesentlich modifizierte Fassung meiner
Dissertation mit dem Titel "POCO - Ein portables System zur Generierung portabler Compiler" am Fachbereich Informatik der Universität
des Saarlandes; die Modifikationen betreffen vor allem die Generator-
Eingabesprache, deren Fassung auf den neuesten Stand gebracht wurde.

Ich danke Herrn Prof. Dr. Reinhard Wilhelm für die Anregung zu diesem
Thema; ihm und Herrn Prof. Dr. Kurt Mehlhorn sei auch gedankt für
ihre Empfehlung, die Arbeit in dieser Schriftenreihe erscheinen zu
lassen.

Mein Dank gilt auch meinem Kollegen Herrn Dr. Ulrich Möncke für stete
Diskussionsbereitschaft und konstruktive Kritik sowie allen Benutzern
von POCO, die mir durch Hinweise und Anregungen geholfen haben, das
System "stabil" zu machen, vor allen aber Frau Hildegard Lieblang für
ihre Geduld, ihr Verständnis und ihre moralische Unterstützung.

Der Firma meta-level software GmbH, Saarbrücken, verdanke ich Hilfe-
stellung und die Möglichkeit, ihr Textsystem zu benutzen.

Saarbrücken, im Januar 1988   Michael Eulenstein

Inhaltsverzeichnis

Anhang

0. Compiler-Generierende Systeme.

Ein *Übersetzer* ist ein Programm, das als Eingabe ein in einer Quellsprache (QS) formuliertes Programm akzeptiert und es in ein äquivalentes Programm einer Zielsprache (ZS), in der Regel der Maschinensprache eines realen Rechners, überführt; ist die Quellsprache eine höhere, algorithmische Programmiersprache, so nennen wir den Übersetzer einen *Compiler*; Übersetzer aus einer niederen, maschinennahen Programmiersprache mit 1-1-Entsprechung zwischen Instruktionen in der Quell- und der Zielsprache werden im allgemeinen *Assembler* genannt.

Ein Compiler ist typischerweise ein komplexes Programm. In der Vergangenheit betrug der Aufwand zur Implementierung eines Compilers üblicherweise mehrere Mannjahre. Dieser hohe Aufwand und das lästige Problem der Implementierungsfehler ließen bald den Wunsch entstehen, die Aufgabe des Compiler-Schreibens zu automatisieren.

Die Idee der automatischen Konstruktion von Compilern entstand wohl schon bald nach der Präsentierung der ersten Compiler selbst; man kann diese Entwicklung etwa seit der ersten Hälfte der 60-er Jahre verfolgen. In [FeG 68] findet sich eine Zusammenstellung der bis zu dieser Zeit bekanntgewordenen Entwicklungen auf dem Gebiet der automatischen Erzeugung von Compilern. Es wird hier der Begriff der "Translator Writing Systems" (TWS) eingeführt; damit wird eine neue Klasse von (System-) Programmen definiert, die über das hinausgeht, was ansonsten als Compiler-Writing Tool verstanden werden kann. (Als ein solches Tool könnte man etwa auch einen Editor zur Quelltextaufbereitung verstehen.)

In der zweiten Hälfte der 60-er Jahre kam es zu weitgehenden Fortschritten in der Theorie von Syntax und Semantik von Programmiersprachen, so mit der Definition der LR(k)-Sprachen und den attributierten Grammatiken, die sich als leistungsfähiges Mittel zur Beschreibung der statischen Semantik einer Programmiersprache erwiesen haben.

Parallel zu den Ergebnissen auf dem Gebiet der formalen Beschreibungsmittel führten Fortschritte in der Programmiersystematik und -methodik auf dem Gebiet des Compilerbaus zu einer schematischen Gliederung eines Compilers in logisch unabhängige Teile, die die Quellsprachen-Eingabe nacheinander in eine Folge von Zwischenergebnissen überführen, an deren Ende das gewünschte Zielsprachenprogramm steht.

Diese schematische Gliederung läßt sich durch folgendes Bild veranschaulichen:

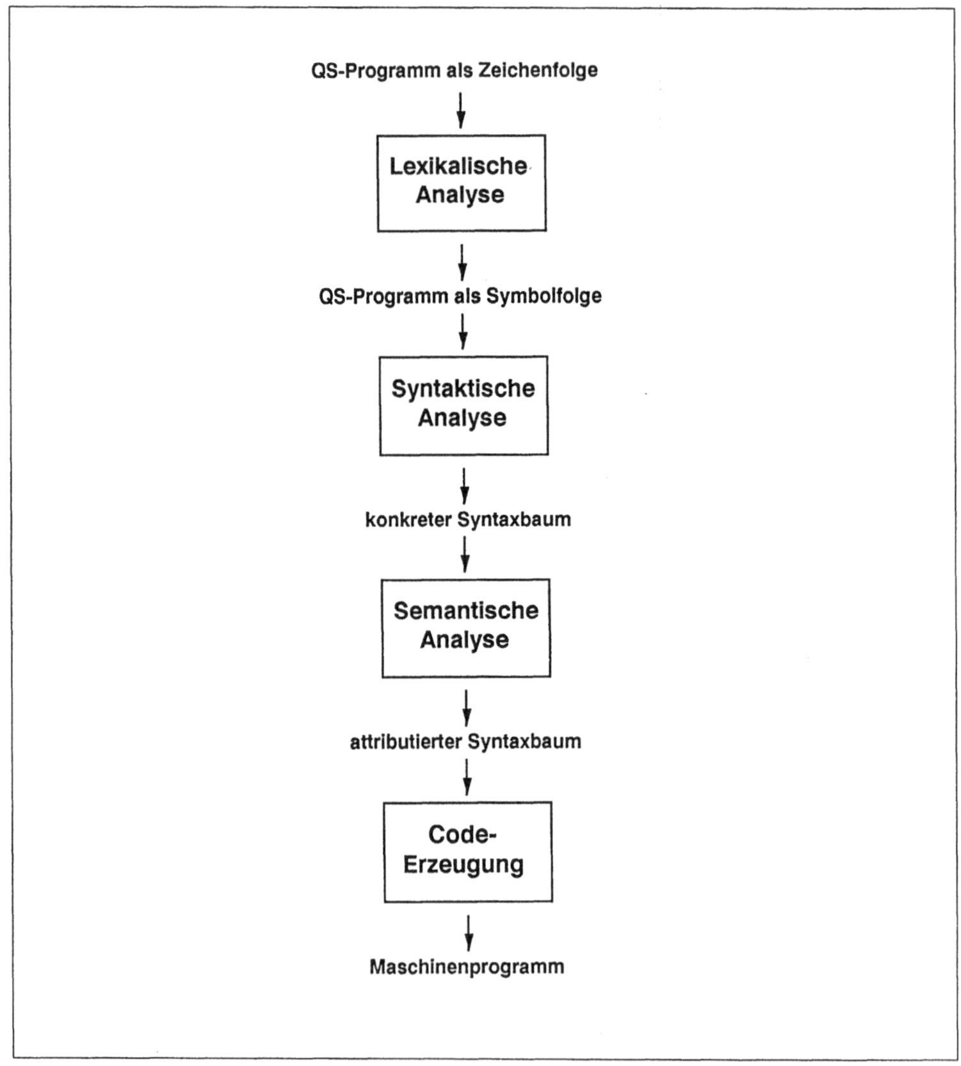

Bild 0.1: Vertikale Fragmentierung eines Compilers.
(aus [Gan 76] nach [McK 74])

In der lexikalischen Analyse (der entsprechende Compilerteil wird üblicherweise *Scanner* genannt) werden die Zeichen der Quellsprachen-
Eingabe zu Klassen von (Grund-) Symbolen zusammengefaßt. Die vom
Scanner erzeugte Symbol-Folge ist Eingabe für die syntaktische Analyse (den *Parser* oder *Zerteiler*); der Parser überprüft die Eingabe
auf syntaktische Korrektheit und meldet einen Fehler genau dann, wenn
die Eingabe nicht aus der Sprache ist.

Parallel zur syntaktischen Analyse wird ein (möglicherweise nur konzeptionell vorhandener) Syntaxbaum erzeugt, auf dem während der sich
anschließenden semantischen Analyse die statische Semantik des Eingabe-Programms berechnet werden kann. Hier wird außerdem umfangreiche
Vorbereitung zur Generierung von Code vorgenommen; dadurch wird die
sich anschließende Code-Generierung ermöglicht und u.U. wesentlich
vereinfacht bzw. die Qualität des generierten Codes verbessert.

Die Arbeit des Compilerschreibens wird durch eine solche Aufteilung
in unabhängige Teilkomponenten wesentlich erleichtert und zugleich
sicherer; die Entwicklung eines Compilers wird auch (bei traditioneller Vorgehensweise) dadurch beschleunigt, daß die Komponenten nach
geeigneter Schnittstellen-Definition (zeitlich) parallel entwickelt
werden können.

Daneben ergibt diese Methode des "vertikalen Fragmentierens" [McK 74]
auch Ansätze zur automatischen Erzeugung der Komponenten eines Compilers. Die Vorgehensweise ist hier nun die, daß jede Komponente des
Compilers durch eine geeignete Beschreibung spezifiziert und diese
Beschreibung durch einen zugehörigen Generator in eine in einem Compiler verwendbare Form übergeführt wird. Als groben Aufbau eines Compiler-Generierenden Systems (CGS) erhält man damit die in Bild 0.2
dargestellte Struktur.

Entsprechend der dort angegebenen Gliederung zerfällt ein Compiler-
Generator in die folgenden Einzel-Generatoren:

- den ***Scanner-Generator,***
  der mithilfe der durch reguläre Ausdrücke spezifizierten
  lexikalischen Einheiten der Programmiersprache einen Scanner
  generiert,

- den ***Parser-Generator,***
  der die syntaktische Analyse eines Quellprogramms generiert,

sowie

- *Generatoren*, die (in Abhängigkeit von dem gewählten Verfahren *zur* Syntaxanalyse) die (Organisation der) *Berechnung
der semantischen Attribute* zur Compile-Zeit erzeugen.

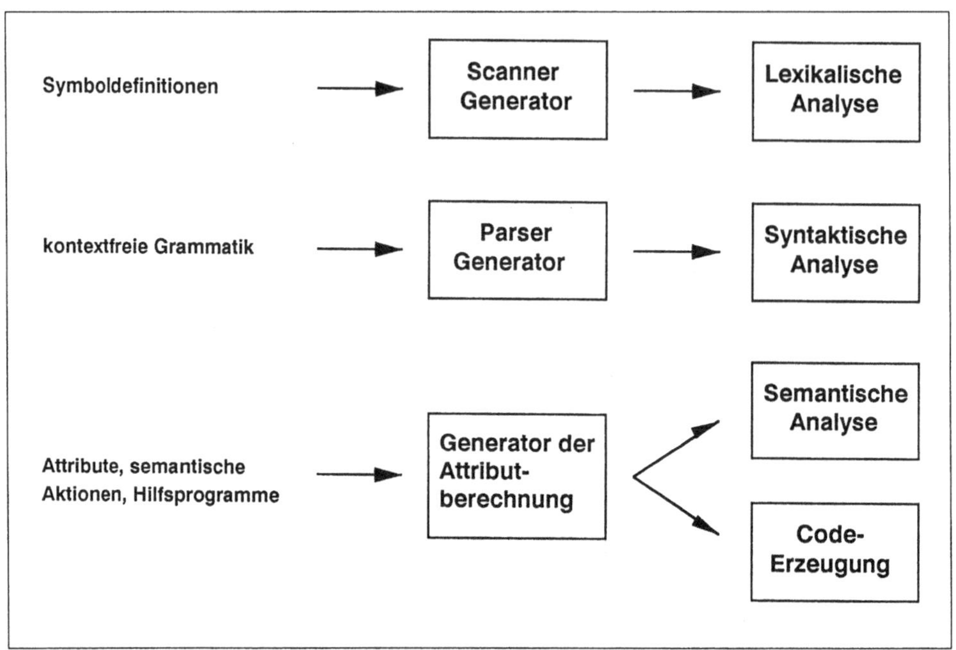

Bild 0.2: Grob-Struktur eines Compiler-Generierenden Systems
(aus: [Gan 76])

Nach anfänglichen Versuchen, zumindest für die Implementierung von
Teilen eines Compilers (z.B. Scanner oder Parser) eine Rechnerunter-
stützung zu erhalten, bewegte sich die Entwicklung auf dem Gebiet der
Compiler-Erzeugung nun in Richtung auf vollständige Systeme, die
(möglichst) alle Komponenten eines Compilers automatisch erzeugen
sollten; eine Zusammenstellung existierender Systeme findet sich in
[MeN 82].

Alle Systeme unterscheiden sich stark in ihrer Leistungsumfang (*YACC*
[Joh 76] etwa ist eigentlich nur ein LALR(1)-Parsergenerator und wird
erst in Verbindung dem *LEX*-System zu einem CGS, wobei die Möglichkeit
zur Attributierung recht eingeschränkt ist, *GAG* [KHZ 82] - ähnlich
strukturiert - ist dagegen auf die Generierung leistungsfähiger
Attributauswerter ausgerichtet) und in ihrer Anwendbarkeit bzw. ihrer
Verfügbarkeit ([LeB 74] betonen, daß das dort vorgestellte System
sowohl "anwendbar" als auch "portabel" sei) und auch in ihrem Bedie-
nungskomfort.

Abgesehen von weiteren Unterschieden in ihrer Struktur und den verwendeten Verfahren weisen jedoch die meisten existierenden Compilergenerierenden Systeme den (wohl entscheidenden) Nachteil auf, daß sie ausschließlich auf speziellen Maschinen lauffähig sind, in der Regel auf der Maschine, auf der sie - zumeist in der jeweiligen System-Programmiersprache (oder einer anderen, speziell für diese Aufgabe entwickelten und meist ebenfalls nicht übertragbaren Programmiersprache) implementiert wurden. Wenn sie überhaupt als auf andere Maschinen übertragbar angesehen werden können, so ist dies zumeist nur unter sehr grossen Anstrengungen möglich; diese Aussage gilt weitgehend ebenfalls für die von diesen Systemen generierten Compiler.

Ausgangspunkt für die Entwicklung von POCO (*Po*rtable *Co*mpiler Generator) ist das an der TU München entwickelte System *MUG1*; POCO sollte zunächst nur die Portabilität (des Generators) sichern. Aus diesem Ansatz zu POCO ergaben sich die folgenden, weitergehenden Zielsetzungen, die in dieser Arbeit untersucht werden:

- ausgehend von bekannten Verfahren soll ein Compilergenerierendes System entwickelt werden, das hinsichtlich der (für die Praxis relevanten) Mächtigkeit der zugrundeliegenden Verfahren, seiner Benutzbarkeit und seiner Sicherheit einem modernen Stand entsprechen soll

- das System soll von Grund auf so angelegt sein, daß eine Übertragung sowohl des Systems selbst als auch der generierbaren Compiler möglich und praktikabel ist

- die generierten Compiler sollen - unter Berücksichtigung der Übertragungsproblematik - den zu fordernden Effizienzkriterien genügen.

Das Hauptgewicht soll in dieser Arbeit darauf gelegt werden, eine Methode dafür zu finden, Compiler zu erzeugen, die tatsächlich - und mit vertretbarem Aufwand - auf verschiedene reale Maschinen übertragen werden können; diese Methode soll in gleicher Weise dazu geeignet sein, die Übertragung des Compiler-Generators selbst zu ermöglichen.

In der Vergangenheit war man in diesem Zusammenhang der Ansicht, daß diese Aufgabe - wenn man zunächst von der Sonderrolle der Compiler hinsichtlich ihres Back-Ends, der Code-Generierung für eine bestimmte Maschine, absieht - durch die Verwendung einer höheren Programmiersprache zur Implementierung des Programms "Compiler" (bzw. "Compiler-Generator") gelöst werden könnte. Wir werden diesen Ansatz unter sehr pragmatischen Gesichtspunkten untersuchen; dabei wird sich zeigen,

daß sich in der Praxis z.T. unüberwindliche Schwierigkeiten ergeben.
Im übrigen erscheint es fraglich, ob es zulässig ist, von einem portablen generierten Compiler sprechen zu dürfen, wenn dieser zur
Erlangung der Einsatzfähigkeit eines anderen, schon existierenden
Compilers auf der Zielmaschine bedarf; handelt es sich bei der Zielmaschine nämlich um eine "nackte" Maschine, für die erst Werkzeuge
(eben Compiler) erzeugt werden sollen (diese Situation ist wohl
typisch für die Verwendung eines CGS), so ist der erzeugte Compiler
für diese Maschine zunächst wertlos. Die in dieser Arbeit vorgeschlagene Vorgehensweise wird daher im wesentlichen darin bestehen,
eine bekannte Methode zur Übertragung von Compilern zu verwenden und
diese auf der (Generator-System-) Ebene auszunützen.

Unabhängig von der Übertragungsproblematik bleibt jedoch die Notwendigkeit bestehen, eine geeignete Implementierungssprache für das CGS
zu finden; hier soll speziell eine Lösung gefunden werden, die auch
für die Arbeit *mit* dem CGS (bei der Generierung von Compilern) ver-
wendbar ist.

Diese Arbeit unterscheidet sich von anderen vor allem in der Hinsicht, daß eine Lösung der in der Praxis existierenden Probleme
angestrebt wird; dies äußert sich auch darin, daß empirische Ergebnisse für unsere Lösung zugrundegelegt wurden. Gerade wegen dieser
Praxisorientierung (und der Vielzahl unterschiedlicher Teilaufgaben)
wurde für die Arbeit eine informale Darstellungsweise gewählt.

Die Gliederung der Arbeit sei hier kurz zusammengefaßt: Nach einer
knappen Zusammenstellung grundlegender Definitionen und Verfahren,
werden wir die Zieldefinition für ein praktikables Compiler-Generierendes System angeben. Eine allgemeine Untersuchung der Probleme der
Übertragbarkeit und die Wahl einer für unsere Zielsetzung geeigneten
Implementierungssprache behandeln wir in eigenen Abschnitten. Die Ergebnisse dieser Untersuchungen beeinflussen die konkrete Realisierung
des CGS, die wir anschließend beschreiben; das konkret gewählte Über-
tragungsverfahren wenden wir danach auf unsere Situation an. Die beiden letzten Abschnitte beschäftigen sich mit den Komponenten einer
Generierungsumgebung sowie der Verbesserung der Qualität der generierten Komponenten unter besonderer Berücksichtigung des Übertra-
gungsverfahrens.

Im Anhang wird insbesondere die Generator-Eingabesprache und die
Bedienung des Generators in zwei wichtigen Umgebungen zusammenfassend

dargestellt. Eine Beispieleingabe dient zur Veranschaulichung.

Eine Implementierung des Compiler-Generierenden Systems in der beschriebenen Form liegt (soweit in einigen wenigen Punkten nicht ausdrücklich vermerkt) vor; Teile des Gesamtsystems wurden auch als Aufgaben im Rahmen des Fortgeschrittenen-Programmierpraktikums an der Universität des Saarlandes implementiert. Ebenso wurde die Generierung eines kompletten Compilers als Projekt im Rahmen eines solchen Praktikums durchgeführt.

Seit der Fertigstellung des Systems wurde POCO in verschiedenen Projekten eingesetzt und konnte dabei seine Leistungsfähigkeit und seine Stabilität unter Beweis stellen. Die Anwendungsgebiete reichen dabei vom konventionellen Compilerbau über Analysatoren der Qualität von Programmen bis hin zu eher untypischen Verwendungen wie der Analyse von Bildschirmeingabedaten. Auch von kommerziellen Anwendern wurde POCO erfolgreich eingesetzt, so auch zur Generierung eines Compilers für eine Programmiersprache für Speicherprogrammierbare Steuerungen (SPS).

Das POCO-System wird akademischen Institutionen gegen eine nominelle Gebühr zur Verfügung gestellt; es kann vom Autor über die Universität des Saarlandes, Fachbereich Informatik, Lehrstuhl Prof. Dr. R.Wilhelm bezogen werden. Kommerzielle Interessenten werden an die Firma metalevel software GmbH, Saarbrücken, verwiesen.

1. Definitionen und Grundlagen.

In diesem Abschnitt geben wir grundlegende Definitionen und Verfahren
an, die für die Konstruktion des Generator-Systems benötigt werden.
Wir beschränken uns auf eine knappe Zusammenstellung der wesentlichsten Punkte, die wir (auch wegen der angestrebten Praxisorientierung)
weitgehend nur als Sprachregelung verwenden werden.

1.1. Kontextfreie Grammatik.

<u>Def. 1.1.1</u>: (**kontextfreie Grammatik**)

Eine *kontextfreie Grammatik* ein (CFG) ist ein Tupel $G = (N, T, P, X')$
mit:

      N : endliche nicht-leere Menge von Nonterminals
      T : endliche nicht-leere Menge von Terminals
      P : endliche Menge von Produktionen mit $P \in N \times (N \cup T)^*$
      X': Axiom, $X' \in N$.

Die Elemente aus $N \cup T$ heißen *Grammatiksymbole*; es gilt $N \cap T = \emptyset$.

Wir notieren eine Produktion $p \in P$ in der Form: $p : X_0 \to X_1, \ldots, X_n$

<u>Def. 1.1.2</u>: (**Satzform, Ableitung, Satz**)

Sei $G = (N, T, P, X')$ CFG. Eine *Satzform* wird definiert durch:

    1. X' ist eine Satzform.
    2. Ist uvw eine Satzform und ist $v \to v'$ in P,
       dann ist auch uv'w eine Satzform.

Wir nennen uv'w <u>direkt ableitbar</u> von uvw, in der Notation:

$$uvw \Rightarrow uv'w.$$

($=^*>$ notiert die reflexive, transitive Hülle von $\Rightarrow$)

Eine *Ableitung* in G von u nach v der Länge k (u $=^k>$ w) ist eine Folge von Satzformen v_0, v_1, ..., v_k mit

u = v_0, w = v_k und $v_{i-1} \Rightarrow v_i$ für 1<=i<=k.

Ist w $\in$ T^*, dann heißt die Ableitung terminal, w *Satz*.

<u>Def. 1.1.3</u>: (**von G erzeugte Sprache**)

Sei G CFG.
L(G) := { w | X' $=^*>$ w, w $\in$ T^*} heißt die *von G erzeugte Sprache*.

<u>Def. 1.1.4</u>: (**Chomsky-reduziert**)

Sei G = (N, T, P, X') CFG.

G heißt *Chomsky-reduziert* (kurz: reduziert) genau dann wenn:
1. für alle X $\in$ N gibt es x,y $\in$ $(N \cup T)^*$ mit X' $=^*>$ xXy.
2. für alle X $\in$ N gibt es w $\in$ T^* mit X $=^*>$ w.

<u>Def. 1.1.5.</u>: (**e-Nonterminal**)

Sei G CFG. Wir nennen ein Nonterminal, das nur in einer Produktion auf der linken Seite steht, deren rechte Seite leer ist, ein *e-Nonterminal*.

<u>Def. 1.1.6.</u>: (**FIRST**)

Sei G CFG, A $\in$ N $\cup$ T.
$FIRST_k(A)$:= { u | (A $=^*>$ uw und |x|=k) $\vee$ (A $=^*>$ u und |x|<k) }

<u>Def. 1.1.7.</u>: (**LR(k)- Grammatik**)

Sei G = (N, T, P, X′) CFG. G erfüllt die <u>LR(k)-Eigenschaft</u>, falls
(mit => <u>Rechts</u>ableitung) aus

   1. $X' \overset{*}{=}> uAw => uzw$ und
   2. $X' \overset{*}{=}> vBx => uzy$ und
   3. $FIRST_k(w) = FIRST_k(y)$

folgt, daß u=v, A = B und x = y.

1.2. LR-Parser.

Die syntaktische Analyse eines mit POCO generierten Compilers wird
durch (eine Variante der) deterministischen bottom-up shift-reduce
Parser erfolgen. Wir gehen daher kurz auf diese Analysetechnik ein;
wir betrachten speziell LR-Parser mit einem 1-Symbol-Lookahead.

Ein LR-Parser besteht aus einer Eingabe, einem Parse-Stack und einer
Parse-Tafel, in der die Parse-Aktionen beschrieben sind, die durch
den dazugehörigen Treiber ausgeführt werden; Bild 1.1 zeigt den Aufbau eines LR-Parsers:

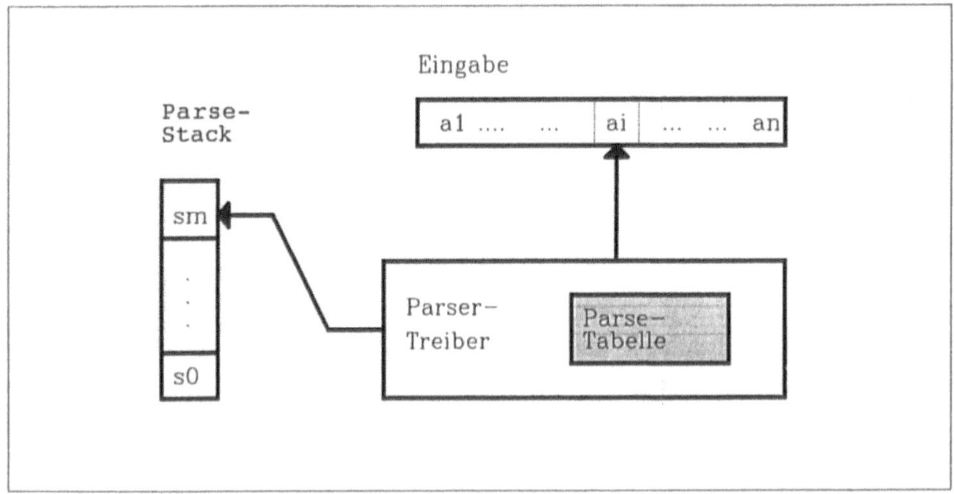

Bild 1.1: Aufbau des LR-Parsers.

Die Eingabe wird zeichenweise von links nach rechts gelesen. Der Parse-Stack enthält ein Wort der Form

$$s_0 X_1 s_1 \cdots X_m s_m$$

wobei s_i Zustände ("states") des Treibers und X_i Grammatik-Symbole sind; der oberste Zustand im Parse-Stack s_m heißt *aktueller Zustand*.

Die Parse-Tabelle enthält die Werte der Aktionsfunktion ACTION und der Zustandübergangsfunktion GOTO. Für ACTION (s_m, a_i) (mit s_m Zustand, a_i Eingabezeichen) gibt es einen der möglichen Werte:

1. <u>shift</u> s   : schreibe a_i auf den Parse-Stack,
                       bewege Eingabe-Zeiger um eine Stelle
                       nach rechts; s ist nächster Zustand

2. <u>reduce</u> r_i : reduziere nach Regel Nr. i

3. <u>accept</u>   : akzeptiere die soweit gelesene Eingabe

4. <u>error</u>   : Fehler

Die Gotofunktion liefert zu einem Zustand s_m und einem Nonterminal A als Ergebnis einen Zustand: GOTO $(s_m, A) = s'_m$.

Eine *Konfiguration* eines LR-Parsers ist ein Paar, dessen erste Komponente den Inhalt des Parse-Stacks und dessen zweite Komponente die noch nicht gelesene Eingabe beschreibt:

$$(s_0 X_1 s_1 \cdots X_m\, s_m \,,\, a_i\, a_{i+1} \cdots a_n)$$

Der nächste Schritt des Parsers wird bestimmt durch das aktuelle Eingabezeichen a_i und den aktuellen Zustand s_m und der in der ACTION-Tabelle codierten Parse-Aktion; die Konfigurations-Übergänge (entsprechend den vier möglichen ACTION-Einträgen) sind dann:

1. falls ACTION $(s_m, a_i) = $ <u>shift</u> s, dann

$$(s_0 X_1 s_1 \cdots X_m\, s_m\, a_i\, s \,,\, a_{i+1} \cdots a_n)$$

2. falls ACTION $(s_m, a_i) = $ <u>reduce</u> A -> w, dann

$$(s_0 X_1 s_1 \cdots X_{m-r}\, s_{m-r}\, s \,,\, a_i\, a_{i+1} \cdots a_n)$$

wobei $r = |w|$ und $s = $ GOTO (s_{m-r}, A).

3. falls ACTION (s_m, a_i) = <u>accept</u>, dann

    akzeptiere, der Treiber stoppt.
(damit der Parser deterministisch arbeiten kann,
 muß das Ende der Eingabe markiert sein)

4. falls ACTION (s_m, a_i) = <u>error</u>, dann

    der Parser hat einen Fehler erkannt und stößt u.U. eine
geeignete Fehlerbehandlung an.

Der LR-Parser startet in der Anfangskonfiguration

$$(s_0, \ a_1 \ a_2 \ \ldots \ a_n)$$

s_0 ist ein ausgezeichneter Zustand, der *Startzustand*.

Es gibt verschiedene Arten von shift-reduce-Parsern; für alle gemeinsam gilt, daß ihre ACTION-Tabelle die oben beschriebenen möglichen Einträge enthält. Die verschiedenen Parser unterscheiden sich jedoch stark in ihrem Umfang sowie in den einzelnen Einträgen.

1.3. Attributierte Grammatiken.

Eine *attributierte Grammatik* (AG) ist eine kontextfreie Grammatik, die um die Angabe von *Attributen* und *semantischen Aktionen* erweitert ist; durch diese Erweiterung kann die "Bedeutung" eines Satzes der Sprache spezifiziert werden. Jedem Grammatiksymbol ist eine Menge von Attributen zugeordnet. Die Beziehung zwischen Vorkommen von Attributen in Produktionen wird durch die semantischen Aktionen beschrieben.

<u>Def. 1.3.0.</u>: (**attributierte Grammatik**)

Wir nennen G_A = (N, T, S, A, P, X') eine attributierte Grammatik, wobei :

    N, T, P, X' : wie in G, G CFG.
    S : endliche Menge der semantischen Aktionen
    A : endliche Menge der semantischen Attribute.

<u>Def. 1.3.1</u>: (**Attribute**)

Für jedes $X \in N \cup T$ existiert die *Attribut-Menge* $A(X)$.

Es gilt: $A(X) = I(X) \cup D(X)$
mit:

    $I(X) :=$ Menge der *inherited-* (ererbten) Attribute
    $D(X) :=$ Menge der *derived-* (berechneten, abgeleiteten) Attribute
wobei:

        1) $I(X) \cap D(X) = \emptyset$
        2) $I(X') = \emptyset$
        3) $I(X) = \emptyset$, für alle $X \in T$.

$A := \cup A(X_i)$, $X_i \in N \cup T$ heißt *Menge der Attribute von G*.

<u>Def. 1.3.2</u>: (**Attributvorkommen**)

Wir nennen (a,k) *Attributvorkommen* in $p \in P$, $p : X_0 \rightarrow X_1, \ldots, X_n$
falls $a \in A(X_k)$, $0 <= k <= n$.

<u>Def. 1.3.3</u>: (**semantische Aktion**)

Für jedes $p \in P$ gibt es eine Menge $S(p)$; $S(p)$ heißt die *Menge der semantischen Aktionen* von p.

Es gilt:

    Für jedes derived-Attributvorkommen (a,k), $k = 0$,
    für jedes inherited-Attributvorkommen (a,k), $k = 1, \ldots, n$

    gibt es eine semantische Aktion $s^p(a,k) - S(p)$,
    die aus den Attributvorkommen in p einen Wert für (a,k) berechnet.

<u>Def. 1.3.4</u>: (**Attribut-Abhängigkeiten**)

Sei $p : X_0 \rightarrow X_1, \ldots, X_n \in P$

    $s^p(a,k)$ eine semantische Aktion $\in S(p)$.

$Dep^p(a,k) := \{ (a',k') \mid (a',k')$ ist Argument in $s^p(a,k) \}$

heißt *Menge der Attribut-Abhängigkeiten* zu (a,k).

Eine vorteilhafte Form der Darstellung der Produktionen einer attributierten Grammatik (speziell dann wenn die Auswertung der Attribute von links nach rechts erfolgen soll) liefert folgende Vorgehensweise:

- wir indizieren jede semantische Aktion $s^p(a,k)$ mit einem Symbol einer Menge S; wir betrachten jedes Element aus S hinsichtlich der Attribute wie ein Grammatiksymbol, indem die (Eingangs- und Ausgangs-) Parameter-Positionen von s^p als inherited- und derived- Attribute betrachtet werden.

- die Symbole der semantischen Aktionen werden an den Stellen der rechten Seite der Produktion geschrieben, an denen sie ausgeführt werden sollen; hinsichtlich der Syntax werden sie als e-Nonterminals angesehen.

- alle Symbole von G werden durch eine Liste von Attributen ergänzt, wobei für jedes Attribut angegeben wird, ob es inherited (<u>inh</u>) oder derived (<u>der</u>) ist; die Benennung der Attribute ist beliebig, da allein die Position des Namens den Wertebereich des Attributs beschreibt; gleiche Namen bedeuten eine Wertübergabe.

Eine Produktion p einer attributierten Grammatik läßt sich dann so schreiben:

Notation 1:

$$p : X_0 \;(\underline{inh}\; a_{01},\; a_{02},\; \ldots,\; a_{0k0}; \underline{der}\; b_{01},\; b_{02},\; \ldots,\; b_{0k'0}) \longrightarrow$$
$$X_1 \;(\underline{inh}\; a_{11},\; a_{12},\; \ldots,\; a_{1k1}; \underline{der}\; b_{11},\; b_{12},\; \ldots,\; b_{1k'1})$$
$$\vdots$$
$$X_n \;(\underline{inh}\; a_{n1},\; a_{n2},\; \ldots,\; a_{nkn}; \underline{der}\; b_{n1},\; b_{n2},\; \ldots,\; b_{nk'n})$$

mit X_i e N U T U S und
$ki = 0$ für $X = X'$ oder X_i e T.

Im allgemeinen erfolgt die Berechnung der Attribute anhand des Syntaxbaums, wobei die in der AG definierten Attribut-Abhängigkeiten die dazu notwendigen Verfahren festlegen. Wichtig für die Möglichkeit der Attributauswertung *parallel zur Syntaxanalyse* ist die folgende Definition:

<u>Def. 1.3.5</u>: (**L-Attributiertheit**)

Eine attributierte Grammatik heißt *L-attributiert*, wenn für jede Produktion $p : X_0 \rightarrow X_1 \ldots X_n$ folgende Bedingungen erfüllt sind:

1. $\mathrm{Dep}^p(a,k) \subseteq I(X_0) \cup D(X_1) \cup \ldots \cup D(X_{k-1})$
   für $1 <= k <= n$, $a \in I(X_k)$

2. $\mathrm{Dep}^p(a,0) \subseteq I(X_0) \cup D(X_0) \cup \ldots \cup D(X_n)$
   für $a \in D(X_0)$

Diese Bedingungen lassen sich folgendermaßen interpretieren: Ein inherited-Attribut eines Symbols der rechten Seite hängt nur ab von den inherited-Attributen der linken Seite und den derived-Attributen der Symbole der rechten Seite, die links von X_k stehen; ein derived-Attribut von X_0 hängt nur ab von den inherited-Attributen der linken Seite und den derived-Attributen der rechten Seite.

Die Berechnung der Attributwerte parallel zur bottom-up-Syntax-Analyse läßt sich durch eine Kellerorganisation erreichen, falls garantiert werden kann, daß die Attribute jedes Grammatiksymbols in der richtigen Ordnung auf dem verwendeten Attributkeller (AK) stehen. Diese richtige Ordnung auf dem Attributkeller ergibt sich durch folgende Vorgehensweise:

Vor Eintritt des Parsers in die rechte Seite einer Produktion werden die Werte der inherited-Attribute des Nonterminals der linken Seite auf den Attributkeller geschrieben, falls sie nicht schon dort und in der richtigen Reihenfolge stehen; bei der Reduktion der rechten Seite werden die derived-Attribute des Nonterminals auf der linken Seite unmittelbar über dessen inherited-Attribute geschrieben, d.h. es werden Attribute überschrieben, die an dieser Stelle des AK (während der Analyse der rechten Seite) gestanden haben.

Man hat folgende Situation[1]:

PS:	....	X

AK:	....	i(X)	d(X)

Die Position jedes Attributes auf dem AK läßt sich relativ zum Pegel des AK berechnen; die Werte von derived-Attributen eines Terminals werden bei einer shift-Aktion des Parsers auf den AK geschrieben.

Es ist nun für eine gegebene attributierte Grammatik nachzuprüfen, ob die dort definierten Attributabhängigkeiten die Berechnung der Attribute parallel zur Syntaxanalyse gemäß der oben beschriebenen Vorgehensweise zulassen. Dies kann durch eine Simulation des AK zur Generierungszeit erfolgen; wir fassen dazu die semantischen Aktionen als e-Nonterminal auf.

Für jede Produktion p : $X_0 \to X_1 \ldots X_n$ sind nun die folgenden Bedingungen nachzuprüfen (die inherited-Attribute von X_0 stehen auf dem AK) :

1. Steht der Parser vor X_i so haben wir folgende Situation:

PS: | .... | X_{i-1} |

AK: | .... | i(X0) | i(X1) | d(X1) | ... | i(Xi-1) | d(Xi-1) | i(Xi) |

2. Nach dem Lesen von X_i muß die folgende Situation vorliegen:

PS: | .... | X_i |

AK: | .... | i(X0) | i(X1) | d(X1) | ... | i(Xi-1) | d(Xi-1) | i(Xi) | dX·i) |

speziell muß nach der Reduktion gemäß p folgende Situation vorliegen:

---

1) Wir schreiben kurz i(X) (d(X)) für die Folge der Werte der inherited- (derived-) Attribute von X; die Ordnung entspricht der in der AG vorhanden Auflistung, Überlappungen sind möglich. (PS steht für Parse-Keller, AK für Attributkeller)

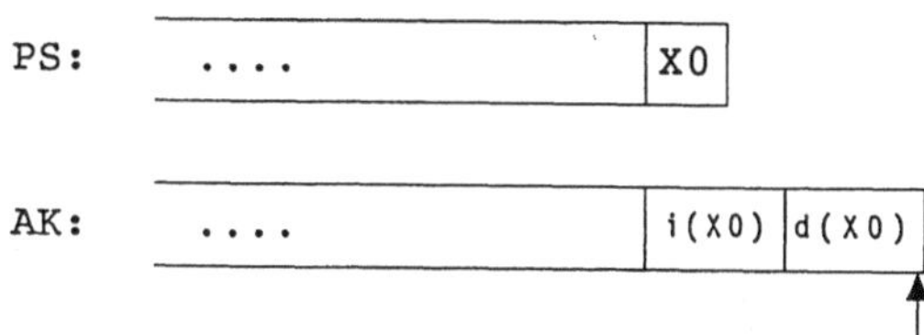

Dies macht insbesondere eine Umorganisation des AK notwendig, die mit
einer Reduktion verbunden werden muß. Um die oben geforderten Keller-
zustände zu erreichen, müssen in der attributierten Grammatik folgenden Transformationen vorgenommen werden: Nach einer Reduktion ist der
Attributkeller zu bereinigen; diese Aktion wird mit der Reduktion
verbunden, wir nennen sie *derived-Copy*. (Die Annahme, daß $i(X')$ auf
dem Attributkeller steht, kann gemacht werden, da G reduziert ist und
$I(X') = \emptyset$).

Unter der Annahme, daß die Situation 2. vorliegt, wird zum Erreichen
der Kellersituation 1. vor X_i in G ein e-Nonterminal eingefügt; wir
nennen dieses neue Nonterminal ein *Copy-Symbol*. Mit einer Reduktion
zu diesem Nonterminal wird ein "Kopieren" der inherited-Attribute von
X_i (in richtiger Reihenfolge) auf den Attributkeller verbunden; wir
nennen diese Aktion *inherited-Copy*.

Die geforderten Eigenschaften, die die Attributberechnung parallel
zur bottom-up-Syntaxanalyse erlauben, erhält man, indem man zu einer
gegebenen AG deren *Hauptgrammatik* berechnet.

<u>Def. 1.3.6</u>: (**Hauptgrammatik**)

Die *Hauptgrammatik* G' einer attributierten Grammatik G erfüllt die
folgenden Bedingungen:

1. die Terminalsymbole von G' stimmen mit den Terminalsymbolen
   von G überein

2. die Nonterminalsymbole von G' sind die Nonterminalsymbole von G
   vereinigt mit den Symbolen für die semantischen Aktionen und
   zusätzlichen e-Nonterminals, den *Copy-Symbolen*

3. die Produktionen von G' sind die Produktionen von G ohne die
   Attribute; die semantischen Aktionen werden als Nonterminals
   mit leerer rechter Seite betrachtet, in die rechten Seiten der
   Produktionen sind Copy-Symbole eingefügt

Die Hauptgrammatik einer attributierten Grammatik läßt sich durch folgenden Algorithmus berechnen ([Wat 77]):

Algorithmus 1.1: (Berechnung der Hauptgrammatik)

Sei G_A = (N, T, S, A, P, X') eine attributierte Grammatik.

for jede Produktion p $\in$ P *do*
begin

    sei p : X_0 -> X_1, ..., X_n, attributiert nach Notation 1

    sei AK eine Variable zur Aufnahme einer Folge von Attributen

    sei RS eine Variable zur Aufnahme der rechten Seite einer
        kontextfreien Regel

    '+' notiere eine Konkatenation von Elementen von RS und AK

    sei $COPY(h_1,...,h_n)$ ein Copy-Symbol, mit dem eine Kopieraktion
        auf den AK-Positionen $h_1,...,h_m$ assoziiert sind

  RS := [];   AK := $[a_{01}, ..., a_{0k0}]$;
for i := 1 *to* n *do*
if $X_i \in T$, mit den Attributen $b_{i1}, ..., b_{ik'i}$
    then begin
        RS := RS + $[X_i]$;   AK := AK + $[b_{i1}, ..., b_{ik'i}]$;
    end
    else   (* $X_i \in N$ oder $X_i \in S$ *)
       begin
          if $[a_{i1},...,a_{iki}]$ entspricht der Situation am oberen
                              Ende des Attributkellers
        then begin (* kein Kopieren notwendig *)
           RS := RS + $[X_i]$; AK := AK + $[b_{i1},...,b_{ik'i}]$;
          end
        else
          begin
            for l:=1 *to* ki *do*
               if es gibt ein j, so daß a_{il} j-letztes Element
                   des Attributkellers
                  then h_1 := j
                  else Fehler: G_A nicht L-attributiert;
          RS := RS + [$COPY(h_1, ..., h_{n1})$+ X_i];
          AK := AK + [$a_{i1},...,a_{ikn},b_{i1},...,b_{ik'n}$];
        end

      end

die Produktion der Hauptgrammatik ergibt sich zu

$$X_0 \rightarrow RS$$

die mit der Reduktion zu X_0 verbundene Attributkeller-
Transformation ergibt sich zu:

$$AK \longrightarrow [\ a_{01}, \ldots, a_{0k0}; b_{01}, \ldots, b_{0k0}, \ ]$$

end

Die Berechnung der Attribute parallel zur Syntaxanalyse ist nur dann
möglich, wenn die Hauptgrammatik die LR(k)-Eigenschaft erfüllt; die
LR(k)-Eigenschaft geht jedoch im allgemeinen verloren durch das Einfügen der Copy-Symbole und die Interpretation der semantischen Aktionen als e-Nonterminals; dem trägt die folgende Definition Rechnung:

<u>Def. 1.3.7</u> : (**LR-Attributiertheit**)

Eine attributierte Grammatik G_A heißt *LR-attributiert*, wenn gilt:

1. G_A ist L-attributiert

2. die zu G_A gehörende *Hauptgrammatik* erfüllt die LR(k)-Eigenschaft
   für ein k.

(Wir beschränken uns stets auf LR(1)-Attributiertheit.)

Die Berechnung der Attribute zur Compile-Zeit läßt sich durch Algorithmus 1.2 beschreiben; Ausgangspunkt ist die Hauptgrammatik einer
attributierten Grammatik G_A, in der die Attribute der ursprünglichen
Grammatik wieder eingetragen und die e-Produktionen von semantischen
Aktionen mit deren Aufruf verbunden sind. Algorithmus 1.1 erlaubt
also die Generierung von Attributauswertungsinformation, die zur
Laufzeit eines generierten Compilers gemäß Algorithmus 1.2 ausgeführt
werden kann.

Algorithmus 1.2: (Attributauswertung parallel zur LR-Syntaxanalyse)

Sei $(s_0, a_1 \ldots a_n)$ die Anfangskonfiguration des Parsers,
   auf dem Parsekeller stehe s_0,
   der Attributkeller AK sei leer.

for alle Konfigurationen $(s_0X_1s_1 \ldots X_ms_m, a_i\ldots a_n)$ **do**
begin
    if ACTION (s_m,a_i) = <u>shift</u> s
        then
            schreibe die derived-Attribute von a_i auf den
            Attributkeller (sie werden vom Scanner geliefert);

    if ACTION (s_m,a_i) = <u>reduce</u> a -> w **then**
      if (w = e) **and** (A ist semantische Aktion)
        then
            rufe die mit A -> e verbundene semantische Aktion
            auf; dabei sind die k obersten Elemente von AK die
            Eingabeparameter, falls die sem. Aktion k Eingabe-
            parameter verlangt; schreibe die Ausgabeparameter
            dahinter auf den AK;

      if (w = e) **and** (A ist Copy-Symbol der Form COPY $(h_1, \ldots, h_k)$)
        then
            kopiere das (relativ zum Kellerpegel) h_i-te
            Element von AK an die Spitze des AK, für $i=1,\ldots,k$;

      if A ist Nonterminal der ursprünglichen AG
        then
            führe die mit A -> w verbundene Attributkeller-
            Transformation durch;
end;

2. Das Compiler-Generierende System POCO: Die Konzeption.

In diesem Kapitel entwickeln wir eine Zieldefinition für das Compiler-Generierende System POCO; dazu gehen wir zunächst auf das Vorbild MUG1 etwas genauer ein. Aus der MUG1-Konzeption werden wir die generellen Ziele für POCO ableiten und dabei auf die wesentlichsten Unterschiede eingehen.

2.1. Das Vorbild: MUG1.

MUG1 ([Gan 76], [GRW 76], [WRC 76]) ist ein Compiler-Generierendes System, das an der Technischen Universität München Anfang der 70er Jahre entwickelt wurde. MUG1 besteht aus verschiedenen, konzeptionell getrennten Einzel-Generatoren. Die Struktur von MUG1 entspricht dem in Bild 0.2 wiedergegebenen Aufbau; damit ist gleichzeitig die Struktur der generierten Compiler weitgehend festgelegt: Aus einer Compilerbeschreibung werden effiziente 1-Pass-Compiler erzeugt, deren einzelne Phasen verschränkt sind.

Zur Beschreibung eines zu generierenden Compilers dienen Eingaben für die einzelnen Generator-Komponenten. Zur Definition der lexikalischen Symbole werden reguläre Ausdrücke verwendet, die im Scanner-Generator zur Generierung der lexikalischen Analysephase ausgewertet werden.

Syntax und Semantik werden durch attributierte Grammatiken spezifiziert, die in der Form von Affix-Grammatiken [Kos 71] notiert werden; die attributierten Grammatiken werden durch einen Lese-Operator in eine interne Form überführt. Parser-Generatoren für die verschiedenen Sprachklassen LL(k), LR(k) sowie LALR(k) ermöglichen die Generierung der syntaktischen Analysephase. Zur Generierung der Compilezeit-Attributberechnung stehen (je nach der gewählten Richtung für die Syntaxanalyse) Generatoren für den top-down- bzw. bottom-up-Fall (in letzterem Fall um die notwendige Grammatik-Transformation erweitert) zur Verfügung.

Die eigentliche Berechnung der semantischen Attribute erfolgt in vom Benutzer zu erstellenden Programmteilen, den semantischen Aktionen; die Definition der semantischen Aktionen wird als zusätzliche Eingabe in MUG1 benötigt. Semantische Aktionen, die "logisch zusammenhängen", werden in Form von *Moduln* zusammengefaßt. Semantische Aktionen in MUG1 sind im wesentlichen PS440-Prozeduren [GLS 70], die (wegen der Organisation als Moduln) durch einen besonderen Präprozessor, eine Komponente des "Leser der semantischen Aktionen" (LSA), in Standard-PS440 überführt und mit einer für MUG1 vorgesehenen Standard-Schnittstelle versehen werden; diese Schnittstelle simuliert speziell die Parameterübergabe von Attributwerten (PS440 erlaubt nur parameterlose Prozeduren). Die semantischen Aktionen können anschließend durch den PS440-Compiler übersetzt und über den TR440-Montierer mit generierten Komponenten zu lauffähigen Programmen zusammengebunden werden.

Die Codegenerierung erfolgt in MUG1 ebenfalls durch Aufrufe von geeigneten (vom Benutzer erstellten bzw. in einer Bibliothek zur Verfügung gestellten) semantischen Aktionen, die an den gewünschten Stellen in der Eingabe-Grammatik angegeben werden und zur Compile-Zeit über die Attributbehandlungsschnittstelle aufgerufen werden.

Die von MUG1 generierten Compiler-Komponenten haben typischerweise eine Struktur, die sich (siehe Bild 2.1) in einen (festen) Treiber und einer (aus der Eingabe generierten) Tafel gliedert:

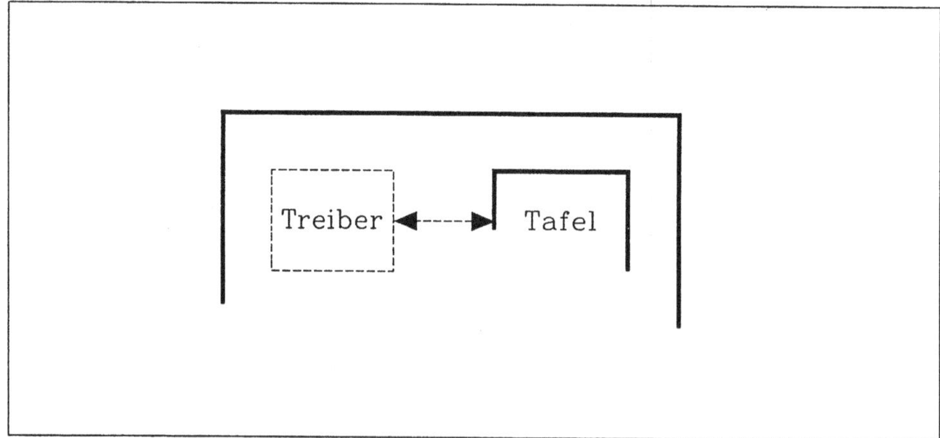

Bild 2.1: Typische Struktur von MUG1-generierten Compilerkomponenten.

In Einzelfällen erlauben die Generatoren zusätzlich (wahlweise) die Erzeugung von Code-Versionen, in denen die generierte Tafel algorithmisch, d.h. in Form von Programmtext, dargestellt ist; in beiden Varianten kann eine direkte Erzeugung von Montage-Objekten nach TR440-Konvention erfolgen.

MUG1 kann vom Benutzer in zwei Betriebsarten verwendet werden:

- im Stapel- (Batch-) Betrieb ist die vollständige Spezifikation einer Programmiersprache erforderlich, während

- im Dialog-Betrieb ein interaktives Arbeiten mit dem System möglich ist.

Die wesentlichsten Eigenschaften (und Vorzüge gegenüber anderen Systemen) kann man folgendermaßen zusammenfassen:

- die Mächtigkeit der dem System zugrundeliegenden theoretischen Konzepte und Verfahren

- Modularität der Generatoren, der generierten Compiler und der semantischen Aktionen

- die Möglichkeit der alternativen Verwendung von benutzereigenen oder festen (Bibliotheks-) Komponenten

Die genannten Eigenschaften haben sich alle im wesentlichen bewährt und sollten daher in einer Überarbeitung berücksichtigt werden; dabei sollten jedoch Verbesserungen da vorgenommen werden, wo sie sinnvoll oder notwendig sind.

Ansatz zur Kritik bietet zunächst die in MUG1 realisierte Form der Modularität auf der Generator-Ebene. Diese Strukturierung ist in MUG1 zum einen aus konzeptionellen Gründen erforderlich, etwa wegen der vorgesehenen Interaktivität, zum anderen jedoch aus rein technischen Gründen, da (im wesentlichen) Speicherplatzbeschränkungen auf dem Generierungs-Rechner TR440 zu berücksichtigen waren. Für den Benutzer ist diese Form der Strukturierung jedoch insofern hinderlich, daß er mit einer Anzahl von Teil-Generatoren konfrontiert wird, die eigentlich unabhängige Programme sind und zudem über uneinheitliche Benutzerschnittstellen (auf Betriebssystem-Ebene) verfügen.

Gravierender ist die so entstehende Problematik der Schnittstellen, die durch die Gliederung des Gesamtsystems in verschiedene unabhängige Komponenten auch verschiedene Eingaben in die einzelnen Komponenten erforderlich sind; Schnittstellen auf der Eingabe-Ebene sind

dabei durch den Benutzer durch konsistente Benennung anzugeben; die
Kontrolle der Konsistenz dieser Angaben ist in MUG1 jedoch nicht oder
nur mit zusätzlichem (eigentlich unnötigen) Aufwand möglich:

- in der Scanner-Generator-Eingabe *und* der Eingabe für den Parser-
  Generator werden die Terminalsymbole durch Identifikationsnummern
  markiert; eine Kontrolle dieser Eingaben ist (über die betroffenen
  Generator-Komponenten hinaus) vom System nicht möglich und bleibt
  dem Benutzer überlassen

- die semantischen Aktionen werden unabhängig von der Eingabe der
  attributierten Grammatik durch den Leser der semantischen Aktionen
  verarbeitet; dadurch können nicht alle Konsistenzbedingungen (Parameterlisten, Typ und Richtung der Parameter) beim Einlesen der
  Grammatik überprüft werden; dies muß beim (separaten) Lesen der
  semantischen Aktionen nachgeholt werden; Fehler in der eingegebenen
  Grammatik können also erst jetzt, nach Generierung von Compiler-
  Komponenten, festgestellt werden.

Ein weiterer Nachteil in MUG1 ist, daß die (CGS-) Implementierungssprache PS440 auch zur Abfassung der benutzereigenen semantischen
Aktionen verlangt wird. Grundsätzlich ist gegen die Verwendung einer
solchen "Wirtssprache" nichts einzuwenden, jedoch ist bei PS440 die
Situation so, daß es an Sprachkonstrukten mangelt, die eine mit der
Generator-Eingabe konforme, *einheitliche* Beschreibung der Moduln erlauben; aus diesem Grund werden die semantischen Moduln in einer
eigenen, von der Generator-Eingabe verschiedenen Syntax formuliert,
die dann durch einen Präprozessor in Standard-PS440 umgesetzt werden
müssen.

Ein echter Mangel in der Konzeption von MUG1 ist das Fehlen eines
Konzepts zur Typisierung der semantischen Attribute. Konzeptionell
vorgesehen sind [Gan 76] die Standard-Typen <u>integer</u>, <u>Boolean</u> und
<u>char</u>[1]), implementiert und damit für den Benutzer verfügbar ist jedoch
nur der Typ <u>integer</u>, so daß man von einem Typenkonzept nicht sprechen
kann. Der Typ <u>integer</u> war jedoch (durch die Verwendung der System-
Programmiersprache PS440) ausreichend, da sich alle notwendigen
Datenstrukturen durch geeignet große (und damit oft überdimensio-
nierte) Felder darstellen und mit einem Index vom Typ <u>integer</u> adres-
sieren lassen.

-----

[1])Die konzeptionelle Beschränkung auf die Standard-Typen ist kein
Problem der "Wirtssprache" PS440, da dort weitere Daten-"Typen" existieren.

Der schwerwiegendste Nachteil von MUG1 besteht darin, daß es weitgehend auf den verwendeten Generierungsrechner TR440 fixiert ist; dies
ergibt sich dadurch, daß es in der (kaum verbreiteten) System-Programmiersprache (PS440) des TR440-Rechners implementiert ist und auch
vom Benutzer Eingaben in der Form von PS440-Programmteilen erwartet
sowie durch die Verwendung von TR440-Betriebssystem-Komponenten wie
etwa des Montierers (Binders). Speziell sind dadurch auch die generierten Compiler in zu starkem Maße an diesem realen Rechner orientiert; dies bedeutet natürlich eine beträchtliche Einschränkung der
Verbreitungs- und Verwendungsmöglichkeiten des Systems.

Hier sehen wir daher auch den wesentlichsten Ansatzpunkt für eine
Weiterentwicklung von MUG1: die Entwicklung eines Verfahrens zur
Übertragung des Generators und der generierten Compiler. Diese Möglichkeit ist prinzipiell auch in MUG1 vorhanden; es ist jedoch nur
(für Generator und generierte Compiler) durch ein aufwendiges Boot-
strap-Verfahren zu erreichen und wurde wohl aus diesem Grunde nie
wirklich versucht[1]. Eine praktikable (also funktionsfähige und vom
Aufwand her vertretbare) Methode zur Übertragung würde jedoch eine
starke Vergrößerung der Anwendungsmöglichkeit bedeuten.

2.2. Zieldefinition für POCO.

Wir werden in diesem Abschnitt auf die erwünschten besonderen Eigenschaften von POCO detaillierter eingehen. Dazu ist zunächst zu bemer-
ken, daß die zugrundeliegenden theoretischen Konzepte von MUG1 vollständig in POCO übernommen werden sollen, da sie die geeigneten (und
für die Praxis relevanten) Mittel zur Compiler-Generierung beinhalten; das System POCO ist daher eine Verbesserung von MUG1 auf einer
rein technischen Ebene.
Zunächst seien hier einige mehr grundsätzliche Punkte angeführt, die
nur Überarbeitungen von Elementen von MUG1 sind. Dies sind im wesentlichen:

---

1) Wegen der starken Orientierung an den Generierungsrechner TR440
erscheint die Übertragung von MUG1 über eine Übertragung des PS440-
Compilers (wie in [WRC 76] vorgeschlagen) als nicht ausreichend.

- eine *Reduzierung des Benutzeraufwands* zur Compiler-Beschreibung

- eine *Verbesserung des Bedienungskomforts* des Generator-Systems

- Konzentration auf *eine* hinreichend mächtige Methode zur Syntax-Analyse

- die Verlagerung des Modularitätskonzepts auf eine höhere und einheitliche Ebene

- eine Überarbeitung des Konzepts der festen Generierungs-"Bausteine"

sowie allgemein

- eine Straffung der Struktur des Generator-Systems und die Beseitigung der in MUG1 enthaltenen Probleme hinsichtlich der Kontrolle der Eingabe

Die genannten Punkte deuten an, was als wichtigste Zielsetzung für POCO angesehen wurde: die Erstellung eines leistungsfähigen, jedoch auf einen handhabbaren Umfang konzentrierten Systems; dabei bleibt die MUG1-Konzeption die Grundlage für Erweiterungen, die wir nun zusammenfassen:

- die Entwicklung eines geeigneten Konzepts zur Typisierung der semantischen Attribute und damit zusammenhängend,

- ein Konzept zur Realisierung dynamischer Datenstrukturen

- eine Beseitigung von (unnötigen) Beschränkungen hinsichtlich der Eingabemöglichkeiten

- eine Möglichkeit der Generierung einer Compile-Zeit-Fehlerbehandlung

sowie

- die Verwendung einer (geeigneten) höheren Programmiersprache als Implementierungssprache für das CGS *und* zur Abfassung der semantischen Aktionen

Bei allen Punkten soll stets das Ziel der Portabilität des Generatorsystems und der generierten Compiler im Vordergrund stehen.

Auf einige der angegebenen Punkte gehen wir nun kurz näher ein; die anderen, wesentlicheren, werden wir in eigenen Abschnitten behandeln.

2.2.1. Überlegungen bzgl. der Generator-Struktur.

Die Leitlinien der Konzeption von POCO haben wir eingangs angeführt; damit sind jedoch gleichzeitig schon Eckpunkte für die Struktur von POCO festgelegt. Zunächst bedeutet dies, daß gewisse Abstriche an der anspruchsvolleren Konzeption von MUG1 vorgenommen werden müssen; wir werden jedoch sehen, daß daraus keine Verringerung der Leistungsfähigkeit gegenüber MUG1 resultiert.

Eine Einschränkung besteht zunächst darin, daß in POCO auf die Möglichkeit der interaktiven Generierung von Compilern verzichtet wird; dies geschieht nicht zuletzt wegen der sonst entstehenden Probleme hinsichtlich der Portabilität[1]. Die Grundstruktur von POCO soll vielmehr so aussehen, daß eine (komplette) Compiler-Beschreibung Eingabe in das System ist, das daraus einen (möglichst) vollständigen Compiler generiert; dabei sollte die Kontrollmöglichkeit der Auswahl von Teilgeneratoren auf eine sehr einfache Weise durch die Angabe von Optionen (also von Parametern, die den Generierungs-*Ablauf* steuern) erfolgen.

Durch diese Festlegung kann zunächst davon ausgegangen werden, daß der eigentliche Generator als ein einziges (wenn auch umfangreiches) Programm vorliegt. Die grundsätzlich sehr vorteilhafte modulare Strukturierung von MUG1 wollen wir nun in POCO so interpretieren, daß sie intern über den verschiedenen Teilgeneratoren und den weiteren Komponenten vorliegt; die Modularität der generierten Compiler betrachten wir weiter unten. Durch die Strukturierung erzielen wir eine klare interne Gliederung, die trotzdem genügend Flexibilität beinhaltet, um etwa Speicherplatz-Beschränkungen (durch Auslagern einzelner Komponenten in Overlay-Technik) zur Generierungszeit *ohne* Benutzeraufwand zu begegnen. Auf das für diesen Zweck geeignete Beschreibungsmittel gehen wir noch genauer ein.

Für den Benutzer bedeutet dies, daß für ihn die verschiedenen Teilgeneratoren nur noch konzeptionell getrennt vorhanden sind; er sieht

---

1) Ein sinnvolles interaktives System würde zusätzliche Hardware-Eigenschaften der Generierungs-Maschine (auch etwa Terminal-Ansteuerung u.ä.) zu berücksichtigen haben.

sich somit einem (einzigen) System gegenüber, dessen Schnittstellen (nach außen) möglichst einfach gehalten sein sollen. Insbesondere bedeutet dies, daß in den eigentlichen Generator nur *eine* Eingabe erfolgt, nämlich die (vollständige) Beschreibung eines zu generierenden Compilers.

Andererseits ist zu berücksichtigen, daß POCO nicht nur aus dem eigentlichen Generator bestehen kann. Die Notwendigkeit zu weiteren (getrennten) Komponenten im *System* POCO ergibt sich im wesentlichen aus unserer Forderung nach Portabilität; es soll jedoch abgesehen davon eine Konzeption vorliegen, die ein einfaches (und damit sicheres) Arbeiten mit dem System erlaubt. Dies wollen wir unter anderem dadurch erreichen, daß für Schnittstellen zwischen verschiedenen Komponenten des Systems zwingend eine genaue Spezifikation vorgeschrieben wird; die Auswertung dieser Spezifikation sollte möglichst automatisch erfolgen.

2.2.2. Ein Typenkonzept für die semantischen Attribute.

Auf dem Gebiet der Programmiersprachen entspricht die Möglichkeit der Typisierung von Variablen dem state of the art; es hat sich erwiesen, daß seine Verwendung zu sicheren Programmen führt, viele Fehler schon zur Übersetzungszeit eines Programms erkannt werden können und damit der Aufwand zur Entwicklung von Programmen wesentlich verringert wird. Gleichzeitig wird die Lesbarkeit - und auch die Korrektheit - der Programme verbessert.

Wie bei der Formulierung eines Programms in einer Programmiersprache sollten daher auch für die Eingabe in ein Compiler-Generierendes System die Vorteile ausgenützt werden, die sich durch eine Typisierung der semantischen Attribute ergeben.

Die Verfügbarkeit eines Typenkonzepts zur Implementierung eines Compilers ist keine zwingende Notwendigkeit: grundsätzlich lassen sich alle Elemente mithilfe der Standardtypen <u>integer</u>, <u>Boolean</u> und <u>char</u> oder einfacher Aufzählungstypen beschreiben. Die Verfügbarkeit nicht elementarer Typen jedoch erleichtert die Formulierung spezieller Probleme stark. Dies gilt insbesondere, wenn (speziell bei attributierten Grammatiken) auch strukturierte Typen verwendet werden können. Dies läßt sich durch folgendes Beispiel veranschaulichen:

> Eine deklarierte Variable läßt sich etwa durch Angabe eines
> 2-tupels (Block-Niveau,Relativadresse) identifizieren; dies
> wird vereinfacht durch die Definition eines Typs der Form:
>
> **type** var_adr_type = **record** Level, Offset: integer **end;**
>
> In der attributierten Grammatik können Attribute dieses Typs
> anschließend beliebig verwendet werden; man spart dabei einige
> Schreibarbeit und kann Kontrollaufgaben automatisieren.

Insbesondere macht sich das Fehlen eines geeigneten Typen-Konzepts
dadurch bemerkbar, daß so dem Benutzer weitgehend die Möglichkeit
genommen ist, *dynamische* (also nicht statisch an Speicherplatz gebun-
dene) Datenstrukturen, die über Pointer adressiert werden können, für
die Zwecke der Attributierung zu verwenden. Diese Möglichkeit sollte
einem Anwender (bei ausreichender Kontrollmöglichkeit durch das
System) gegeben werden; dies hat auch unmittelbare Auswirkung auf die
Effizienz, da Pointer-Zugriffe in der Regel schneller sind.

2.2.3. Das Modularitätskonzept auf der Ebene der generierten Compiler.

Wir haben oben gefordert, daß die wesentliche Restaufgabe des Benutzers - die Angabe der selbst zu erstellenden semantischen Aktionen -
in geeigneter Weise verbessert werden muß. Dazu soll zum einen die
Verwendung einer höheren Programmiersprache beitragen; auf diesen
Aspekt werden wir im nächsten Abschnitt näher eingehen.

Zusätzlich sollte die Konzeption so aussehen, daß folgende Kriterien
erfüllt sind:

- die Generierung von Compiler-Komponenten (also etwa Scanner oder
  Parser) in der Form kompletter unabhängiger Programmteile sollte
  ermöglicht werden

- die Modularisierung der semantischen Aktionen sollte besser
  unterstützt werden und schärferen Kontrollmechanismen unterliegen

- die Schnittstellen zum Generator sollten einheitlich, klar und
  einfach zu spezifizieren *und* zu kontrollieren sein

- das Konzept sollte eine Möglichkeit zur Verwaltung fester
  Generierungsmoduln und ihre Verwendung über dieselbe einheitliche Schnittstelle beinhalten

- die Aufgabe des Zusammenfügens der einzelnen Komponenten sollte
  vom System weitgehend unterstützt werden.

Wesentlich für die Arbeit *mit* dem System ist dabei die zweite Forderung; man erreicht dadurch nicht nur eine beträchtliche Aufwandsver-
ringerung für den Benutzer, sondern stellt ihm ein Strukturierungsmittel zur Verfügung, das die separate Entwicklung von Teilkomponenten vereinfacht und sicher macht.

Gleichzeitig bedeutet dies für das Gesamtsystem, daß - bei Existenz
der weiter geforderten klaren Schnittstelle - eine u.U. umfangreiche
Bibliothek von Standard-"Bausteinen" zur Verfügung gestellt werden
kann. Im "Idealfall" sollte dem Benutzer ein "Baukasten" mit vordefi-
nierten, korrekten und effizienten semantischen Aktionen zur Verfügung stehen, die er über ein einheitliches und einfaches Beschreibungsmittel in die Generator-Eingabe einbringen kann; die nötige
organisatorische Verwaltung sollte möglichst automatisch vorgenommen
werden.

Ein solches Konzept beinhaltet allerdings zusätzliche Komponenten,
die ebenfalls Bestandteil des Generator-Systems sein müssen, so ein
Bibliotheks-Verwaltungssystem und einen Operator, der das Zusammenfügen verschiedener Komponenten zu einem lauffähigen Compiler ermöglicht; auch hier gilt wegen unserer Forderung nach Portabilität, daß
keine Annahmen über die Generierungs- (und die Übertragungsziel-)
maschine gemacht werden sollen.

Zur Realisierung dieser Forderungen benötigen wir ein geeignetes
Mittel zur Beschreibung eines Moduls, die in gleicher Weise zur
Implementierung des CGS, generierter Komponenten und auch benutzer-
eigener semantischer Aktionen zu verwenden ist; dies ist auch eine
Forderung an die zu verwendende Implementierungssprache für das CGS.

2.2.4. Die Wahl einer geeigneten Implementierungssprache.

Wie bei allen Projekten eines gewissen Komplexitätsgrades, so stellt sich auch im Falle eines Compiler-Generator-Systems die Frage nach einer für diesen Zweck geeigneten Implementierungssprache.

Es ist klar, daß es sich dabei nicht um eine niedere oder eine System-Programmiersprache handeln sollte, weil dadurch eine zu starke Fixierung auf einen speziellen Rechner und/oder eine spezielle Betriebssystemumgebung entstehen würde. Diese Überlegung läßt daher eine Sprache wie C [KeR 78] zunächst ausscheiden.[1]

Es versteht sich von selbst, daß eine Programmiersprache auch nur dann geeignet ist, wenn sie über ausreichend viele und geeignete Kontroll- und Daten-Strukturierungsmöglichkeiten verfügt, die einem modernen Stand entsprechen; Programmiersprachen wie FORTRAN oder COBOL scheitern an dieser Forderung.

Gleichzeitig sollte es möglich sein, die ausgewählte Programmiersprache für die Implementierung des Generators *und* die Abfassung der benutzereigenen Teile eines zu generierenden Compilers zu verwenden. Dies bedeutet, daß die Sprache über ein geeignetes *Typen-Konzept* verfügen und außerdem ein Strukturierungsmittel aufweisen muß, das *Modularität* unterstützt. Die weitergehende Forderung der Eignung der CGS-Implementierungssprache zur Darstellung der generierten Compiler ist nicht notwendig, jedoch wünschenswert aufgrund der so verbesserten Einheitlichkeit des Gesamtsystems und (wie wir sehen werden) der Erfüllung der Portabilitätsforderung über einen gemeinsamen Mechanismus.

Bis auf die Modularisierungsmöglichkeit bietet die Programmiersprache PASCAL [Wir 71] alle die geforderten Eigenschaften; insbesondere bzgl. der Möglichkeit zur Typisierung kommt sie der oben geforderten Konzeption sehr entgegen. Außerdem hat sie ihre Eignung als Implementierungssprache für Compiler bewiesen; es liegt nahe zu vermuten, daß sie für einen Compiler-Generator ebenfalls geeignet sein wird. Gerade zur (benutzereigenen) Implementierung der semantischen Aktionen las-

---

[1]Es soll hier keineswegs einer genaueren Untersuchung der Übertragungsproblematik vorgegriffen werden.

sen sich die vorteilhaften Eigenschaften von PASCAL gut ausnutzen; dies wird nicht zuletzt Einfluß auf die Akzeptanz des System von der Benutzerseite haben.

Die Programmiersprache PASCAL verfügt jedoch nicht über ein Sprachmittel, das die oben geforderte Modularität unterstützt; ein PASCAL-Programm zeichnet sich gerade dadurch aus, daß *alle* verwendeten Elemente im Programm selbst enthalten und deklariert sein müssen. Die Möglichkeit etwa der Deklaration externer Prozeduren ändert an dieser Tatsache nur wenig, da lokale Datenstrukturen bei Verlassen des zugehörigen Prozedurrumpfs verloren gehen und die gerade deshalb notwendigen Datenstrukturen weitgehend unpraktikabel sind. Letzteres ist darin begründet, daß es keine Regelung für die Behandlung globaler Datenstrukturen für externe Prozeduren gibt. Existierende Compiler für PASCAL, die ein solches Konzept annähernd realisieren, sind zu unflexibel oder gänzlich unbrauchbar.[1]

Abgesehen von Hindernissen dieser Art haben existierende Konzepte den entscheidenden Nachteil, daß eine Selektion unter den globalen Datenstrukturen, die nur für eine Teilmenge der verwendeten Prozeduren relevant sind, nicht oder nur unter Verzicht auf die zu fordernden Kontrollmechanismen möglich ist, die PASCAL auszeichnen[2].

Speziell für die Implementierung der semantischen Aktionen - lokal unabhängiger Compiler-Teile - sind solche Ansätze jedoch unbrauchbar, da sie dem Benutzer die Aufgabe auferlegen, nicht nur die Seiteneffekte seiner selbst erstellten Teile untereinander, sondern auch bezüglich der vom Generator erzeugten Teile zu kontrollieren und ggf. zu vermeiden.

Das Fehlen eines geeigneten Sprachkonstrukts zur Beschreibung von Modularität in PASCAL in der von uns erwünschten Form macht eine Mo

---

1) Im Siemens-BS2000-PASCAL-System muß z.B. die vollständige Liste *aller* globalen Datenstrukturen (in identischer Deklarationsreihenfolge) für jede einzelne externe Prozedur angegeben werden, eine Auswahl unter den benötigten globalen Daten ist nicht möglich; damit wird dem Benutzer gleichzeitig die Kontrolle der korrekten Speicherplatzzuordnung zugemutet.

2) etwa durch die Verwendung dynamischer Datenstrukturen, die im Heap ablegt sind und nicht den üblichen Lebenszeit-Bedingungen von Variablen unterliegen.

difikation der Programmiersprache nötig; wegen der eher allgemeinen
Bedeutung eines solchen Konstrukts zur Verbesserung der Strukturie-
rungsmöglichkeit von Programmen, die über die hier speziell vorgesehene Verwendung im Rahmen von POCO hinausgeht, liegt eine grundsätzliche Überarbeitung dieses Problems nahe. Auf eine solche generelle
Lösung werden wir in Kapitel 4 eingehen.

2.2.5. Portabilität.

Ein wesentliches Merkmal des Compiler-Generierenden Systems POCO soll
die Eigenschaft sein, auf beliebige (u.U. sehr unterschiedliche)
reale Maschinen übertragbar zu sein; diese Eigenschaft soll in gleicher Weise für die generierten Compiler selbst gelten. Ganz allgemein
erwünscht ist eine Methode, die die sichere Übertragung des CGS und
der generierten Compiler zuläßt; dabei sollten möglichst keine Annahmen über eine eventuelle Übertragungszielmaschine gemacht werden.

Diese Forderung zwingt daher zu einer genaueren Untersuchung der
Probleme, die sich im Zusammenhang mit der Übertragbarkeit stellen;
zumindest indirekt ist von dem Ergebnis dieser Untersuchung auch die
gewählte Implementierungssprache berührt. Wegen des Umfangs der mit
dieser Forderung verbundenen Probleme betrachten wir diesen Punkt im
nächsten Kapitel genauer.

3. Software-Portabilität.

Dieser Abschnitt wird sich mit einer Untersuchung der Übertragungmöglichkeit von Software beschäftigen. Zunächst ist ein Compiler-Generator, ebenso wie ein Compiler, ein Programm "wie jedes andere"; daher soll die folgende Untersuchung allgemeiner Art sein. Wir werden die Probleme aufzeigen, die eine Übertragung von Programmen erschweren; anschließen wird sich eine kritische Untersuchung der üblicherweise verwendeten Methoden zur Übertragung von Programmen. Auf die Besonderheiten der Übertragung von Compilern wird danach genauer eingegangen.

Für die Möglichkeit einer Übertragung von Programmen auf verschiedene Maschinen sprechen verschiedene Gründe; die wichtigsten sind in [SpB 77] angeführt:

- Kosten für sonst notwendige Neuentwicklungen
- ständig wechselnde Hardware-Konfigurationen
- Rechner-Netze mit einer Vielzahl unterschiedlicher Rechner[1]

Spezielle Bedeutung kommt dem Wunsch nach Übertragbarkeit dann zu, wenn es darum geht, "software-tools" einem weiten Benutzerkreis zu erschließen und ihm so die Möglichkeit zur Konstruktion eigener neuer Werkzeuge zur Verfügung zu stellen.

Bevor wir auf die Möglichkeiten für eine solche Übertragung eingehen, ist eine Vorbemerkung notwendig: Das Ziel, Programme zu übertragen, ist *nicht* ohne Aufwand zu erreichen; dies gilt insbesondere für systemnahe Software (wie z.B. Compiler). Dennoch ist dieser zusätzliche Aufwand dann zu vertreten, wenn er "um eine Größenordnung unter dem liegt, der für die komplette Neuerstellung der Software notwendig wäre" [NAJ 76].

---

[1] Rechner-Netze werden auch als Lösung für die Portierungsproblematik angesehen ([Tan 76]); man geht dabei davon aus, daß in einem (hinreichend großen) Netz für jedes Programm ein geeigneter Rechner zur Verfügung steht. Der Erfolg dieses Verfahrens muß allerdings bezweifelt werden, da auch diese Rechner letztlich irgendwann "sterben".

Unter diesem Gesichtpunkt sollen die folgenden Untersuchungen verstanden werden: es geht nicht nur darum, eine Möglichkeit zu finden, die die Übertragung überhaupt erst zuläßt, sondern zudem (gemessen am benötigten Aufwand) einfach und (für den Anwender) unkompliziert und möglichst sicher ist.

3.1. Das Übertragungsproblem

Unter *Portierung* einer Software-Komponente verstehen wir ihre Übertragung von einer Maschine (genauer: von einer Umgebung) auf eine andere; bei der Komponente kann es sich dabei um Programme oder Daten oder eine beliebige Kombination von beidem handeln. Wir beschränken uns in der folgenden Untersuchung auf die Portierung von Programmen.

Wir nennen die Möglichkeit der Übertragung von Programmen *Portabilität*[1]; die in der Literatur weitgehend verwendete Definition ist:

> "Portability is a measure of the ease with which a program can be
> transferred from one environment to another: If the effort required
> to move the program is less than that to implement it initially
> then we say that it is highly portable." [PoW 73]

Die Portierung wird dadurch zu einem Problem, daß Software i.a. nicht in einer Weise zu erstellen ist, daß sie unabhängig von der Umgebung ist, in der sie eingesetzt werden soll: Programme sind in vielfältiger Weise und unterschiedlichem Ausmaß *maschinen-* und *betriebssystemabhängig*.

Die *Maschinenabhängigkeit* von Software entsteht im wesentlichen durch ihre konzeptionelle Anlehnung an die strukturellen Eigenschaften eines realen Rechners. Solche Eigenschaften sind etwa:

- interne Wortlänge
- interne Zahlendarstellung
- Art und Anzahl der zur Verfügung stehenden Register
- der Adreßraum der realen Maschine
- die Adressierungsverfahren
- der verwendete Zeichensatz

---

[1] Im Englischen wird (neben seltener "transferability") weitgehend die Bezeichnung "portability" verwendet; zur Klarstellung unterscheiden wir im folgenden zwischen Portierung und der Möglichkeit dazu, der Portabilität.

Die strukturellen Eigenschaften einer realen Maschine haben unmittelbare Auswirkungen auf die interne Repräsentation von Objekten und die darauf möglichen Operationen. Dies gilt speziell etwa hinsichtlich der internen Arithmetik (von besonderer Bedeutung auf dem Gebiet der real-Zahlen-Arithmetik); wesentlichste Problemstellen sind hier (vgl. [TKB 78]) der Bereich der darstellbaren Zahlen (abhängig von der verwendeten Zahlenbasis, sowie der Mantissen- und Exponentenlänge in Bits), die Präzision und die angewandten Normalisierungsregeln, und die kleinste darstellbare integer- (real-) Zahl. Eine Untersuchung von Portabilitätsproblemen arithmetischer Art findet sich auch in [Hot 74] und [Hot 78].

Die *Betriebssystemabhängigkeit* von Software ist in der stark unterschiedlichen Verknüpfung von Programmen zu den verschiedenen Funktionen des Betriebssystems eines Rechners begründet. Dies gilt speziell für das Gebiet der Ein-/Ausgabe, auf dem sich reale Rechner stark unterscheiden. Außerdem entsteht Betriebssystemabhängigkeit durch die unterschiedliche Behandlung von Laufzeitfehlern und die Schnittstellen zu der Kommandosprache des Betriebssystems. Unter Betriebssystemabhängigkeit verstehen wir auch in einem umfassenderen Sinn alle Abhängigkeiten, die sich daraus ergeben, daß in einer jeweiligen Anwenderinstallation Unterschiede in der Verfügbarkeit der physikalischen Medien und der verschiedenen Betriebssysteme existieren.

3.2. Portabilität unter Verwendung höherer Programmiersprachen.

Der traditionelle Ansatz zur Erstellung portabler Software besteht darin, die Programme in einer höheren Programmiersprache zu formulieren, bei der davon ausgegangen werden kann, daß sie weitverbreitet ist und auf möglichst vielen realen Maschinen "zur Verfügung steht".

Darunter wird verstanden, daß für diese Programmiersprache auf jeder dieser Maschinen ein Compiler existiert, der die Quellfassung des zu portierenden Programms aus der höheren Programmiersprache in die jeweilige Maschinensprache übersetzen kann und daß das erzeugte Maschinenprogramm dasselbe leistet wie das Programm auf der originären Maschine.

Der Idealfall für diese Methode wäre dann gegeben, wenn es *eine*

Programmiersprache gäbe, die in gleicher Weise für alle anfallenden
Programmiersituationen geeignet wäre, und deren Compiler (dessen Korrektheit und Übereinstimmung mit der Sprachdefinition gewährleistet
ist[1]) sozusagen als Standard-Bestandteil zum Betriebssystem jeder
realen Maschine gehören würde[2]. Bei n realen Maschinen würden somit
n Compiler benötigt, um ein in dieser Sprache formuliertes Programm
für alle Maschinen portabel zu halten. Eine solche (hypothetische)
Programmiersprache bezeichnet man üblicherweise als *universelle* Programmiersprache:

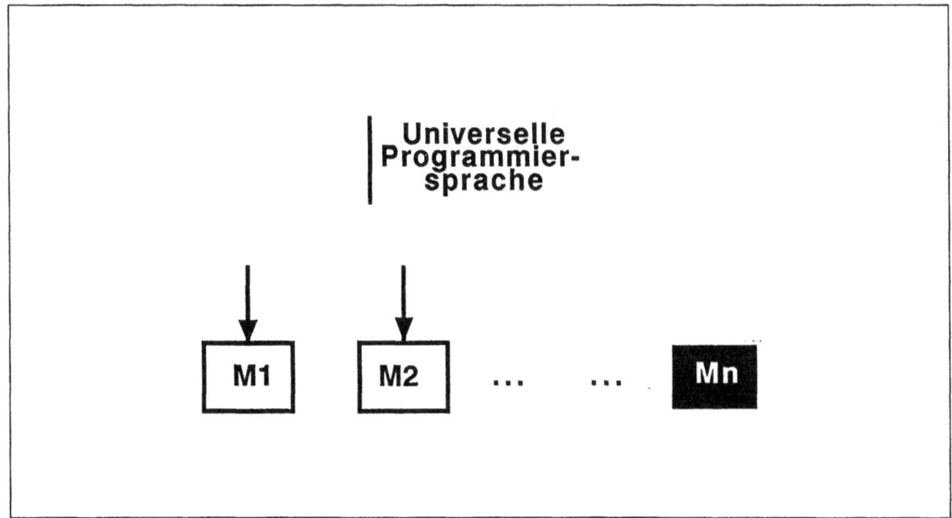

Bild 3.1: Die "universelle" Programmiersprache.

Zahlreiche Ansätze zur Entwicklung einer solchen universellen Programmiersprache in der Vergangenheit (und auch noch heute) blieben im
wesentlichen ohne durchschlagenden Erfolg. Die Ursache dafür ist im
Grunde die einfache Tatsache, daß jede Programmiersituation (man
denke an die so unterschiedlichen Gebiete wie kommerziellen Einsatz
über textorientierte Datenverarbeitung bis hin zu "number crunching"
bei Problemen aus der Physik) verschiedene Datentypen oder -strukturen in unterschiedlichem Maße benötigt; bei einer universellen Programmiersprache muß jedoch gefordert werden, daß sie Konzepte enthält, die in allen diesen unterschiedlichen Einsatzbereichen benötigt
werden, und daß sie alle gleichermaßen effizient realisiert sind.

---

1) diese Forderung soll für ADA [ADA 80] überprüfbar sein.
2) Vorschläge dieser Art sind etwa in [Wel 73] zu finden.

Andererseits benötigt ein Anwender jedoch die Konzepte einer Programmiersprache nicht, die für die Bearbeitung seiner speziellen Aufgabe weniger von Bedeutung sind; sie werden sogar als "störend" empfunden in der Weise, daß sie eine Programmiersprache zu komplex machen und damit ihre Übersichtlichkeit verschlechtern, ihre Erlernbarkeit erschweren und den Benutzungskomfort verringern. Gerade diese Überlegung führte in der Vergangenheit oft zu dem Ansatz, für spezielle Einsatzgebiete eine eigene, besonders geeignete und für den beabsichtigten Benutzerkreis "akzeptable" Programmiersprache zu entwickeln. In dieser speziellen Lösung können die relevanten Konstrukte in der Regel besser formuliert und auch effizient übersetzt werden. Ein Beispiel für eine Programmiersprache dieser Art ist etwa COMSKEE [MvB 81] für die linguistische Datenverarbeitung. .

Obwohl eine universelle Programmiersprache nicht zur Verfügung steht, sollte es möglich sein, Portabilität bei Verwendung einer existierenden, weitverbreiteten höheren Programmiersprache zu erzielen[1]. In der Praxis zeigt sich jedoch, daß keine der normalerweise dazu verwendeten Programmiersprachen den beabsichtigten Zweck erfüllt. Der Grund dafür liegt in der Tatsache, daß es in Wirklichkeit eine solche Programmiersprache gar nicht gibt, sondern "jeweils nur die Implementierung einer Sprachversion auf einer bestimmten Anlage" [Wir77d].

In der Realität stellt sich die Situation so dar:

- unzureichende oder sogar mehrdeutige Spezifikation der Programmiersprachen (siehe etwa [TKB 78]) führt dazu, daß jede Implementierung eines Compilers unterschiedliche Realisierungen für diese Teile der Definition der Programmiersprache enthält.

- (z.T. willkürliche) Abweichungen (durch Einschränkungen bzw. Erweiterungen) vom Sprachstandard in den Compiler-Implementierungen

- in der Sprache enthaltene Maschinen- und Betriebssystem-Abhängigkeiten

- die "Evolution" der Sprache durch Varianten, neue Standards, Modifikationen

- Fehler in den jeweiligen Compiler-Implementierungen

---

1)Wir lassen neuere Entwicklungen wie ADA [ADA 80] unberücksichtigt, auch weil die im folgenden angeführten Probleme trotz der unternommenen Anstrengungen nicht auszuschließen sind (siehe auch [Hoa 80]).

- in der Regel keine, sonst zumeist nicht ausreichende oder sogar
  irreführende Angaben über die Portabilitätseigenschaften von in der
  jeweiligen Sprach-Version geschriebenen Programmen

Neben diesen mehr grundsätzlichen Problemen, die sich im Zusammenhang
mit dem Portierungsansatz über höhere Programmiersprachen ergeben,
gibt es eine Vielzahl von spezifischen Eigenschaften jeder Compiler-
Implementierung, die eine unmittelbare Übertragung von Software erschweren; sie sind dennoch von Bedeutung, zumal sie häufig "übersehen" werden, mit gelegentlich katastrophalen Ergebnissen. Diese spezifischen Eigenschaften sind auf allen Compiler-Ebenen zu finden: auf
lexikalischer, syntaktischer und semantischer Ebene. Hier sei nur
(als ein Beispiel) angegeben, daß manche Programmiersprachen zwar
beliebig lange Bezeichner zulassen, daß die verschiedenen Compiler-
Implementierungen jedoch eine unterschiedliche Anzahl von Zeichen in
einem Bezeichner auswerten, so etwa:

Der Bezeichner

'function_result'

führt in der Pascal-p-Compiler-Implementierung [NAJ 76] zu
einem Übersetzungsfehler, da nur die ersten 8 Zeichen ausgewertet werden und dadurch eine Kollision mit dem reservierten Wort *function* auftritt; andere Pascal-Compiler
(etwa der Siemens Pascal-Compiler V2.40) akzeptieren ihn
als "normalen" identifier.

Ein anderes Beispiel in diesem Zusammenhang ist die Darstellung von
reservierten Worten mit Markierungen wie etwa in ALGOL60; die
Schreibweisen 'begin', "begin", "begin, 'begin und .begin ist bei
verschiedenen Compiler-Implementierungen anzutreffen (vgl. [TKB 78]).

Gravierender sind "Eigenarten" von implementierten Compilern, die
Lücken in der Sprachdefinition unterschiedlich realisieren; ein Beispiel dafür ist die unterschiedliche Handhabung von leeren case-
Varianten innerhalb einer Typ-Deklaration in PASCAL, so etwa im
portablen(!) PASCAL-(Cross-) Compiler für den MC68000 von Motorola[1]
auf verschiedenen Installationen oder dem Siemens PASCAL-Compiler in
den aufeinanderfolgenden (!) Versionen 2.4 und 2.51.

---

[1] Einsichtnahme in die Quellen wurden mir vom Rechenzentrum der Universität des Saarlandes ermöglicht. Die Probleme, die bei der Übertragung dieses Compilers (auf die vorgesehene Maschine) auftraten,
sind typisch für die in diesem Abschnitt geschilderten Schwierigkeiten einer quellsprachlichen Portierung.

Allgemein trifft diesen Sachverhalt die folgende Aussage:

> "The differences between compilers for the same language
> are often small but are important and can be extremely
> expensive."[SRC 75]

Man muß hinzufügen, daß diese Unterschiede in aller Regel auch nur unter hohem Aufwand zu entdecken sind.

Dies gilt umsomehr, wenn die verschiedenen Compiler-Eigenschaften Punkte berühren, die *nicht* durch eine einfache textliche Korrektur (soweit dies überhaupt möglich ist) des zu portierenden Programms zu beheben sind. Solche Probleme entstehen dann, wenn bei der Verwendung einer höheren Programmiersprache Maschineneigenschaften für den Programmierer unbemerkt bleiben. Probleme dieser Art können in der Regel kaum (und wenn, dann nur unter erheblichem Aufwand) durch eine Analyse des Quellprogramms erkannt werden; ihre Behebung erfordert einen zusätzlichen (gelegentlich unvertretbar hohen) Aufwand. Generell erscheint es jedoch problematisch, einem Benutzer die Portierung durch Manipulation der Quellfassung eines (u.U. umfangreichen) Programms zuzumuten; der dazu nötige Aufwand wird in aller Regel unterschätzt, i.a. ist eine (umfassende) Einarbeitung in die Logik des Programms und eine weitgehende Modifikation erforderlich (vgl. Fußnote S. 42!).

Wir wollen nun kurz auf einige höhere Programmiersprachen eingehen, die üblicherweise zur Lösung des Portabilitäts-Problems verwendet werden; dies sind in der Regel die Sprachen FORTRAN, COBOL und PL/1 sowie in neuerer Zeit auch PASCAL. Die Sprachen der (engeren) ALGOL-Familie (also ALGOL60, ALGOL-W, ALGOL68) brauchen hier nicht näher berücksichtigt zu werden, da sie als eher wissenschaftlich-orientierte Sprachen nicht die Verbreitung gefunden haben, die unserer Zielsetzung entspricht; eine Untersuchung der Portabilitätseigenschaften von ALGOL60 in [Wic 77] zeigt jedoch, daß auch hier die gleichen Probleme auftreten, die wir eingangs dargestellt haben.

Als "ideale" Portierungssprachen werden i.a. FORTRAN, COBOL und PL/1 angesehen; gerade bei den beiden letztgenannten stand zur Zeit ihrer Definition nicht zuletzt die Absicht im Vordergrund, ein "Portierungsmittel" zu schaffen [Sam 69]. Betrachtet man diese Sprachen genauer, so ist festzustellen, daß sie gerade diese Eigenschaft keineswegs erfüllen.

Gerade bei PL/1 bestehen in der Realität besondere Probleme hinsichtlich der Portabilität, die sich einmal aus dem Umfang der zur Verfügung stehenden Sprachkonstrukte und auch aus vielen, z.T. schwer erkennbaren Maschinenabhängigkeiten ergeben; zusätzlich existiert bei PL/1 in besonderen Maße eine hohe Betriebssystemabhängigkeit.

Die Maschinenabhängigkeit ergibt sich speziell dadurch, daß Sprachkonstrukte die Ausnützung von Maschineneigenschaften ermöglichen, die auf einer Portierungszielmaschine nicht notwendigerweise vorliegen, so etwa durch die Möglichkeit der based-Überlagerung; auch andere in der Sprache enthaltenen Konzepte (implizite/explizite Konvertierung, Datenattribute, alignment-Angaben) erleichtern wohl entgegen der ursprünglichen Absicht die Übertragung von Pl/1-Programmen nicht, sondern sind Ursache für besonders schwer zu entdeckende Fehler.

Ähnliche Aussagen sind auch für die Sprachen FORTRAN und COBOL möglich; hier entstehen Probleme nicht nur wegen des Sprachumfangs, sondern auch wegen der unterschiedlichen (z.T. einfach falschen) Implementierung einzelner Sprachkonzepte[1], die dazu führen, daß man grundsätzlich nicht die Übertragbarkeit eines Programms in diesen Programmiersprachen erwarten kann, ohne einen zusätzlichen Aufwand, der nahe an die Neuerstellung eines Programms heranreichen kann. Beispiele dafür sind in der Literatur viele zu finden, so etwa für FORTRAN in [Poo 74] und für COBOL in [Tri 77]; Knuth [Knu 71] gibt (nach [Lec 81]) an, daß das einzige FORTRAN-Statement, das von allen Compilern auf jeder Maschine (annähernd) gleich übersetzt wird, "CONTINUE" ist.

Verschiedene Standardisierungsversuche haben in der Vergangenheit nichts an dieser Tatsache ändern können. Solchen Versuchen ist gerade bei diesen Programmiersprachen wenig Aussicht auf Erfolg zuzutrauen, da sie zwangsläufig Eingriffe in viele seit Jahren in Betrieb befindliche Programme erfordern werden und damit unbezahlbar bleiben; ganz im Gegenteil zu ihrer ursprünglichen Intention haben Standardisierungsansätze in der Regel dazu geführt, daß der "Wirrwarr" der schon existierenden Programmiersprachen noch um eine neue (eben die dem neuen Standard entsprechende) vergrößert wird, mit der entsprechenden Verringerung der Portabilität.

---

[1]Für COBOL gibt es nach [HoH 79] (wegen der Gliederung der Sprachdefinition in Module und Stufen) über 100 000(!) zulässige *unterschiedliche* Implementierungsmöglichkeiten nach dem neuesten Standard ANS 74.

Als geeignete Portierungssprache wird heute sehr oft PASCAL angesehen; PASCAL verfügt über eine (weitgehend) akzeptierte Standard-Definition [JeW 75], beschränkt die Kontakte zu dem benötigten Betriebssystem auf ein Minimum (sofern man sich auf die für Standard-PASCAL geforderten sequentiellen Dateien beschränkt; die Betriebs-systemabhängigkeit wird in PASCAL auch dadurch vermindert, daß zwischen dem Sprachkonstrukt *file* und der physikalischen Repräsentierung unterschieden wird) und benötigt nur sehr wenig Laufzeitunterstützung. Maschinenabhängigkeiten sind eher geringfügiger Art (etwa kleinste ganze Zahl). Die einfachen Kontrollstrukturen erlauben i.a. eine gleich gute Realisierung auf Maschinen sehr unterschiedlicher Struktur; die Definition von Typen und Datenstrukturen kann im wesentlichen unabhängig von einer realen Maschine erfolgen.

Es kann jedoch nicht davon ausgegangen werden, daß die oben geschilderten Probleme bzgl. der Portabilität bei der Verwendung von PASCAL nicht auftreten[1]. Die Portabilitätseigenschaften eines Programms, das in PASCAL implementiert ist, werden zwar i.a. höher sein als etwa die eines Programms in FORTRAN. Allerdings beduetet die Verwendung von PASCAL als Implementierungssprache allein keineswegs, daß ein solches Programm "portabel" ist.

Probleme, die sich bei der Verwendung von PASCAL hinsichtlich der Portabilität ergeben, sind zunächst relativ "einfacher" Natur:

- die Zeichensatzabhängigkeit
- die größte (kleinste) darstellbare ganze Zahl
- der Bereich der Basismenge eines <u>sets</u>
- das <u>packed</u>-Konzept.
- unterschiedliche Implementierung von Standard-Funktionen

Die eigentlichen Probleme stellen sich bei der Verwendung von PASCAL auf einer anderen Ebene; sie ergeben sich im wesentlichen durch die in der Sprachdefinition enthaltenen "Unsicherheiten" und Mehrdeutigkeiten, wie sie von [Hab 73] und [WSH 81] beschrieben sind. Als besonders bemerkenswert ist hier zu erwähnen, daß die Typäquivalenz (Namens- bzw. Struktur-Äquivalenz) nicht im Report [JeW 75] definiert und damit implementierungsabhängig ist.

---

[1] Für PASCAL gibt es (zumindest) eine Implementierung, die die Operator-Prioritäten abweichend von der Standard-Definition [JeW 75] geregelt hat, vgl. [BiI 82].

Eine detailliertere (gel. jedoch unkritische) Untersuchung der Portabilitätseigenschaft von Programmen in PASCAL findet sich in [Lec 81]. Als Fazit stellt [Lec 81] fest, daß man Portabilität i.a. nur dann erzielt, wenn gefordert wird, daß

- das zu übertragende Programm mit der speziellen Zielsetzung entwickelt wird, daß es "übertragbar" ist

und

- der Benutzer die letzliche Anpassung an die Portierungs-Zielmaschine manuell vornimmt.

Abgesehen davon, daß auf diese Weise eine unmittelbare Portabilität nicht zu erreichen ist (und diese Forderungen auch bei Verwendung anderer Sprachen eher portable Programme ergeben), hat die vorgeschlagene Vorgehensweise folgende Probleme:

Soll ein Programm eben mit der Portabilitätszielsetzung erstellt werden, so bedeutet dies, daß der Entwickler die vollständige Portabilitätsproblematik überblicken muß; diese Forderung kann allenfalls an ein generierendes System gestellt werden. Hat ein Anwender dann letztlich doch Quelltext-Korrekturen auszuführen, so ist diese Aufgabe auch bei einem generierten Programm (mit i.a. klareren Strukturen) kompliziert und aufwendig. Außerdem werden durch diese Vorgehensweise Probleme der oben angeführten komplizierteren Art nicht zu lösen und mögliche Fehler erst spät festzustellen sein.

3.3. Compiler-Portabilität.

Wie wir gesehen haben, ist notwendige Voraussetzung für die Portabilität die Annahme, daß auf der Portierungs-Zielmaschine ein Compiler für die Programmiersprache zur Verfügung steht, in der das zu übertragende Programm abgefaßt ist. Ist dies nicht der Fall oder entspricht der Compiler auf der Zielmaschine nicht dem für dieselbe Programmiersprache auf der Implementierungs-Maschine zugrundegelegten "Standard", dann ist eine unmittelbare Portierung i.a. nicht möglich. In diesem Fall wird die Frage interessant, welche Methoden die Übertragung eines *Compilers* für die Implementierungssprache erlauben.

Eine solche Vorgehensweise ist zunächst nicht naheliegend, denn der nötige Aufwand ist wesentlich größer: Compiler können "von Natur aus" nicht maschinen- bzw. betriebssystemunabhängig sein, sie müssen in einer Programmiersprache formuliert werden, für eine (bestimmte) Maschine Code generieren und sind in besonderem Maße auf das Betriebssystem eines bestimmten Rechners (so bei Ein-/Ausgabe, Zeichensatz) angewiesen.

In unserem besonderen Fall wird jedoch, daß nicht nur die Übertragung *eines* Programms (etwa des Compiler-Generators) angestrebt, sondern auch *aller* durch dieses System zu generierenden Compiler - und dies im Prinzip auf *alle* denkbaren Zielmaschinen. Eine Anpassung des gesamten Verfahrens (etwa durch eine geeignete Parametrisierung) an alle existierenden oder möglichen Zielmaschinen ist jedoch unmöglich.

Aus diesem Grund liegt eine Untersuchung der generellen Möglichkeiten zur Übertragung von Compilern nahe, wobei sich ein Verfahren ergeben sollte, das die Portierung sowohl für die Compiler als auch den Generator in möglichst derselben Weise erlauben sollte. Wir werden daher im folgenden auf die (vom Aufwand her vertretbaren) Methoden eingehen, die die Übertragung von Compilern ermöglichen.

3.3.1. Bootstrapping.

Die Methode des Bootstrapping besteht im wesentlichen darin, einen (existierenden) Compiler für eine Programmiersprache auf eine andere Maschine dadurch zu übertragen, daß die notwendigen Anpassungen an die Zielmaschine am Compiler-Quelltext vorgenommen werden und die modifizierte Quelle durch den existierenden Compiler übersetzt wird[1]. Die Modifikation betreffen vor allem die Änderung der Code-Generierung zum Erzeugen von Code für die Zielmaschine sowie die Anpassung an deren Zeichensatz.

Man unterscheidet dabei zwei Vorgehensweisen, den *half bootstrap* und den *full bootstrap*, die sich darin unterscheiden, daß die Anpassungen auf der Implementierungs-Maschine bzw. auf der (Übertragungs-) Zielmaschine erfolgen. Voraussetzung ist in beiden Fällen, daß der Compi-

---

1) mit *Bootstrapping* wird auch das (schrittweise) Entwickeln eines Compilers auf einer Maschine bezeichnet.

ler in einer symbolischen oder Quell-Sprachcodierung vorliegt, die so
abgeändert werden kann, daß eine Übersetzung der modifizierten Compi-
ler-Quelle einen auf der Zielmaschine verwendbaren, lauffähigen Compiler ergibt.

Bootstrapping ist ein häufig verwendeter Ansatz; seine Problematik
ergibt sich jedoch durch den erforderlichen Aufwand und die Tatsache,
daß im wesentlichen die im früheren Abschnitt angegebenen Übertra-
gungsprobleme bestehen bleiben; speziell hat der Benutzer die Manipu-
lationen in der Quellform des Compilers auszuführen, mit den oben geschilderten Problemen.

3.3.2. Portierung über Zwischensprachen.

Eine andere Möglichkeit der Übertragung von Programmen besteht darin,
einen fiktiven (virtuellen) Rechner zu definieren, dessen Struktur
zur Lösung einer speziellen Aufgabe besonders geeignet ist. Die zur
Problemlösung notwendigen Algorithmen werden in einer dem Maschinen-
modell adäquaten Weise formuliert, indem man sie im "Maschinencode"
der definierten Maschine angibt. Die Realisierung der fiktiven
Maschine auf einer realen Rechenanlage erfolgt dann durch Simulation
der "Maschinenoperationen" und des angegebenen Maschinenprogramms
etwa durch Interpretation.

Für Compiler läßt sich diese Konstruktion zur Erzielung von Portabilität dadurch ausnutzen, daß der (übliche) Vorgang einer Übersetzung
eines Programms P aus der Quellsprache (QS) in die Maschinensprache
(MS) einer Zielmaschine, so abgeändert wird, daß die Ausgabe des Compilers eine *Zwischensprache* (ZS) ist, die anschließend Eingabe für
einen weiteren Übersetzer in den Zielmaschinencode ist. Der Übersetzungsvorgang QS --> MS wird damit (bei geeigneter Definition der Zwischensprache) in zwei unabhängige Teile aufgespalten, deren getrennte
Bearbeitung vorteilhaft ist. Dies läßt sich folgendermaßen veranschaulichen:

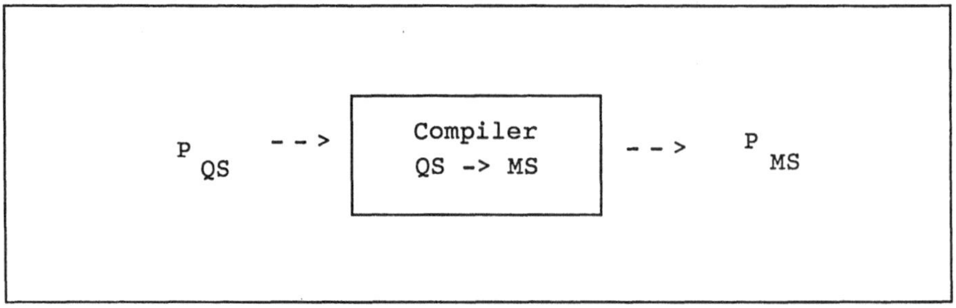

Bild 3.2a: Üblicher Compilierungsvorgang

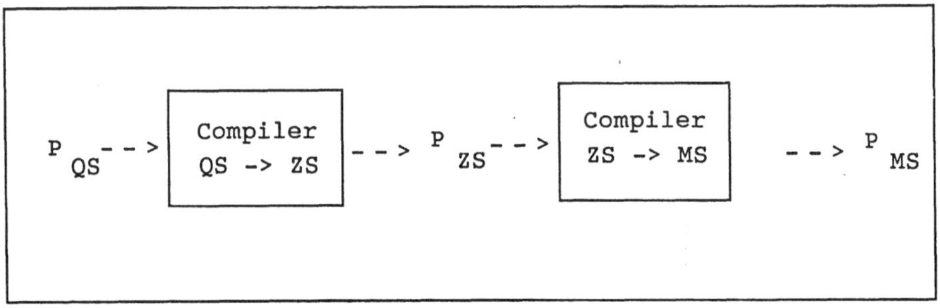

Bild 3.2b: Compilierung über Zwischensprache

Die Aufspaltung eines Compilers in dieser Weise ist keine Änderung der früher angebenen strukturellen Gliederung eines Compilers. Bei den dort angegebenen Zwischenformen handelt es sich jedoch um (wenigstens konzeptionell) intern gehaltene Datenstrukturen; im Gegensatz dazu sei unter einer Zwischensprache eine eigenständige Darstellung eines Programms (etwa in lesbarer Form ähnlich einer Assemblersprache) verstanden.

Liegt das Ergebnis des Übersetzungsvorgangs QS ---> ZS vor, so kann (außer der weiteren Übersetzung in den Maschinencode der realen Maschine) eine *Interpretation* des Zwischencodes auf der Zielmaschine erfolgen. Diese Interpretation entspricht einer Simulation der abstrakten Maschine auf dem realen Rechner; andererseits erlauben Verfahren wie das der Mikroprogrammierung der realen Maschine die direkte Ausführung des Zwischencodes auf der Zielmaschine (vgl. [BuS 77] u.a.).

Ist speziell nun der Compiler in der zu übersetzenden Programmier-
sprache formuliert, so steht er auf einer beliebigen Zielmaschine zur
Verfügung, wenn zuvor die Übertragung der Zwischensprachenfassung des
Compilers auf die Zielmaschine ermöglicht worden ist.

3.3.2.1. Das UNCOL-Konzept.

Ansätze zur Portierung von Compilern nach diesem Verfahren gab es
schon um 1958 mit der theoretischen Formulierung des UNCOL ("*UN*iver-
sal *C*omputer *O*riented *L*anguage") - Konzepts [Str 58]. Mit UNCOL wurde
die Definition einer *universellen* Zwischensprache versucht, die es
ermöglichen sollte, den Aufwand für die Übertragung von m Compilern
auf n Maschinen auf m+n anstatt m*n zu beschränken. Die Idee von
UNCOL läßt sich in den Bilder 3.3a und 3.3b veranschaulichen.

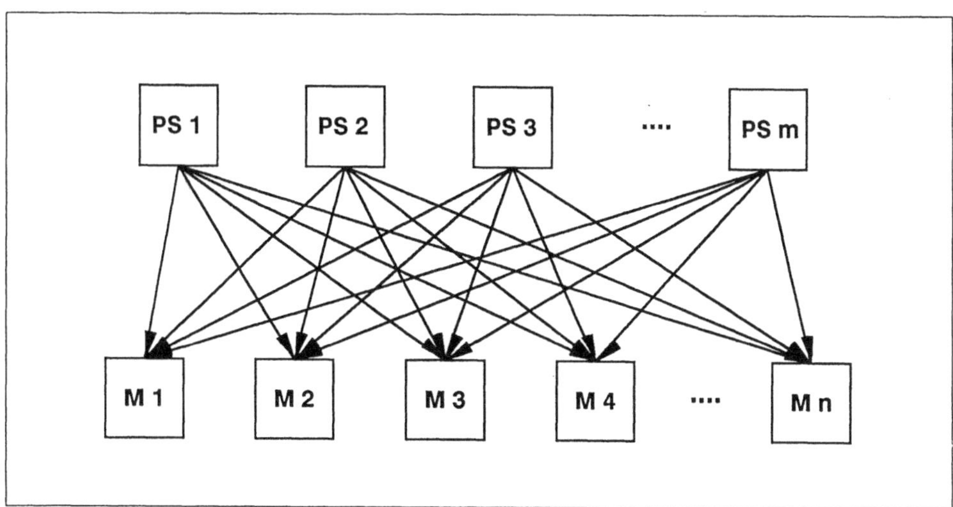

Bild 3.3a: Für n Maschinen sind bei m Programmiersprachen
m * n Übersetzer nötig

In der Vergangenheit wurden verschiedene Versuche unternommen, eine
solche UNCOL zu entwickeln (so JANUS [CPW 74], [Wai 77]); die Vielzahl unterschiedlicher Konzepte in den Programmiersprachen sowie die
sehr verschiedenen Maschinenarchitekturen ließen die Entwicklung

einer echten "universellen" UNCOL mit der zu fordernden vertretbaren
Effizienz jedoch nicht zu.

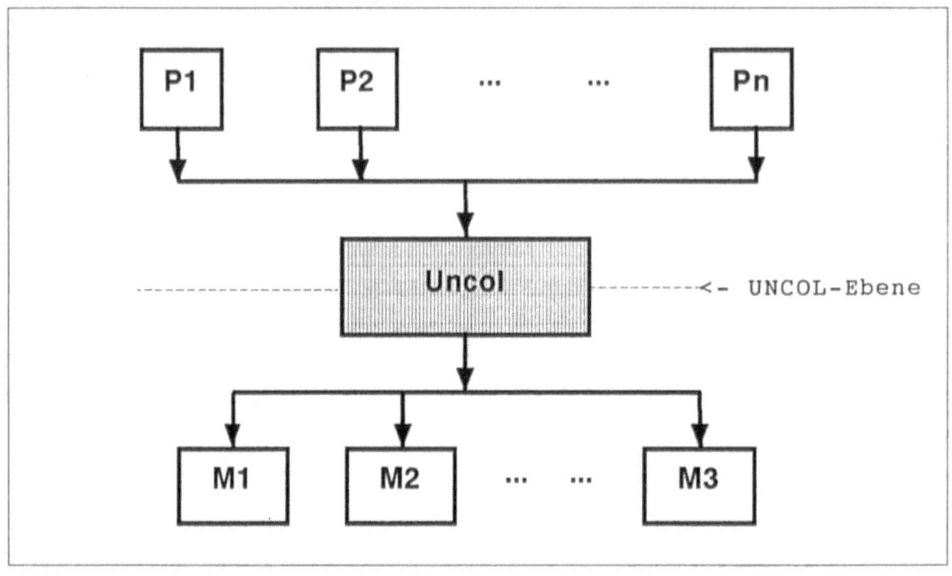

Bild 3.3b: Unter Verwendung einer UNCOL sind nur m Übersetzer
PSi ---> UNCOL und n Übersetzer UNCOL ---> MSj nötig.

Erfolgreicher waren Ansätze in dieser Richtung innerhalb eines Ent-
wicklungshauses, wo die Festlegung auf eine "hausinterne" Schnittstelle ein UNCOL-Niveau definiert. Ergebnisse dieser Art wurden bei
IBM durch Verwendung des sog. IBM 370 Conventional Machine Levels als
UNCOL für die (sehr unterschiedlichen) Rechner der 360 und 370 Fami-
lie (vgl. [Tan 76]) erzielt; ähnlich positive Ergebnisse eines "fir-
meninternen" UNCOLs gibt es bei DEC sowie bei SPERRY/UNIVAC [GKR 79].

3.3.2.2. Maschinen- und sprachspezifische Zwischensprachen.

Wegen dieser Schwierigkeiten beim Entwurf einer UNCOL - ein Problem, das nach seiner Konstruktion nach beiden Seiten offen ist - sind weitere Entwicklungen auf diesem Gebiet in der Folge von dieser Überlegung ausgegangen: Wenn es (in der Praxis) nicht möglich ist, eine universelle ZS zu definieren, dann könnten sich möglicherweise durch Konzessionen auf einer der beiden offenen Schnittstellen im UNCOL-Konzept Vorteile ergeben. Diese Ansätze führten zu der Definition von *maschinenspezifischen* (MZS) und *sprachspezifischen* (LZS) Zwischensprachen.

MZS sind nach ihrer Konstruktion an realen Maschinen orientiert; ihre Position in Bild 3.3b. liegt also unterhalb der UNCOL-Ebene. Die Idee bei der Definition dieser Klasse von Zwischensprachen ist die, daß der Aufwand zur Generierung von Code für eine *spezielle* Zielmaschine zur Realisierung von Compilern von mehreren Programmiersprachen ausgenutzt werden kann. Beispiele für diesen Ansatz sind CTL ([Cap 72] und [FYN 72]).

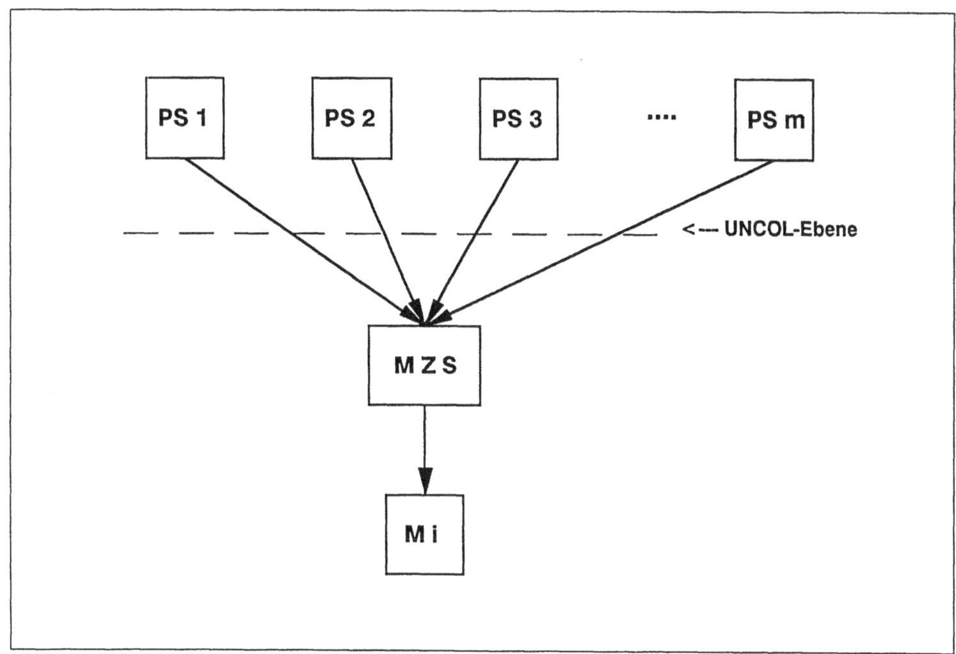

Bild 3.4: Maschinenspezifische Zwischensprachen.

Trotz verschiedener Ergebnisse, die für diesen Ansatz sprechen, ist die Wahl der Ebene, auf der die Zwischensprache angesiedelt werden soll, um den gewünschten Effekt zu erzielen, nicht unproblematisch: sie darf nicht zu niedrig liegen, da dann die Zwischencode-Generierung möglicherweise zu komplex ist, sie sollte aber auch nicht zu hoch liegen, um sie bzgl. unterschiedlicher Konzepte der verschiedenen höheren Programmiersprachen kompatibel zu halten (vgl. [Els 78]).

Im Unterschied zu den MZS sind die *sprachspezifischen Zwischensprachen* so entworfen, daß sie speziell für die Darstellung <u>einer</u> höheren Programmiersprache geeignet sind. Der Transport dieser Programmiersprache auf verschiedene reale Rechner kann dann z.B. so erfolgen, daß man (möglichst einfache) Übersetzer (in der Regel Assembler-ähnlich) der LZS in den Maschinencode von realen Maschinen implementiert. LZS liegen also oberhalb der UNCOL-Ebene in Bild 3.3a.; ihre Verwendung veranschaulicht folgendes Bild:

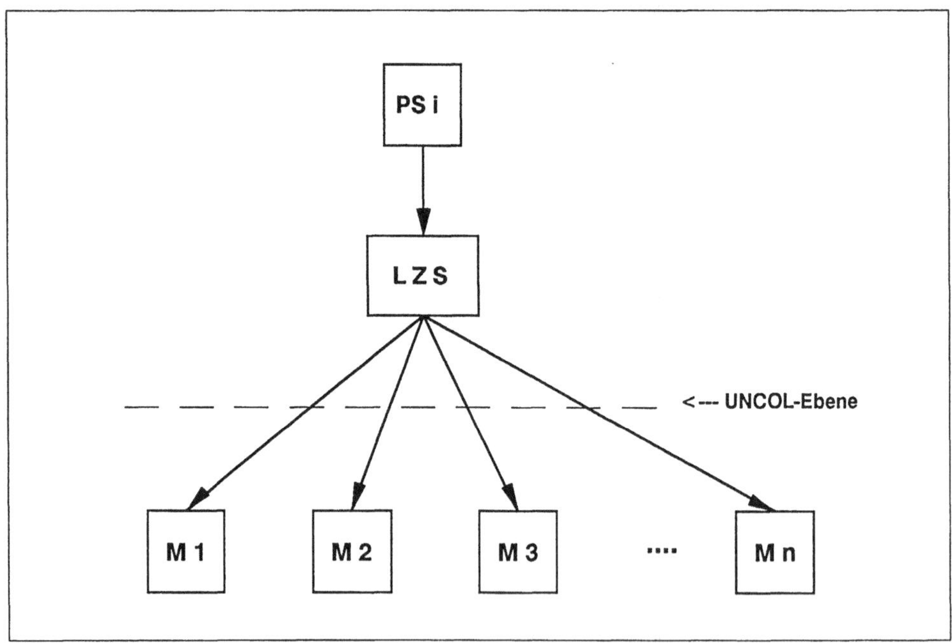

Bild 3.5: Sprachspezifische Zwischensprachen.

LZS können in der Tat so entworfen werden, daß der erste Compilierungsschritt weitgehend maschinenunabhängig gehalten werden kann. Will man also ein Höchstmaß an Portabilität erhalten, so wird die geeignete Zwischensprache aus der Klasse der LZS stammen. Wir gehen auf einige Vertreter dieser Klasse näher ein, nachdem wir folgende Betrachtungen angestellt haben.

3.3.2.3. Niveau und (Rest-) Maschinenabhängigkeit von Zwischensprachen.

Neben dem Grad ihrer Maschinen- bzw. Sprachorientierung klassifiziert [Els 78] Zwischensprachen zusätzlich unter dem Aspekt ihres *Niveaus* und ihrer (Rest-) *Maschinenabhängigkeit*; gerade diese Eigenschaften sind für die Eignung einer Zwischensprache für den Zweck der Portierung wesentlich und müssen daher berücksichtigt werden.

Das *Niveau* einer Zwischensprache kann unter dem Aspekt der *Struktur* der zugrundeliegenden abstrakten Maschine und der möglichen Operationen klassifiziert werden. Die Struktur von abstrakten Maschinen kann sich bzgl. der Art oder Funktion ihres Speichers (linearer Speicher, Stack-Speicher, Heap und beliebige Kombinationen), in Anzahl oder Art von Registern unterscheiden. Die auf einer abstrakten Maschine definierten Operationen können sich in einem weiten Bereich bewegen von den elementaren Operationen (einfache Lade-, Speicher-, Sprungbefehle, elementare Arithmetik) bis hin zu Befehlen, die die Programmkontrolle ähnlich einer höheren Programmiersprache ändern (etwa Prozedur-Aufrufe, Schleifen-Konstrukte, case-Statements). Entsprechend kann der in einer Zwischensprache enthaltene Befehlssatz von einem Niveau unterhalb des heute in realen Maschinen erwarteten Umfangs bis hin zu in höheren PS enthaltenen Konstrukten reichen.

Das Niveau einer Zwischensprache hat unmittelbare Auswirkungen auf den für ihre Portabilität notwendigen Aufwand: Der nötige Aufwand sinkt mit sinkendem Niveau der Zwischensprache. Leider ist es jedoch so, daß mit sinkendem Niveau die Gefahr von Ineffizienz einhergeht: Setzt man nämlich das Zwischensprache-Niveau zu niedrig an, so erhöht sich das Risiko, daß die Übersetzung ZS ---> MS nicht mehr so erfolgen kann, daß die besonderen Eigenschaften der Zielmaschine (z.B. Register) ausgenützt werden können. Dadurch entsteht dann natürlich ein (u.U. beträchtlicher) Verlust an Effizienz; der bei niveau-niedrigen Zwischensprache notwendige erhöhte Aufwand bei der Übersetzung QS ---> ZS hätte sich also nicht gelohnt.

Die (Rest-) Maschinenabhängigkeit ergibt sich in Relation zu der für die abstrakte Maschine zugrundegelegten globalen Annahmen bzgl. der Speicherorganisation, der Register und der für die Objekte eines Datentyps verwendeten Speichergebiete. Notwendigerweise müssen hier diese Annahmen für MZS fixierender ausfallen, da diese die speziellen Zielmaschineneigenschaften in besonderem Maße ausnützen sollen. Die (Rest-) Maschinenabhängigkeit einer Zwischensprache hängt prinzipiell ebenfalls von ihrem Niveau ab; jede niveau-niedrige Zwischensprache lehnt sich in ihrer Struktur näher an die Architektur einer realen Maschine an - und ist somit eher maschinenabhängig als eine Zwischensprache, die sich in ihrer Struktur mehr an eine höhere Programmiersprache anlehnt. Wenn man also nur geringe (Rest-) Maschinenabhängigkeit wünscht, kann eine entsprechende Zwischensprache nur in der Klasse der LZS gefunden werden.

Zusammenfassend kann eine Zwischensprache durch folgende Eigenschaften charakterisiert werden:

- den Grad ihrer Maschinen- bzw. Sprachorientierung
- ihr Niveau
- den Grad ihrer (Rest-) Maschinenabhängigkeit.

Der Grad der Maschinen- bzw. Sprachorientierung einer Zwischensprache sowie ihr Niveau entscheiden im wesentlichen über ihre Verwendbarkeit zum Zweck der Portierung; Verwendbarkeit bedeutet gleichzeitig, ein gewisses Maß an Ineffizienz in Kauf zu nehmen: Effizienz und Portabilität sind zunächst sich widersprechende Ziele. Auf eine Lösung dieses Problems im Rahmen unserer Aufgabenstellung werden wir noch eingehen.

3.3.3. Ein Vergleich moderner Zwischensprachen.

Wie wir gesehen haben, sind die sprachorientierten Zwischensprachen für die spezielle Zielsetzung Portabilität eher geeignet; wir wollen daher auf einige Beispiele aus dieser Klasse eingehen. Wir verzichten auf die Betrachtung älterer Zwischensprachen (etwa AOC [RaR 64]), die gewisse Defizite aufweisen (mangelnde Flexibilität durch fixe Annahmen über die Portierungszielmaschine) und die außerdem keine größere Anwendung erfahren haben.

In [Els 78] werden mehrere (moderne) sprachspezifische Zwischensprachen untersucht und einem Vergleich unterzogen, dessen Ergebnis wir hier kurz zusammenfassen. Die untersuchten ZS sind:

```
OCODE  für die Programmiersprache BCPL
ZCODE            "              ALGOL68 C
ACODE            "              ALGOL68
p-Code           "              PASCAL
```

Von den untersuchten Sprachen kann OCODE [Ric 71] als (bis auf den Zeichensatz) vollständig maschinenunabhängig angesehen werden; allerdings ist dies nur deshalb möglich, da die OCODE zugrundeliegende Maschine eine sehr einfache Struktur hat, die sich aus ihrer "Bezugssprache" BCPL ergibt; speziell läßt OCODE nicht die explizite Beschreibung getypter Objekte zu.

ZCODE [Bou 77] (für die ALGOL68-Variante ALGOL68C) ist eher maschinennah konzipiert in der Weise, daß Annahmen über die Verfügbarkeit von Registern sowie über den Speicher der realen Maschine gemacht werden; die Notwendigkeit dazu ergab sich aus dem Problem der Darstellung verschiedener Basis-Typen sowie der Realisierung einer komplexen Blockstruktur- und Heap-Verwaltung. Diese Annahmen gehen in Form von Parametern in die Erzeugung von ZS-Programmen ein. ZCODE eignet sich eher für eine spezielle Klasse von Maschinen, nämlich Register-Maschinen.

ACODE [Els 76] ist eine (niveau-hohe) Zwischensprache, die mit der ausdrücklichen Zielsetzung vollständiger Maschinenunabhängigkeit als Zwischensprache für ALGOL68 entwickelt wurde. Die zugrundeliegende Maschine ist eine Stackmaschine, die zusätzlich über ein Speichergebiet für einen Heap verfügt. Wesentlichste Eigenschaft von ACODE ist, daß keine Dekomposition von Operationen (etwa eines Variablen-Zugriffs) in elementare Schritte oder eine explizite Vergabe von Speicherplatzadressen erfolgt; die Deklaration von Variablen und die Definition von Typen wird durch eine explizite Beschreibung auf ZS-Ebene dargestellt. Dadurch erhöht sich allerdings der Aufwand erheblich, der bei der Übersetzung ACODE --> Maschinencode geleistet werden muß.

P-Code [NAJ 76] ist eine Zwischensprache, die im Zusammenhang mit der
Entwicklung der Programmiersprache PASCAL entstand. Obwohl ursprünglich nur als Hilfsmittel zur Vereinfachung der Code-Generierung ge-
dacht, ergab sich bald seine Verwendung als Mittel zur Erzielung von
Portabilität für die ersten PASCAL-Compiler.

P-Code orientiert sich im wesentlichen an den Erfordernissen der Programmiersprache PASCAL; die Fixierung an PASCAL ist allerdings weniger stark als etwa die von OCODE an BCPL. p-Code ermöglicht die Verwaltung von (eingeschränkter) Blockstruktur (mithilfe eines Stacks),
dynamischer Speichergebiete (Heap) und die Speicherung von Konstanten; speziell ist die typabhängige Behandlung von Daten möglich, wobei die Speicherplatzvergabe in Abhängigkeit vom typindividuellen Bedarf (für alle statisch deklarierten) Variablen zur Compile-Zeit erfolgt. Wie in ZCODE wird der Speicherplatzbedarf der Standard-Typen
(und zusätzlich ihre Ausrichtung auf bestimmte Speichergrenzen, das
alignment) durch Parametrisierung beschrieben. Operationen in p-Code
sind jedoch nicht an einer realen Maschinen-Hardware orientiert (speziell gibt es keine Annahmen über Register), sondern werden auf dem
p-Maschinen-Stack ausgeführt.

p-Code erscheint interessant wegen der Tatsache, daß seiner Entwicklung speziell ein Kompromiß zwischen den Erfordernissen, die sich aus
der Bezugssprache ergeben, und dem Wunsch nach (einfacher) Portie-
rungsmöglichkeit zugrundeliegt (vgl. [NAJ 76]).

3.4. Fazit.

Aus der Untersuchung der Verwendbarkeit von höheren Programmiersprachen zur Übertragung von Programmen ergibt sich, daß alle in Frage
kommenden Sprachen mehr oder weniger für diesen Zweck ungeeignet
sind; viele Restprobleme bleiben bestehen, die eine Übertragung
effektiv verhindern können.

Auf unsere Aufgabe übertragen bedeutet dies zunächst für den Generator, daß es unerheblich ist, in welcher Programmiersprache er selbst
formuliert ist; die Auswahl einer Implementierungssprache kann daher
aufgrund anderer Überlegungen erfolgen, etwa der der Eignung für den
speziellen Zweck oder anderer vorteilhafter Eigenschaften.

In ähnlicher Form gilt diese Aussage für die generierten Compiler, wenn man davon ausgeht, daß sie in quellsprachlicher Form in einer höheren Programmiersprache erzeugt werden. Natürlich ließe sich hier der Generierungsprozeß so gestalten, daß einige kritische Punkte hinsichtlich der Portabilitätseigenschaften (etwa im Sinne von [Lec 82]) vermieden werden; eine generelle Portabilität der generierten Compiler ist so jedoch nicht zu erzielen, da kaum alle Gesichtspunkte berücksichtigt werden können und sich zudem die Zielmaschinen und die dort zur Verfügung stehenden Compiler ändern.

Daneben bleibt bei dieser Lösung das Problem bestehen, daß quellsprachlich generierte Compiler nur dann auf der Zielmaschine verfügbar sind, wenn dort ein entsprechender Compiler existiert; davon kann in der Regel jedoch nicht ausgegangen werden.

Wünschenswert ist nun eine *gemeinsame* Schnittstelle, die die Übertragung der generierten Compiler *und* des Generators ermöglicht. Für die Wahl dieser Schnittstelle ist zu berücksichtigen, daß sie einfach genug sein muß, um den nötigen Aufwand gering zu halten; sie sollte auch so beschaffen sein, daß eine präzise Definition vorliegt, und daß ein Benutzer außer dieser Definition keine weiteren Angaben (speziell keine Angaben über Quelltext-Besonderheiten der zu übertragenden Programme) benötigt, um die beabsichtigte Übertragung durchzuführen. Außerdem darf insbesondere zur Übertragung eines generierten Compilers nicht das Vorhandensein eines anderen Compilers auf der Portierungs-Zielmaschine vorausgesetzt werden.

Eine solche Schnittstelle wird sich am ehesten in einer (sprachorientierten) Zwischensprache finden lassen, auf die sich sowohl das Generator-System als auch die generierten Compiler abbilden lassen. Eine solche Schnittstelle erfüllt die oben angeführten Forderungen und bietet zusätzlich Möglichkeiten, etwa der Optimierung, wie sie generell durch die Verwendung von Zwischensprachen gegeben sind. Zusätzlich wünschenswert ist eine Zwischensprache, die schon existiert und über deren Verwendungsmöglichkeiten Erfahrungen vorliegen.

Wir werden auf das tatsächlich gewählte Portierungsverfahren zurückkommen, nachdem wir auf den beabsichtigten Einsatzzweck eingegangen sind; dies geschieht nicht zuletzt deswegen, weil die Wahl einer (sprachspezifischen) Zwischensprache notwendigerweise von der (etwa als Implementierungssprache) verwendeten höheren Programmiersprache abhängt.

4. Eine Erweiterung der Programmiersprache PASCAL um das Sprachkonstrukt Modul.

Wie wir gesehen haben, enthält PASCAL keine Möglichkeit zur Beschreibung von Modularität. Wie in anderen ALGOL-ähnlichen Sprachen mit Blockstruktur entsteht hier das Problem, daß block- (genauer: prozedur-) lokale Variablen bei Verlassen des Blocks verloren sind. Ein Konzept wie das der "own"-Variablen oder einer "common"-Deklaration ist in PASCAL nicht vorgesehen.

Diese Beschränkungen bewirken, daß PASCAL in der Regel zur Implementierung komplexerer Systeme wenig geeignet ist, bei denen es wesentlich darauf ankommt, ganze Programmteile als unabhängige Komponenten zu entwickeln und sie anschließend zu einem "Gesamt-Paket" zusammenzufassen.

Bei einer solchen Vorgehensweise ist es insbesondere wünschenswert, daß verschiedene Prozeduren/Funktionen, die (gemeinsam) eine bestimmte Aufgabe realisieren, auf einer gemeinsamen Datenstruktur operieren können, die nicht notwendigerweise von "außen" sichtbar sein muß; dieses Paket aus Prozeduren/Funktionen und der gemeinsamen Datenstruktur, kann dann unabhängig von anderen Komponenten entwickelt und zu größeren Programm-Einheiten hinzugefügt werden, falls geeignete Schnittstellen spezifiziert wurden.

Ein Sprachelement, das beide gewünschten Eigenschaften aufweist, ist das Modul. Dieses Element wurde speziell in die Programmiersprache MODULA [Wir 77a] aufgenommen, das Grundprinzip ist allerdings schon in anderen Sprachen zu finden, etwa in SIMULA, wenn auch unter einer anderen Bezeichnung; neuere Programmiersprachen wie ADA [ADA 80] enthalten es in einer allgemeineren Form.

Das Fehlen eines solchen Konstrukts führte in der Vergangenheit zu verschiedenen Ansätzen einer entsprechenden Erweiterung von PASCAL;

solche Entwicklungen sind etwa *PASCAL-plus* in [Bus 80] und [LeB 78] und (in einer eigenen PASCAL-Variante) das unit-Konzept in *UCSD-Pascal* [UCS 78][1]. Die hier vorgestellte Lösung unterscheidet sich von diesen Entwicklungen speziell durch die bewußt gewählte Einfachheit des Konzepts, das dennoch die zu fordernden Eigenschaften beinhaltet; gleichzeitig sollte eine echte Aufwärtserweiterung vorgenommen werden, die sich zudem in ihrer Form nahe an den PASCAL-Standard anlehnt.

Im folgenden entwickeln wir eine Lösung für das gewünschte Konzept; dabei wurde neben der durchaus beabsichtigten engen Anlehnung an die für POCO relevanten Forderungen eine Lösung angestrebt, die allgemein die Strukturierung und Entwicklungsmöglichkeiten von Programmen in PASCAL verbessern kann.

4.1. Das Sprachkonzept Modul.

Für eine Vielzahl von Programmierproblemen erscheint es sinnvoll, Daten und die darauf - und nur darauf - operierenden Programmteile in einem eigenen, vom Rest des Programms unabhängigen Sprachkonstrukt zusammenzufassen; ein solches Konstrukt nennen wir *Modul*.

4.1.1. Zur Syntax und Semantik von Moduln.

Konzeptionell verstehen wir unter einem Modul die programmtechnische Kombination logisch zusammengehöriger Teile, Daten und Operationen. Dies erfordert eine neue Definition der Lebensdauer modul-lokaler Objekte und der Zugriffsmöglickeit von Operationen auf diese Objekte.

Wir stellen an das Konzept Modul in der Programmiersprache PASCAL zunächst einige Anforderungen:

---

1)Andere Ansätze (wie "Modular PASCAL" [Bro 82]) sind eher elementar und für eine Verwendung in unserer Zielsetzung nicht geeignet.

1. Die modul-lokalen Datenstrukturen müssen unabhängig vom übergeordneten Block verwaltet werden können. Die Lebensdauer dieser
   Datenstrukturen muß über die gesamte Aktivierungszeit des übergeordneten Blocks gewährleistet sein. (Der übergeordenete Block ist
   der Block, in dem das Modul deklariert ist.)

2. Modul-lokale Daten sind (in der Regel) für die Außenwelt verbor-
   gen; der Zugriff auf modul-lokale Variablen sollte in besonderer
   Weise geschützt sein.

3. Die Bekanntmachung "öffentlicher" Teile eines Moduls sollte in
   einer möglichst knappen, klaren Weise erfolgen. Dabei erscheint
   es sinnvoll, den "Bekanntmachungsteil" vom eigentlichen Implemen-
   tierungsteil zu trennen.

4. Moduln sollen getrennt übersetzbar sein; getrennt übersetzte
   Moduln sollten möglichst einfach an ein Programm anzubinden sein.

5. Die Schnittstellen zu separat compilierten Moduln müssen in besonderer Weise durch geeignete Verfahren zu kontrollieren sein.

Gemäß unserer dritten Forderung unterscheiden wir in einem Modul zunächst strikt zwischen einem Teil, der die Verbindung eines Moduls zu
seiner relativen Außenwelt beschreibt, sowie einem Teil, in dem die
programmtechnische Darstellung der eigentlichen modul-spezifischen
Aufgaben enthalten sind.

Ein Modul ist daher in die beiden folgenden Teile gegliedert:

1. einen *interface*-Teil

   in dem die Verbindung eines Moduls mit seiner (relativen) Außenwelt definiert wird, und

2. einen *implementation*-Teil

   der die eigentliche Realisierung der Programmteile enthält, die
   auf den modul-lokalen Datenstrukturen operieren.

Beide Teile werden durch die jeweiligen Schlüsselworte identifiziert.

Konkret ist die Kommunikation eines Moduls mit seiner Umgebung durch
die Angabe von sog. Schnittstellen-Prozeduren[1] (also "entries") geregelt. Zugriffe auf modul-lokale Daten sind ausschließlich über die

---

[1]wir sagen im folgenden stets kurz "Prozedur" für "Prozedur oder
Funktion"

se (im *interface*-Teil deklarierten) Prozeduren möglich; die modul-lokalen Daten (z.B. als Variablen) sind von außen nicht zugänglich; damit ist eine klare Abtrennung eines Moduls von seiner Umgebung erzielt.

Aus Gründen der Parametrisierbarkeit der *interface*-Prozeduren gehören zum interface-Teil auch Konstanten- und Typ-Deklarationen; diese Deklarationen sind ebenfalls öffentlich und können im übergeordneten Programm verwendet werden, es werden also auch strukturelle Details von Typen nach "außen" weitergegeben.

Auf die Möglichkeit, Variablen im *interface*-Teil zu deklarieren wurde ausdrücklich verzichtet. Dies hätte zwar einige (u.U. sehr nützliche) Auswirkungen wie z.B. die Deklaration von festen Datenstrukturen (als initialisierte Tabellen) in Form eines Moduls (vgl. **package** in ADA [ADA 80]), wir bevorzugten jedoch die Einheitlichkeit der Schnittstellen zu Moduln.

Der *implementation* Teil eines Moduls erhält die konkrete Ausführung der im Modul beabsichtigen Programmteile; speziell sind im *implementation*-Teil die Prozeduren ausgeführt, die im *interface*-Teil als Schnittstellen-Prozeduren deklariert wurden. Im *implementation*-Teil können außerdem (beliebig viele) modul-lokalen Prozeduren deklariert werden, die ebenso, wie die gleichfalls im *implementation*-Teil deklarierten modul-lokalen Variablen, nicht "öffentlich" und damit von außen nicht zugänglich sind. Der *implementation*-Teil eines Moduls eröffnet also einen neuen Gültigkeitsbereich für Identifier; dies kommt auch zum Ausdruck durch die Realisierung in der Form eines Blocks im üblichen Sinne von PASCAL. Im Unterschied zu der Lebensdauer von in einem Block deklarierten Objekten gilt jedoch für ein Modul, daß die hier deklarierten Objekte (wie schon eingangs gefordert) während der gesamten Aktivierungszeit (=Lebenszeit) des dem Modul übergeordneten Blocks existieren. Ein Modul beschreibt also, genauer, nicht die Lebensdauer seiner lokalen Variablen, sondern eröffnet einen neuen Gültigkeitsbereich mit kontrolliertem Zugang; die Lebensdauer der modul-lokalen Objekte entspricht der Lebensdauer des Blocks, zu dem das Modul lokal ist.

Sei hier die (zunächst noch unvollständige) Syntax einer Modul-Deklaration angegeben; nicht weiter ausgeführte syntaktische Regeln entsprechen den Angaben der PASCAL-Syntax-Beschreibung in [JeW 75].

```
<module declaration>    ::= module <module identifier> ;
                             <interface part>
                             <implementation part>

<interface part>        ::= interface
                             <constant definition part>
                             <type definition part>
                             <procedure or function heading>
                             {<procedure / function heading>}

<implementation part> ::= implementation
                             <block>
```

Der *interface*-Teil wird im allgemeinen mindestens die Deklaration
einer Schnittstellen-Prozedur enthalten; ein Modul ohne Schnittstellen-Prozedur ist normalerweise sinnlos, da es für den umgebenden
Block (die Außenwelt) nicht zugänglich ist.

Enthält der *interface*-Teil keine solche Schnittstellen-Deklaration,
so sind modul-lokale Daten nur während der Ausführung des Modul-
Rumpfs zugänglich; diese Konstruktion macht jedoch etwa die "automatische" Initialisierung globaler, also nicht modul-lokaler Variablen
möglich oder etwa die automatische Aktivierung eines "Haupt"-Moduls
in einem entsprechend strukturierten Programm (siehe unten die Angaben zum Modul-Rumpf!).

Im *implementation*-Teil sind (mindestens) die Prozeduren deklariert
(und zwar mit dem zugehörigen <statement part>), die als Schnittstellen-Prozeduren im *interface*-Teil aufgeführt sind; die Analyse dieser
Prozeduren erfolgt analog zum *forward*-Mechanismus in Standard-PASCAL.

Der Rumpf eines Moduls (der <statement part> des Blocks des *implemen-*
tation-Teils) ist ebenfalls nicht von außen zugänglich. Der Rumpf
eines Moduls wird ausgeführt zu Beginn der Anweisungsfolge des Blok-
kes, in dem das Modul deklariert ist; der Programmierer hat auf diese
Ausführung keinen Einfluß. Im Modul-Rumpf wird typischerweise eine
Initialisierung der modul-lokalen Datenstrukuren vorgenommen.

An dieser Stelle sei ein Beispiel gegeben, das einen Eindruck von
unserem Konzept vermitteln soll:

Beispiel 4.1:

```
module STACK;

    interface

        type item = record ... end;

        function EMPTY : boolean;
        procedure PUSH (X : ITEM);
        procedure POP (var X : ITEM);

    implementation

        const MAXSTCK = 100;
        var   STCK : array [1:MAXSTCK] of ITEM;
              TOP  : 0..MAXSTCK;

(**) function EMPTY;
     begin EMPTY := TOP = 0 end;

     function FULL : boolean;
     begin FULL := TOP = MAXSTCK end;

(**) procedure PUSH;
     begin
         if not FULL then
         begin
             TOP := TOP + 1;
             STCK[TOP] := X;
         end
         else error('stack overflow ');
     end; {PUSH}

(**) procedure POP;
     begin
         if not EMPTY then
         begin
             X := STCK[TOP];
             TOP := TOP - 1;
         end
         else error('stack underflow');
     end; {POP}

begin   { Module - Rumpf }
    TOP := 0;
end; { Module STACK }
```

Die mit (**) gekennzeichneten Prozeduren sind Schnittstellen-Prozeduren, die von außen zugänglich sind; die Funktion "FULL" ist modul-
lokal und kann nicht von außerhalb aufgerufen werden.

Die Deklaration von Moduln erfolgt in einem PASCAL-Programm nach dem
Variablen-Deklarationsteil eines Blockes. Dazu wird die Syntax eines
PASCAL - Blocks wie folgt geändert:

```
<block> ::= <label declaration part>
            <constant definition part>
            <type definition part>
            <variable declaration part>
            <module declaration part>
            <procedure and function declaration part>
            <statement part>
```

und

```
<module declaration part> ::= { <module declaration> ; }
```

So kann die im oben angeführten Beispiel verwendete Prozedur ERROR
z.B. in Form einer Modul-Deklaration innerhalb des Moduls STACK deklariert werden:

Beispiel 4.2:

```
    :
    :
implementation
        const MAXSTACK = 100;
        var   STCK : array [1:MAXSTACK] of ITEM;
              TOP  : 0..MAXSTACK;

        module ERRORHANDLER;

           interface
               type STRING = packed array [1:20] of char;
               procedure ERROR (ERRMSG : STRING);

           implementation
               var TOTALERRS : integer;
               procedure ERROR;
               begin
                   writeln(ERRMSG);
                   TOTALERRS := TOTALERRS + 1;
               end;

           begin
               TOTALERRS := 0;
           end; {Module ERRORHANDLER }


    :
    :
```

Insbesondere erscheint diese Realisierung dann sinnvoll, wenn anstelle dieses einfachen Beispiels eine komplexere Aufgabe realisiert werden soll (z.B. die Behandlung syntaktischer Fehler in einem Compiler); in diesem Fall bietet die Verwendung eines Moduls große Vorteile.

Anmerkung: Durch eine Konstruktion wie in den obigen Beispielen erzielt man natürlich keine andere Lebensdauer der im Modul ERRRORHANDLER deklarierten Variablen; man führt jedoch das Konzept der Zusammenfassung logisch zusammenhängender Teile und des kontrollierten Zugriffs sinnvoll fort.

Die Verwendung (interner) Moduln wird weiter durch die Möglichkeit der Angabe von Vorwärts-Referenzen unterstützt; dadurch können speziell verschiedene Moduln wechselseitige Aufrufe von *interface*-Prozeduren enthalten.

In Analogie zum akzeptierten PASCAL-Standard für die Beschreibung einer Vorwärts-Referenz wird diese für ein Modul beschrieben durch die Angabe des Modul-Namens und des *interface*-Teils, gefolgt von der Angabe von *forward*; für ein Modul mit einer Vorwärts-Referenz wird auf die Wiederholung des *interface*-Teils verzichtet und nach der Identifikation des Moduls durch seinen Namen nur der *implementation*-Teil angegeben. Dies ergibt folgende Form:

Beispiel 4.3:

```
module STACK;
    interface
          type item = record ... end;
          function EMPTY : Boolean;
          procedure PUSH (X : ITEM);
          procedure POP (var X : ITEM);
    forward;

    :
    :

module STACK;
    implementation

          :

    begin ... end;
```

4.1.2. Separate Compilierung von Moduln.

Die separate Compilierung von Moduln ist notwendig, um die aufge-
stellten Forderungen hinsichtlich einer getrennten Entwicklung von
Programm-Komponenten erfüllen zu können. Sie ist daher in unserem
Konzept vorgesehen und wird durch die im fol-genden angegebene Syntax
beschrieben.

In unserem Konzept wird davon ausgegangen, daß separat compilierte
Moduln *keine* "außerhalb" deklarierten Objekte benutzen können; davon
ausgenommen sind nur andere separat compilierte Moduln und (traditionelle) externe Prozeduren. Dies bedeutet, daß Module ihrer Umgebung
nur interne Objekte *zur Verfügung* stellen können. Diese Einschränkung
ist allerdings weniger dramatisch als man annehmen könnte; für fast
alle praktisch relevanten Fälle erscheint das vorgeschlagene Konzept
als vollkommen ausreichend.

Wir erweitern die Syntax von PASCAL, so daß neben Programmen auch
(evtl. eine Folge von) Moduln übersetzt werden können:

```
<compilation unit> ::= <program> | <module>

<module>           ::= <module declaration>
                        { ; <module declaration>} .
```

Die Deklaration von externen Moduln erfolgt gemäß folgender Regel:

```
<module declaration> ::= module <module identifier> ;
                            <interface part>
                         use ;
```

Der *implementation*-Teil des Moduls ist dabei durch das neu eingeführte Schlüsselwort *use* ersetzt. Alle Informationen, die dem umfassenden Block bekannt sein müssen - also die Schnittstellen - werden
wie bei der Deklaration eines "internen" Moduls im *interface*-Teil der
Modul-Deklaration angegeben; damit ist das "public/private"-Konzept
auf einfache Weise verwirklicht.

Beispiel 4.4:

```
module STACK;
    interface
        type ITEM = record ... end;
        function EMPTY : boolean;
        procedure PUSH (X : ITEM);
        procedure POP (var X : ITEM);
    use;
```

In separat übersetzten Moduln wird (gemäß Forderung 5) zusätzlich eine Beschreibung der Parameterlisten der *interface*-Prozeduren generiert, die ein Anbinden der separat übersetzten Moduln ermöglicht; wir gehen darauf in Kap. 6 näher ein.

4.2. Das Modul-Konzept im Rahmen des CGS POCO.

Mit verhältnismäßig geringem Aufwand konnte PASCAL um ein wirkungsvolles Sprachkonzept erweitert werden. Die Anwendungsmöglichkeiten für PASCAL werden dadurch sicher verbessert.

Die vorgestellte Lösung (wir nennen die erweiterte Sprache PASCAL-m) ist sicher nur ein Kompromiß zwischen Wüschenswertem und einfach Realisierbarem. Sie beinhaltet aber einen Großteil dessen, was von praktischem Interesse sein kann. Ausserdem paßt sie sich in die Systematik von PASCAL ein; die typische Eleganz der Formulierungsmöglichkeiten in PASCAL wurde weitgehend erhalten.

Mithilfe dieses neuen Sprachelements ist es nunmehr möglich, die Programmiersprache PASCAL im Rahmen des CGS POCO zu verwenden. Für den Compiler-Generator ergibt sich dadurch die Möglichkeit zur Erzielung der modularen Strukturierung in der beabsichtigten Form. Ebenso eignet sich das Sprachkonstrukt Modul zur Darstellung der semantischen Aktionen; dem Benutzer steht damit eine gleichermaßen bekannte wie bewährte Programmiersprache zur Verfügung, um die in seiner Verantwortung stehenden Teile bei der Erzeugung eines Compilers zu implementieren.

Gleichzeitig erlaubt die Syntax der PASCAL-Erweiterung eine einfache

Spezifizierung der semantischen Moduln in der CGS-Eingabe in der Form
von externen Moduln. Die Angaben in dieser Spezifikation stehen dann
bei der Analyse der CGS-Eingabe zur Verfügung und können unmittelbar
ausgenützt werden.

Die semantischen Moduln können durch einen Compiler, der die angegebene Spracherweiterung berücksichtigt, getrennt übersetzt und mit den
vom Generator (in ähnlicher Form) erzeugten Komponenten zusammengebunden werden; wir werden auf die Vorgehensweise in einem späteren
Kapitel genauer eingehen. Der PASCAL-m-Compiler ist somit ein inte-
graler Bestandteil des vollständigen CGS POCO; dies ist notwendig, da
ein Benutzer hiermit die selbst zu erstellenden semantischen Aktionen
entwickeln kann. Dies gilt ebenso für die Komponente, die das Zusammenfügen (Binden) der separat compilierten Moduln leistet.

Der PASCAL-m-Compiler basiert auf dem (portablen) ETH-Zürich PASCAL-
p-Compiler; er ist eine weitgehende Überarbeitung dieses Compilers;
dort vorhandene Fehler wurden beseitigt und die Programmgröße und die
Übersetzungszeit verringert. Die Qualität der übersetzten Programme
ist i.a. ebenfalls besser als die durch den ETH-Compiler erzeugten.
Die Portabilität des ETH-Compilers wurde erhalten. Gleichzeitig ergaben sich bei der Entwicklung des PASCAL-m-Compilers Ansätze, die für
den (eigentlichen) Compiler-Generator sehr nützlich waren.

5. Das CGS POCO: Die Realisierung.

Dieser Abschnitt beschäftigt sich mit der Realisierung der in Kap. 2 definierten Ziele für das Compiler-Generierende-System POCO. Wir werden zunächst die generelle Struktur des POCO-Systems beschreiben; damit verbunden ist die Darstellung des Generierungsablaufs. Es folgt eine Definition der CGS-Eingabe-Sprache und eine ausführlichere Beschreibung der Generator-Komponenten, wobei wir auch implementierungstechnische Details ansprechen. Zuletzt gehen wir auf die Struktur der von POCO generierten Compiler ein und geben typische Werte für das Laufzeitverhalten von POCO an.

5.1. Struktur und Funktionsweise von POCO.

Wir unterscheiden zunächst generell zwischen dem Generator-*System* POCO und dem eigentlichen Compiler-Generator; speziell ist der eigentliche Compiler-Generator Komponente des Systems. Sofern Mißverständnisse ausgeschlossen sind, verwenden wir diese Bezeichnungen synonym.

Das *System* POCO umfaßt alle Komponenten, die zur Generierung eines vollständigen, lauffähigen Compilers benötigt werden, und gliedert sich in:

- den (eigentlichen) Compiler-Generator

- den PASCAL-m-Compiler zur Übersetzung der semantischen Aktionen

- einen (maschinenunabhängigen) Binder zum Zusammenfügen der einzelnen Compiler-Moduln

Der eigentliche Compiler-Generator besteht aus Teilgeneratoren für die typischen Komponenten eines Compilers sowie aus einem Leser der

CGS-Eingabe, im einzelnen aus:

- dem <u>Grammatik-Leser</u> zur Verarbeitung der CGS-Eingabe

- dem <u>Scanner-Generator</u>

- einem LALR(1) - <u>Parser-Generator</u>

sowie

- einem <u>Generator der Compile-Zeit-Attributbehandlung</u>

Bild 5.1 gibt eine Darstellung des *Systems* POCO sowie die Einordnung des eigentlichen Generators in das Gesamt-System; das System POCO besteht also aus einer eigentlichen Generator-Komponente, die aus einer (für alle Teilgeneratoren gemeinsamen) Eingabe Teil-Moduln eines Compilers erzeugt; wir gehen zunächst der Anschaulichkeit halber davon aus, daß es sich dabei um Programmstücke in PASCAL-m-Quelltextform handelt.

Der PASCAL-m-Compiler übersetzt die generierten Moduln *und* die in Moduln zusammengefaßten (benutzereigenen) semantischen Aktionen in eine für die weitere Bearbeitung in POCO vorgesehene Form; die Quellform sowie die übersetzte Form der Moduln sind über eine Bibliotheksverwaltung zugänglich. Ein (maschinenunabhängiger) Binder erlaubt das Zusammenfügen der generierten und benutzereigenen Moduln zu einem lauffähigen Compiler; auf diesen Teil des System gehen wir später genauer ein.

Die Komponenten des Systems müssen als unabhängige Operatoren gestartet werden; die Komponenten des eigentlichen Generators können durch die Angabe von *Optionen*, die in der CGS-Eingabe spezifiziert werden müssen, in beliebiger, jedoch sinnvoller Weise selektiert werden.

Die vorgenommene Gliederung ist in der Hinsicht nützlich, daß jeder Teil des System eine bestimmte Aufgabe zu erfüllen hat (und damit getrennt realisiert werden sollte). Dadurch entsteht jedoch gleichzeitig das Problem der Definition geeigneter Schnittstellen für die generierten bzw. benutzereigenen Komponenten; dies sind dann die einzigen Schnittstellen sind, die gesondert behandelt werden müssen[1].

---

1) Speziell ist so die in MUG1 problematische Schnittstelle zwischen Scanner- und Parser-Generator beseitigt.

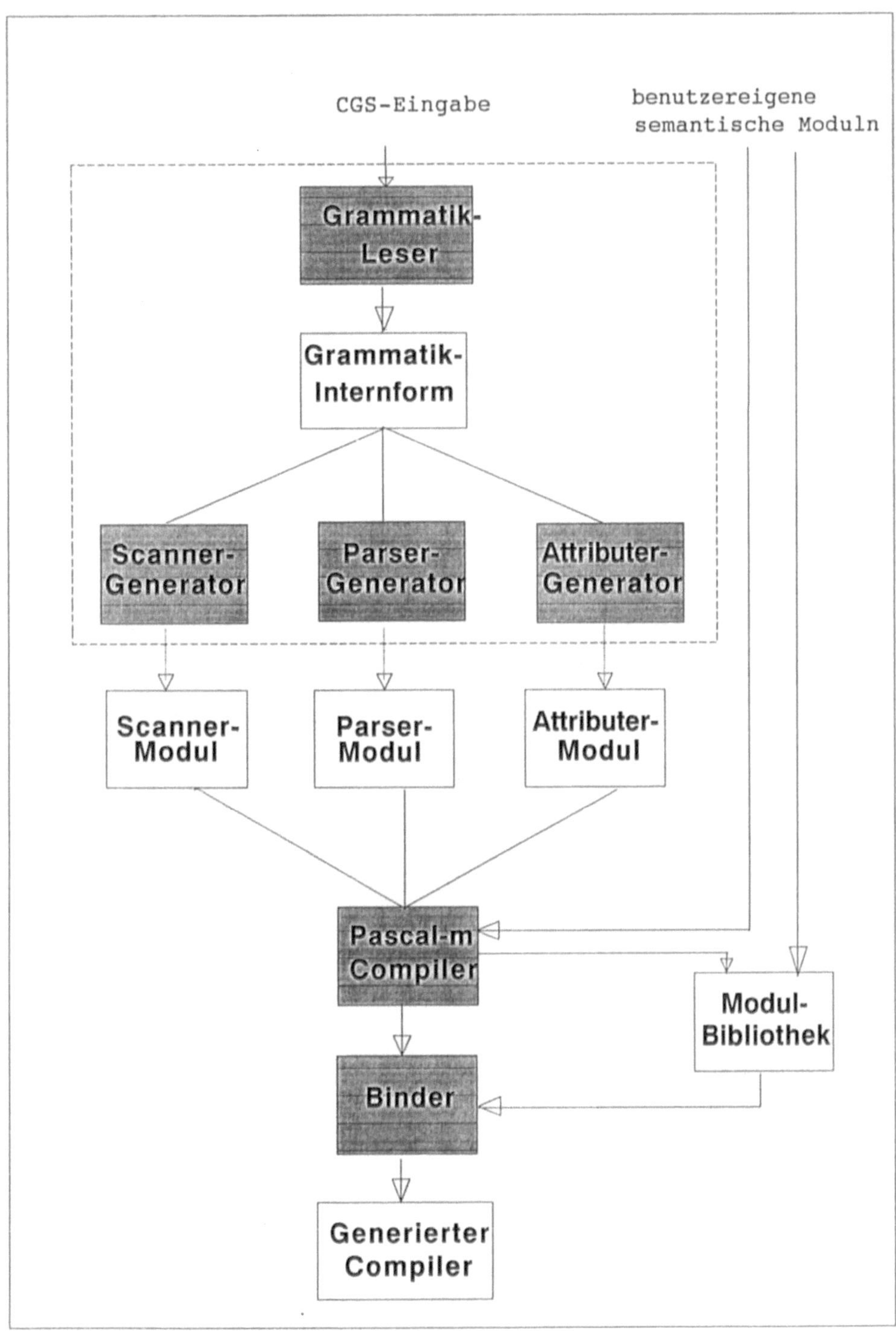

Bild 5.1: Blockdiagramm des Systems POCO.

In POCO wird das Problem der Schnittstellen in der Weise geregelt, daß die Schnittstellen zwischen den generierten Compiler-Komponenten und den semantischen Aktionen in der CGS-Eingabe definiert werden müssen und während des Bindevorgangs über einen geeigneten Mechanismus kontrolliert werden können. Die Definition der Schnittstellen erfolgt über das im letzten Abschnitt eingeführten Sprachkonstrukt (externes) Modul; damit ist diese Aufgabe auf einen von Programmiersprachen abgeleiteten Standard reduziert.

Der (vollständige) *Generierungsablauf* innerhalb des eigentlichen Compiler-Generators liegt fest und ist in Bild 5.2 dargestellt:

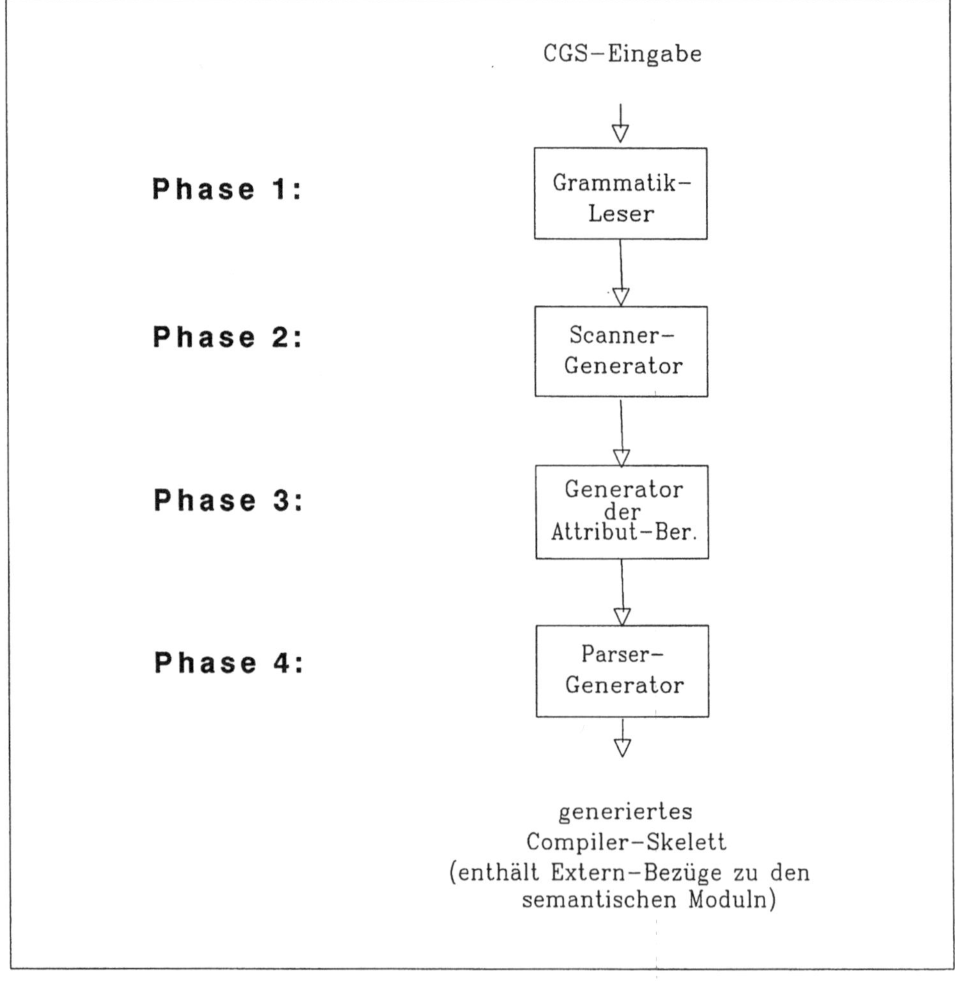

Bild 5.2: Generierungs-Ablauf in POCO.

Wir nennen die Ausführung der einzelnen Komponenten des CGS in Analogie zu einem Compiler auch *Phasen*. Abweichungen davon (durch Optionen wählbar) können nur im Auslassen einer Phase und damit in der unvollständigen Generierung eines Compilers bestehen.

Bevor wir die Komponenten des eigentlichen Generators behandeln, gehen wir noch kurz auf die Eingabesprache ein, die es erlaubt, einen zu generierenden Compiler zu beschreiben.

5.2. Die Generator-Eingabesprache (GES).

Zur Beschreibung der zu generierenden Compiler steht dem Benutzer eine eigene Beschreibungssprache zur Verfügung, deren Syntax wird nun beschreiben; diese Sprache wurde bewußt so entworfen daß die (beabsichtigte) große Nähe zur Syntax der Programmiersprache PASCAL erkennbar bleibt.

Eine CGS-Eingabe (die vollständige Beschreibung der Syntax findet sich in Anhang B) enthält alle Angaben, die zur Generierung der Standard-Compiler-Moduln nötig sind, sowie die präzise Definition der (externen) Schnittstellen zu den benutzereigenen semantischen Moduln. Auf diese Weise kann die Eingabe schärferen Kontrollen unterzogen werden und einige Probleme der Schnittstellen werden ganz vermieden; dies gilt insbesondere hinsichtlich der Scanner-Parser-Schnittstelle.

Wir geben an dieser Stelle nur ein (einfaches) Beispiel für eine in der GES formulierten Eingabe. Wie man leicht erkennt, beschreibt die angegebene Eingabe einfache arithmetische Ausdrücke, deren Wert durch die Attributierung parallel zur Syntaxanalyse berechnet wird; man kann diese Eingabe einfach erweitern, sodaß damit die Funktion eines Taschenrechners beschrieben wird.

Beispiel 5.1:

```
{$l+,s+,p+,a+,c+}                        { Optionen zur Steuerung des
                                           Generierungsvorgangs            }
Language Expr

Terminals

   Zi = '0' - '9';                       { Einzelzeichenklasse: Ziffern    }

   2 + Number = Zi * [Zi];               { Number: Folge von Ziffern       }
  14    LParent = '(' ;
  15    RParent = ')' ;
  20    AddOp   = ('+' | '-');           { Addop: '+' oder '-'             }
  21    MulOp   = ('*' | '/');
  30 -  Blanks  = ' ' * [ ' ' ];         { Blanks: ignorierbar             }

Module Arithmetic;
  Interface
     Procedure GetValue (RCode: Integer; var Value: Integer);
     Procedure MakeAdd  (OpKind, Value1, Value2: Integer;
                         var Value: Integer);
     Procedure MakeMult (OpKind, Value1, Value2: Integer;
                         var Value: Integer);
  Use;

Module Ausgabe;
  Interface
     Procedure PrintResult (Value: Integer);
  Use;

Axiom  Calc

Productions

Calc : Expr (Value), call PrintResult (Value).

Expr (var Value: Integer):

      Expr (Value1), AddOp (OpKind) , Term (Value2) ,
      call MakeAdd (OpKind, Value1, Value2, Value) ;
      Term (Value).

Term (var Value: Integer) :

      Term (Value1) , MulOp (OpKind), Factor (Value2) ,
      call MakeMult (OpKind, Value1, Value2, Value) ;

      Factor (Value) .

Factor (var Value: Integer) :

      LParent , Expr (Value), RParent ;
      Number (RCode), call GetValue (RCode, Value).

Finis
```

5.3. Die Komponenten des CGS.

In diesem Abschnitt beschreiben wir die Komponenten des eigentlichen Generators im CGS POCO genauer. Wir werden den Scanner-Generator nicht näher behandeln; soweit die beschriebenen Datenstrukturen für den Scanner-Generator von Bedeutung sind, sind sie markiert.

5.3.1. Der Grammatik-Leser.

Der *Grammatikleser*[1] (GL) dient zur Überführung der Eingabe des CGS in eine interne Darstellung. Diese Überführung kann als eine Übersetzung (= Compilierung) eines "Programms" in der CGS-Eingabesprache in eine möglichst effiziente maschineninterne Darstellung angesehen werden. Der GL ist daher weitgehend analog zu einem (1-Pass-) Compiler strukturiert: Wir unterscheiden eine lexikalische, syntaktische und semantische Analyse der Eingabe sowie die Behandlung von Fehlern.

Kernstück des GL ist ein recursive-descent-Parser; er leistet die syntaktische Analyse der CGS-Eingabe und steuert den Aufruf des GL-eigenen Scanners sowie die semantische Analyse. In der semantischen Analyse wird speziell der Aufbau der Datenstruktur zur Aufnahme der attributierten Grammatik vorgenommen.

Die CGS-Eingabe-Sprache ist nun so konstruiert, daß sie weitgehend der Programmiersprache PASCAL-m ähnelt. Dies erlaubt es, zur Realisierung des GL wesentliche Teile des PASCAL-m-Compilers zu verwenden, so etwa dessen Scanner, wobei die Menge der Terminalsymbole nur um die zusätzlichen reservierten Worte

Language Terminals Axiom Productions Call Error und **Finis**

erweitert zu werden brauchte. Ebenso ist der GL-Parser weitgehend analog zum Parser des PASCAL-m-Compilers strukturiert, einige Teile sind im wesentlichen identisch, so etwa die Analyse der Deklaration

---

[1] Die Bezeichnung ist traditionell bedingt; genauer wäre "Leser der CGS-Eingabe".

von Konstanten und Typen und der semantischen Moduln; dieselbe Aussage gilt hinsichtlich der Prozeduren zur semantischen Analyse.

Insbesondere ist es möglich, die im PASCAL-m-Compiler vorhandene Form der semantischen "Tabellen" (sowie die Zugriffe darauf) zu übernehmen, wobei nur unwesentliche Modifikationen erforderlich sind; zusätzlich mußte nur eine geeignete Datenstruktur zur Aufnahme der attributierten Grammatik aus CGS-Eingabe entwickelt werden.

Generell sind alle semantischen Tabellen in Form eines Geflechts dynamischer Knoten organisiert. Zur Verwaltung der in der Generatoreingabe definierten Bezeichner dient etwa ein Knoten des Typs IDENTI-FIER:

(Mit CTP, STP, GTP werden Zeiger auf die Knotentypen IDENTIFIER, STRUCTURE, GRAMMAR resp. benannt; andere Bezeichner sind für das Verständnis nicht wesentlich)

```
IDENTIFIER = PACKED RECORD
           NAME: ALPHA; LLINK, RLINK: CTP;
           IDTYPE: STP; NEXT: CTP;
           CASE KLASS: IDCLASS OF
                KONST: (VALUES: VALU);
                TYPES: ();
           AFFS, VARS:  (VKIND: IDKIND; VLEV: LEVRANGE;
                         VADDR: ADDRRANGE);
                FIELD: (FLDADDR: ADDRRANGE);
                PROC,
                FUNC:  (CASE PFDECKIND: DECLKIND OF
                          STANDARD: (KEY: 1..15);
                          DECLARED: (PFLEV: LEVRANGE;
                                     PFNAME: INTEGER;
                                     CASE PFKIND: IDKIND OF
                                     FORMAL:();
                                     ACTUAL:(FORWDECL,EXTER:
                                             BOOLEAN)));
                MODS  : (MLEV : LEVRANGE; MNAME : INTEGER;
                         MSTATUS: MDECKIND);
               CHCLASS  : (ClassElements: ...);
                TERMS : (KCODE : KCTYPE; RegExpr:...);
                NTERMS: (NTCODE : NTCODERNG; LSATTR : GTP;
                         REGELPTR : GTP);
           END;
```

Interessant im Zusammenhang mit dem Compiler-Generator sind die folgenden record-Varianten:

-TERMS : trägt ein Terminalsymbol der Grammatik; jedes Terminal
        wird durch eine vom Benutzer vergebene Nummer (den Klas-
        sencode KCODE des Symbols) identifiziert. Der KCODE
        dient als Schnittstelle zum Compile-Zeit-Scanner. Der
        Grammatik-Leser überprüft, ob die angebenen Nummern ein-
        deutig sind.

-NTERMS: trägt ein Nonterminal der Grammatik; mit jedem Non-
        terminal ist eine Liste verbunden, die die Attribute der
        linken Seite der definierenden Regel für dieses Nonter-
        minal repräsentieren, sowie eine Liste, die die eigent-
        liche Regelstruktur für das Nonterminal trägt.

-AFFS : Bezeichner für Attribute werden analog zu Variablen in
        PASCAL-m behandelt; dies erlaubt eine günstige Analyse
        der Eingabe, die (für jede Produktion) in etwa der Ana-
        lyse einer PASCAL record-Deklaration entspricht.

Man beachte, daß in obiger Deklaration "überflüssige" Einträge enthalten sind, wie sie im PASCAL-m-Compiler, nicht jedoch im Generator
nötig sind; auf Streichung dieser Einträge wurde jedoch verzichtet,
um die Möglichkeit für künftige Weiterentwicklung offenzuhalten.

In POCO wird die Typisierung der Attribute in (bis auf den Standard-
Typ _real_) vollem PASCAL-Umfang ermöglicht; die interne Verwaltung der
Typ-Deklarationen erfolgt mithilfe der im PASCAL-m-Compiler vorhandenen Datenstrukturen. Wegen der (optionalen) Erzeugung der Moduln in
der Form von PASCAL-m-Quelltext muß zusätzlich die textuelle Darstellung des Bezeichners für einen Typ gespeichert werden. Man erhält als
vollständige Struktur somit:

```
STRUCTURE = PACKED RECORD
          SIZE: ADDRRANGE; NAME : CTP;
          CONNAME : TYCONPTR; { externe Darstellung des
                              Typbezeichners         }
          CASE FORM: STRUCTFORM OF
            SCALAR:    (CASE SCALKIND: DECLKIND OF
                         STANDARD: ();
                         DECLARED: (FCONST: CTP));
          SUBRANGE: (RANGETYPE: STP; MIN,MAX: VALU);
          POINTER:  (ELTYPE: STP);
          POWER:    (ELSET: STP);
          ARRAYS:   (AELTYPE,INXTYPE: STP);
          RECORDS:  (FSTFLD: CTP; RECVAR: STP);
          FILES:    (FILTYPE: STP);
          TAGFLD:   (TAGFIELDP: CTP; FSTVAR: STP);
          VARIANT:  (NXTVAR,SUBVAR: STP; VARVAL:VALU)
          END;
        END;
```

Die einzig notwendige Erweiterung der PASCAL-m-Compiler-Datenstruktur
ist die Einführung eines zusätzlichen Knoten-Typs zur Aufnahme der
eingegebenen Grammatik; wir haben folgende Struktur gewählt:

```
GRAMMAR = PACKED RECORD
          NAME : CTP; NEXT : GTP;
          CASE NODEKIND OF
              RA : (NEXTREGEL : GTP; RULENO : INTEGER);
              RN : (RHSATTR : GTP);
            LATTR: (ATYP : STP; DIR : ATTRDIRECTION);
            RATTR: ();
          END;
```

Dabei können die Varianten folgende Informationen tragen:

- RA   : <u>Regelanfang-Knoten</u>;   verbindet die verschiedenen Alter-
            nativen einer Produktion mit den jeweiligen rechten Sei-
            ten, verkettet die Alternativen untereinander und ent-
            hält in 'NAME' einen Rückverweis (in jeder Alternative)
            auf das zugehörige Nonterminal der linken Seite.

- RN   : <u>Regel-Knoten</u> der rechten Seite einer Regel; verkettet
            die Symbole der rechten Seite einer Regel.

- LATTR : <u>Attribut-Knoten</u> der <u>l</u>inken Seite; trägt die Attribu
            tierungsinformation der linken Seite einer Regeln.

- RATTR : <u>Attribut-Knoten</u> der <u>r</u>echten Seite; trägt Attributie
            rungsinformation der rechten Seite einer Regel.

            LATTR- und   RATTR-Knoten tragen als Information Zeiger
            auf die IDENTIFIER-Knoten, die die dargestellten Symbole
            repräsentieren.

Speziell ist für jede Komponente über "NAME" alle weitere semantische
Information zugänglich; zusätzlich sind alle Terminal- und Nonterminalsymbole in einer Liste verkettet.

Als Beispiel für die interne Darstellung soll folgende Regel dienen:

```
    condstat ( ibn, ibz : integer; var dbz : integer) :

            ifsymbol,
            call newlabel (l1),
            boolexpr (ibn,ibz,boolart),
            thensymbol,
            serialclause (ibn,ibz) .
```

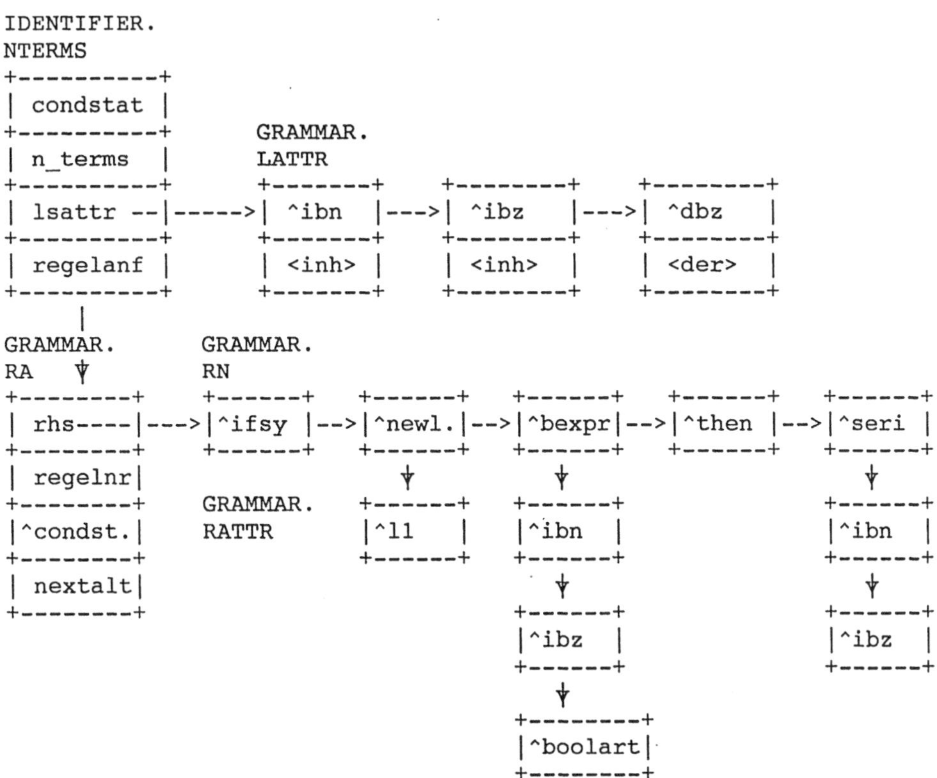

Bild 5.3: Interndarstellung einer Grammatik-Regel
(mit "^" ist der Verweis auf einen Knoten des Typs
IDENTIFIER gekennzeichnet; aus Darstellunggründen
sind Knotenelemente weggelassen)

Durch die gewählte Form der Darstellung erhält man eine effiziente
interne Darstellung, die alle Informationen schnell zugreifbar trägt.
Durch die Verwendung dynamischer Strukturen entfallen weiterhin Beschränkungen hinsichtlich des Umfangs der CGS-Eingabe, etwa durch
statische Obergrenzen. Die einzigen noch übrig bleibenden Beschränkungen sind dann nur noch konventioneller Art (z.B. ist die maximale
Anzahl von Terminalsymbol-Klassen in einer CGS-Eingabe auf 255 beschränkt) bzw. von dem auf der jeweiligen Generierungsmaschine zur
Verfügung stehenden Speicherplatz abhängig.

Der GL leistet eine umfangreiche Analyse von Eingabe-Fehlern; die
verwendete Fehlerdiagnose-Technik entspricht der üblichen in recur-
sive-descent-Parsern angewandten Methode (und damit auch dem gängigen

PASCAL-Standard, vgl. etwa [Amm 75]). Bei Entdecken eines Fehlers erfolgt eine entsprechende Protokollierung unter Angabe des Fehlerortes und der Fehlerart; soweit sie syntaktischer Art sind, werden alle Fehler der Eingabe in einem Lauf festgestellt; spezielle semantische Fehler (etwa das Fehlen einer Regel zu einem Nonterminal) werden in einem zweiten Lauf (über die schon erstellte Internform) festgestellt. Dieser zweite Pass überprüft im wesentlichen die Reduziertheit der eingegeben kontextfreien Grammatik. Optional ist die Erstellung eines ausführlichen Druckprotokolls sowie ein Dump der Speicherbelegung und ein Protokoll der Eingabegrammatik in einer schematisierten Form.

5.3.2. Der Scanner-Generator.

Der Generator der lexikalischen Analyse (Scanner-Generator) erzeugt aus einer in der CGS-Eingabe formulierten Beschreibung der lexikalischen Einheiten einen Automaten, der die Quellform eines Programms in eine Folge von Symbolen überführt. Die Symbole sind dabei in eine Menge von paarweise disjunkten Klassen aufgeteilt, die den Terminal-Symbolen einer Programmiersprache entsprechen. Der Scanner-Generator ist in POCO (im Unterschied etwa zu *MUG1*) Teil des eigentlichen Generators.

Die Generierung des Scanners erfolgt in POCO durch eine Variante der Methode zur Generierung von LR-Parsern. Damit wird die sonst verwendete Konstruktion *Regulärer Ausdruck -> Nichtdetermistischer Automat -> Deterministischer Automat* und die dabei benötigte (aufwendige) Potenzmengenberechnung erspart. Eine gute Beschreibung der verwendeten Methode findet sich in [Loe 81] bzw. [Pfa 82].

Wir werden den Scanner-Generator nicht näher betrachten; zum besseren Verständnis sei hier nur kurz auf die Funktionsweise des Generators und der generierten Scanner eingegegangen.

Zur Laufzeit des generierten Compilers wird durch den Scanner für jedes gelesene Symbol festgestellt, zu welcher Klasse es gehört. Innerhalb einer Klasse werden die Symbole durchnumeriert, sofern dies in der Beschreibung so festgelegt wurde, ansonsten haben alle Symbole aus einer Klasse einen festen (Relativ-) Wert.

Die lexikalische Analyse kann zur Compile-Zeit durch den Aufruf einer Prozedur

$$Scan\ (KCode,\ RCode)$$

angestoßen werden; dabei bezeichnen die (Ausgabe-) Parameter KCODE die Terminalsymbol-Klasse und RCODE den Relativ-Nummer des Terminalsymbols innerhalb dieser Klasse. KCODE wird dabei vom Parser und RCODE zur Berechnung der Semantik benötigt.

Die inverse Funktion zu *Scan* leistet die Prozedur

$$Decode\ (KCode,\ RCode,\ Token)$$

die in Token das durch (KCode, RCode) identifizierte lexikalische Objekt (in seiner textlichen Form) liefert.

Das generierte Scanner-Modul hat damit folgenden strukturellen Aufbau:

```
module SCANNER;

    interface

        procedure SCAN (var KCODE,RCODE : integer);

            { dies ist die eigentliche Scanner-Funktion        }

        procedure DECODE (KCODE,RCODE : integer;
                          var TOKEN : string);

            { Umkehrfunktion zu SCAN; liefert in TOKEN
              die externe Darstellung eines Symbols           }

    implementation

                :
                :

    begin   { Rumpf des Moduls SCANNER }

            { Initialisierung der Scanner-Tabellen,
              Eröffnen der Quell- und Protokoll-Files usw.    }

    end; { Module SCANNER }
```

5.3.3. Der Parser-Generator.

Der Parser-Generator (PG) des CGS generiert aus der in der CGS-Eingabe spezifizierten kontextfreien Grammatik (die eventuell durch das Einfügen von COPY-Regeln des zeitlich vorhergehenden Laufs des Generators der Compilezeit-Attributberechnung modifiziert wurde) die syntaktische Analysephase eines Compilers.

Aus der Vielzahl der möglichen Analyse-Verfahren für kontextfreie Grammatiken wurde die LALR(1)-Methode [DeR 71] gewählt, die (bei einer Zahl von Zuständen eines LR(0)-Automaten) die Analyse einer großen Klasse der kontextfreien Sprachen ermöglicht; diese Klasse umfaßt im wesentlichen alle praktisch relevanten höheren Programmiersprachen. Man hat damit ein leistungsfähiges Hilfsmittel zur Generierung der syntaktischen Analyse zur Verfügung.

Ohne auf die theoretischen Konzepte genauer einzugehen, wird im folgenden die strukturelle Gliederung des Parser-Generators kurz beschrieben. Der PG besteht aus den folgenden Phasen:

- Erzeugung der kanonischen Zusammenfassung der LR(0)-Item-Mengen (States)

- Berechnung der LALR(1)- Look-Aheads für die Basismengen-Items jedes States (die LALR(1)-Methode zeichnet sich dadurch aus, daß zur Look-Ahead-Berechnung nur die Basismengen-Items (kernel items) der LR(0)-States benötigt werden)

- Berechnung der Parse-Aktionen (der ACTION-Tabelle) sowie der Zustandsübergangsfunktion (der GOTO-Tabelle)

Wie üblich kann während der Generierung festgestellt werden, ob die eingegebene Grammatik die LALR(1)-Eigenschaft erfüllt.

Die in POCO realisierte Form des Parser-Generators weist (im Vergleich zu anderen Systemen) keine außergewöhnlichen Eigenschaften auf; die verwendeten Algorithmen (etwa zur Berechnung des Lookaheads, in POCO iterativ über den Propagierungsgraphen gelöst) entspricht der in anderen Systemen gewählten Vorgehensweise (etwa in *YACC* [Joh 76]). Generell gilt, daß die in POCO realisierte Form zeitorientiert ist, d.h. daß kurze Laufzeit auf Kosten eines höheren Speicherplatzbedarfs angestrebt wird.

Ebenso sind die implementierten Verfahren zur Erzeugung kompakter Parser (etwa durch die Einführung von SHIFT_REDUCE-Aktionen) bekannt und schon in anderen Systemen realisiert; durch die Modularisierung des Generators sind Modifikationen jedoch einfach möglich.

Diese Möglichkeit wird weiter durch die Existenz einer internen Generierungsschnittstelle erhöht; nach Abschluß der vollständigen Generierung liegen die Ergebnisse in dieser standardisierten internen Datenstruktur vor, die als Schnittstelle zu den vorgesehenen unterschiedlichen Repräsentierungen der Parsetabelle dient; der Benutzer kann durch die Angabe von Optionen die gewünschte Repräsentierung wählen.

5.3.3.1. Die Generierung einer Compile-Zeit-Fehlerbehandlung.

Wir gehen an dieser Stelle noch kurz auf die in POCO mögliche Form der Generierung der Compile-Zeit-Fehlerbehandlung ein.

Die Compile-Zeit-Fehlerbehandlung kann durch die Angabe von *Fehlerregeln* (vgl. [Joh 76], [Zim 82]) in der CGS-Eingabe durch den Benutzer spezifiziert werden. Eine Fehlerregel ist eine Alternative einer Produktion der Form

$$\text{Nonterminal} : \textbf{\textit{error}} \text{ Terminal}$$

In einer Produktion können beliebig viele Fehlerregeln angegeben werden (eine natürliche Obergrenze ist die Anzahl der in der Grammatik angegebenen Terminalsymbole); die Terminalsymbole der Fehlerregeln innerhalb einer Produktion werden in einer Menge ET zusammengefaßt.

Der Parser-Generator erzeugt für eine Regel dieser Form ein (spezielles) Item [Nonterminal -> .error,ET], das nicht in die weitere LR(0)-Closure-Berechnung eingeht. Für ein Item dieser Form wird weiter eine spezielle ERROR (oder ERRORSKIP)-Aktion generiert.

Die Vorgehensweise beim Erkennen eines Fehlers zur Compile-Zeit ist nun die, daß solange Einträge aus dem Parse-Stack gestrichen werden, bis ein Zustand an der Spitze des Parse-Stacks erscheint, für den

eine ERROR-Regel definiert ist. Anschließend werden alle Zeichen der
Eingabe überlesen, die nicht aus der in der ERROR-Aktion angegebenen
Menge ET sind. Wird ein Terminalsymbol gefunden, das in der ERROR-
Aktion definiert ist, so erfolgt eine Reduktion zu dem Nonterminal
auf der linken Seite der Fehlerregel und ein Zustandsübergang ent-
sprechend der "normalen" Parse-Tabelle.

Eine Fehlerregel liefert somit einen Stützpunkt zum Aufsetzen der
syntaktischen Analyse nach Erkennen eines syntaktischen Fehlers.
Dieses Verfahren ähnelt der Methode des "panic mode", bei der ebenfalls in einer Fehlersituation bis zu ausgezeichneten Terminalsymbolen weitergelesen wird. Beim "panic mode" gehen diese Fehlersymbole
jedoch normalerweise unabhängig von der jeweiligen Regel ein, so daß
evtl. zu viel von der Eingabe überlesen wird. Über die Fehlerregeln
kann ein Benutzer des Compiler-Generators die Länge des zu überlesenden Eingabebereichs genauer spezifizieren; dies kann insbesondere
dadurch geschehen, daß er für eine Produktion mehrere Fehlerregeln
angibt; so kann etwa durch die Angabe von:

$$\text{expression} : \textbf{\textit{error}} \ ";"$$

und

$$\text{expression} : \textbf{\textit{error}} \ "then"$$

die Länge des zu überlesenden Bereichs beeinflußt werden.

Neben der Tatsache, daß durch dieses Verfahren eine CompileZeit-Feh-
lerbehandlung weitgehend automatisch erfolgen kann (falls ein Benutzer eben Fehlerregeln spezifiziert), hat das Verfahren auch Vorteile
hinsichtlich der semantischen Analyse; speziell erlaubt diese Vorgehensweise, in einer mit der normalen semantischen Analyse konformen
Weise den Aufruf von Fehlerdiagnoseroutinen, die methodisch in einem
geeigneten Modul zusammengefaßt werden können.

Üblicherweise wird nach Erkennen eines syntaktischen Fehlers die semantische Analyse abgeschaltet, da sich dann der Attributkeller in
einem undefinierten Zustand befindet. Durch die Angabe von Fehlerregeln ist es jedoch möglich, den Attributkeller durch Belegen mit
default-Werten für die in der weiteren semantischen Analyse benötigten semantischen Attribute in einen (Pseudo-) definierten Zustand zu
überführen, so daß eine (zumindest eingeschränkte) Fortsetzung der
semantischen Analyse erfolgen kann. Dies ist möglich, indem die
Fehlerregel mit Aufrufen von semantischen Aktionen verbunden wird,

die die default-Werte auf den Attributkeller schreiben, also etwa:

    expression : **error** ";", **call** reset (...);

                error "then", **call** reset (...),
                       call makefalse (expr_val);

Eine Voreinstellung einer Fehlerregel wird durch das System gegeben mittels:

             Axiom : **error** "EOF(eingabe)"

mit EOF(eingabe) := end_of_file-Bedingung der Eingabe.

5.3.3.2. Struktur der generierten Parser.

Ein durch POCO generierter Parser hat folgenden strukturellen Aufbau:

```
module PARSER;

    interface

        { der interface-Teil des Parser-Moduls ist leer }

    implementation

        const P_stackmax = ..

        var    P_top : 0..P_stackmax;
               P_stack : array[0..P_stackmax] of integer;

        procedure GOTO_TAB (..);
        begin  ... end;

        procedure ACTION_TAB (..);
        begin  ... end;

    begin   { Rumpf des Moduls PARSER }

        { Initialisierung des Parse-Stacks  }

        P_top := 0; P_stack[P_top] := 0;

        { hier ist die Realisierung des Parser-Drivers
          enthalten                                     }

    end; { Module PARSER }
```

Man beachte insbesondere, daß der Parser-Driver im Rumpf des Moduls PARSER mit Betreten des Blocks, in dem das Modul deklariert ist, automatisch aktiviert wird; die Angabe einer Schnittstellen-Prozedur (im interface-Teil) ist daher nicht erforderlich. Die Parse-Tabellen sind in der Form von Prozeduren realisiert.

5.3.4. Der Generator der Compile-Zeit-Attributberechnung.

Der Generator der Compile-Zeit-Attributberechnung (GA) akzeptiert als Eingabe eine LR-attributierte kontextfreie Grammatik; aus der Eingabe wird das *Attributbehandlungs-* (oder Attributübergabe-) *Modul* erzeugt, das die Berechnung der Attribute parallel zur Syntaxanalyse erlaubt. Man beachte, daß nicht die eigentliche Berechnung selbst generiert wird - diese erfolgt in den semantischen Aktionen, die der Benutzer selbst erstellt oder aus einer Bibliothek zur Verfügung stellt -, sondern es wird lediglich die zur Berechnung nötige *compilerinterne Verwaltung* erzeugt.

Die Berechnung der Attribute erfolgt zur Compile-Zeit auf einem Attributkeller (AK); die Aufgabe des Attributbehandlungs-Modul besteht zur Compile-Zeit speziell in der Verwaltung des Attributkellers und im Aufruf der semantischen Aktionen und ihrer Versorgung mit Parameterwerten; ausgehend von einer attributierten Produktion werden dabei die Attribute relativ zum oberen Kellerende des Attributkellers adressiert. Die Vorgehensweise entspricht der schon in MUG1 realisierten Form; zusätzlich entsteht in POCO das Problem des typabhängigen Zugriffs auf den Attributkeller.

Zur Compile-Zeit erfolgt die Aktivierung der Prozeduren des Attributbehandlungs-Moduls durch den Parser, und zwar

- bei Ausführung einer <u>reduce</u>-Aktion unter Angabe der Produktionsnummer, über die die zugehörigen generierten Attributkeller-Transformationen adressiert werden.

- bei Ausführung einer <u>shift</u>-Aktion, falls der Wert eines derived-Attributs zu einem Terminal auf den Attributkeller geschrieben werden soll (dieser Wert wird vom Scanner über den Parameter RCODE geliefert).

Wir gehen im folgenden zunächst genauer auf die Realisierung der Grammatik-Transformation ein; anschließend wird die Erzeugung der Attributkeller-Operationen behandelt, die wir in einer internen Datenstruktur halten. Diese Datenstruktur ist Basis für die Generierung des Attributbehandlungs-Modul in einem Compiler.

5.3.4.1. Die Realisierung der Grammatik-Transformation.

Das für die Transformation der attributierten Grammatik notwendige Verfahren haben wir in Algorithmus 1.1 beschrieben; da sich (durch das Einfügen von COPY-Symbolen) die zugrundeliegende kontextfreie Grammatik ändert, muß der Lauf des GA vor der Parsergenerierung erfolgen. Durch das Einfügen von Copy-Symbolen geht außerdem i.a. die LR(k)-Eigenschaft der kontextfreien Grammatik verloren. Daher muß Algorithmus 1.1. aus Kap. 1 so verbessert werden, daß durch die Grammatik-Transformation möglichst wenig Copy-Symbole eingefügt werden; dadurch wird in vielen Fällen erreicht, daß die LR(k)-Eigenschaft der Grammatik erhalten bleibt. Die zu diesem Zweck in POCO vorgenommenen Optimierungen fassen wir im folgenden informal zusammen:

(1) steht ein echtes Präfix der zu einem Nonterminal X_i gehörenden Folge von inherited-Attributen (in richtiger Reihenfolge) auf dem Attributkeller, so wird mit einem Copy-Symbol nur das Kopieren der fehlenden Attribute verbunden

(2) falls ein Copysymbol eingefügt werden muß, wird überprüft, ob schon ein Copysymbol existiert, mit dem dieselben Kopieraktionen verbunden sind; ist dies der Fall so wird dieses Copysymbol verwendet.

(3) für eine Folge von Aufrufen von semantischen Aktionen innerhalb der rechten Seite einer Regel wird nur ein Copy-Symbol eingefügt; mit diesem Copy-Symbol sind dann die Aufrufe der Folge von semantischen Aktionen sowie die entsprechenden Attributkeller-Transformationen verbunden

(4) wird nach dem Einfügen eines Copy-Symbols für den Aufruf einer Folge von semantischen Aktionen ein weiteres (inherited-) Copysymbol für ein Nonterminal benötigt, so wird die mit diesem Copysymbol verbundene Attributkeller-Transformation mit dem vorhergehenden Copysymbol zum Aufruf der semantischen Aktionen verbunden

(5) für eine Folge von Aufrufen von semantischen Aktionen am Ende der rechten Seite einer Regel wird kein Copy-Symbol eingeführt, sondern die Aufrufe der semantischen Aktionen mit der dort nötigen derived-Copy-Aktion verbunden

(6) die Eingabe-Parameter für semantische Aktionen werden nicht explizit an die Spitze des Attributkellers kopiert, sondern indiziert relativ zum oberen Kellerende als value-Parameter an die semantische Aktion übergeben.

Diese Verbesserungen haben unmittelbaren Einfluß auf die Größe (d.h. die Anzahl der Zustände) des generierten Parsers, da sie die Einführung "unnötiger" Nonterminals vermeiden; den gleichen Effekt hat die in POCO vorgenommene Zulassung von konstanten Werten auf (zulässigen) Attributpositionen, da sie in vielen Fällen den Aufruf von semantischen Aktionen (mit dem damit verbundenen evtl. Einfügen von COPY-Symbolen) überflüssig machen.

5.3.4.2. Die Berechnung der Attributkeller-Operationen.

Die Attributübergabe hat zur Laufzeit des Compilers folgende Aufgaben zu erfüllen:

1. Attributverwaltung auf dem Keller AK

    a. kopieren der inherited-Attribute nach oben zur Erstellung der richtigen Reihenfolge auf dem Keller

    b. kopieren der derived-Attribute nach unten, Verkleinerung des Kellers, falls Keller-Einträge überflüssig geworden sind.

2. Aufruf von semantischen Aktionen zusammen mit den beim Aufruf einzusetzenden aktuellen Parametern.

Zusätzlich ist i.a. im Fall 1b. (vor der Verkleinerung des Kellers) ein "Retten" von Teilen der derived-Attribut-Folge nach "oben" im AK nötig; dadurch wird ein evtl. Überschreiben von Attributwerten vermieden. Ausserdem muß in POCO die Zuweisung von konstanten Werten zu Attibutkeller-Positionen ermöglicht werden.

Aus diesen Aufgaben resultieren die verschiedenen charakteristischen Anweisungen, mit deren Hilfe die gesamte Attributübergabe durchgeführt werden kann, nämlich:

1. Kellerpegel := Kellerpegel + Pegelveränderung;
   a. AK[Kellerpegel - j] := AK[Kellerpegel - i_j]
      j = 1,2, ..., Pegelveränderung

   b. AK[Kellerpegel + i_j] := AK[Kellerpegel - j]
      j = Pegelveränderung, Pegelveränderung-1, ..., 1

2. Kellerpegel := Kellerpegel + Pegelveränderung;
   Aufruf: semakt(AK[<Kellerpegel>-i_1],...,AK[<Kellerpegel>-i_n]);

3. AK [<Kellerpegel> + i_1] := konstanter Wert;

Um die Operationen der Attributkeller-Verwaltung eindeutig zu erzeugen, genügt es also, nach einer Kennzeichnung des vorliegenden Falls (der *Art* der charakteristischen Anweisung) folgende Werte abzuspeichern:

   1a.Pegelveränderung; Folge i1,i2,...,in
   1b.Pegelveränderung; Folge i1,i2,...,in
   2. Bez. der sem.Aktion; Pegelveränderung; Folge i1,...,in

   3. Kellerindex i1; konstanter Wert
      (Die Pegelveränderung ergibt sich aus dem Platzbedarf
       des konstanten Werts)

Die Attributübergabeinformation wird für jede Regel der Grammatik berechnet und in einer internen dynamischen Datenstruktur in der angegebenen codierten Form abgelegt; diese Datenstruktur erlaubt zusätzliche Optimierungen und dient als Schnittstelle für die verschiedenen Formen der Ausgabe.

Für jede Regel der Grammatik wird die Übergabeinformation in einer Folge von Blöcken festgehalten; jeder Übergabeblock besteht aus einem Kopf-Knoten, in dem die Art der AK-Operation sowie (neben weiteren Kenngrößen) eine Liste von Knoten, in denen die für die AK-Transformation benötigten Keller-Indizes sowie Zeiger auf die mit diesen Kellerpositionen verbundene Attribute enthalten sind, eingetragen sind. Speziell ist in dieser Liste zu jedem AK-Element dessen Typ vermerkt, so daß eine typabhängige Operation auf dem AK erzeugt werden kann. Aus Speicherplatzgründen werden identische Folgen von Übergabeblöcken zu verschiedenen Regeln nur einmal abgespeichert.

Die Datenstruktur zur Aufnahme der Übergabeinformation wird durch die folgenden Typ-Deklaration anschaulich:

```
UART = (INH,CONSASS,DER,CALLSA);     { Attributübergabe-Arten }

UBHDRPTR  = ^ UBHDR;                  { Übergabe - Kopfknoten  }
UBINFOPTR = ^ UBATTRLIST;

UBHDR     = RECORD
                PEGELDIFF : INTEGER; NEXTKOPF : UBHDRPTR;
                VERWEIS : UBINFOPTR;
                CASE KENNUNG : UART OF
                        DER : (PSAVE : INTEGER;
                               OPTPOSSIBLE : BOOLEAN);
                    CALLSA : (NAME : CTP);
                       INH : ( );
                      CASS : (NAME : CTP);
            END;
```

PEGELDIFF enthält die Änderung des Attributkeller-Pegels; durch NEXT-KOPF werden die verschiedenen Übergabeblöcke einer Regel miteinander verbunden; VERWEIS zeigt auf die Liste der von der Transformation betroffenen Attribute.

Die Kennungen (UART) haben im einzelnen folgende Bedeutung:

Kennung   Identifizierte Aktion
---------- --

CALLSA :   Aufruf einer semantischen Aktion.
            NAME bezeichnet den Namen der sem. Aktion (durch Ver-
            weis auf den Deklarationseintrag)

INH   :   Inherited-Copy, Kopieren des Kellers nach oben,
            die Anzahl der zu kopierenden Kellerelemente ist der
            Pegelveränderung zu entnehmen

DER   :   Derived-Übergabe, die obersten Elemente des Kellers
            sind nach unten zu speichern, AKTOP ist zu erniedrigen.
            Wegen möglicher Überspeicherungen müssen die Attribut-
            werte u.U. zunächst im Keller nach oben "gerettet"
            werden; PSAVE enthält die dazu notwendige Stack-
            Adresse. OPTPOSSIBLE gibt an, ob auf die Zwischenspei-
            cherung verzichtet werden kann.

CASS   :   Zuweisung eines konstanten Wertes an eine Position des
            AK

Die Knoten zur Aufnahme der eigentlichen Kopierungsinformation haben
schließlich folgendes Aussehen:


```
UBATTRLIST = RECORD
            AK_INDEX : INTEGER ;
            ELEM  : CTP;
            NEXT : UBINFOPTR;
          END;
```


AK_INDEX bezeichnet den Offset (relativ zum oberen Kellerpegel) zu
einer Attributkeller-Adresse zur Compilezeit, unter der ein Attribut-
wert in der im Übergabekopf angegebenen Weise manipuliert werden
soll. Man beachte, daß der Zugriff typabhängig erfolgen kann, da über
ELEM auch der Typ des jeweiligen Attributs zugänglich wird.

Nach der vollständigen Erzeugung der Übergabeinformation werden zusätzlich folgende *Optimierungen* vorgenommen:

(1) I.a. wird für eine derived-Copy-Aktion zunächst ein Sichern
    der Attributwerte nach "oben" im Attributkeller benötigt, um
    Überspeicherungen zu vermeiden. Mithilfe der erzeugten Infor-
    mation kann jedoch berechnet werden, wann genau dies nicht
    notwendig ist und auf die Sicherungsaktionen verzichtet werden
    kann; dies ist genau dann der Fall, wenn keine Überlappungen
    der Kopierungsquell- und zielfolgen von AK-Indizes auftreten.

(2) Zu jeder Folge von Übergabeblöcken werden alle AK-Zugriffe auf
    einen für diese Folge gültigen Basiswert des Kellerpegels
    AKTOP normiert (nach Konstruktion der Attribut-Übergabe mög-
    lich); dadurch werden viele Wertzuweisungen an den Kellerpegel
    zur Compile-Zeit unnötig

(3) Für den Aufruf einer semantischen Aktion mit einem konstanten
    Eingabeparameter wird keine AK-Transformation erzeugt, sondern
    der konstante Wert in den Aufruf eingesetzt.

Diese Optimierungen bewirken eine wesentliche Verringerung des Code-
Umfangs des Übergabe-Moduls.

5.3.4.3. Struktur des generierten Attribut-Behandlungs-Moduls.

Aus den oben näher beschriebenen Übergabeblöcken für jede Produktion
der Eingabegrammatik erzeugt der GA das Attribut-Übergabe-Modul, dessen Aufbau wir (in Form eines PASCAL-m-Moduls) darstellen:

```
module ATTRIBUTE;

    interface

        type regelrng = 0..maxregel;

            { maxregel ist zur Generierungs-Zeit erkannte
              höchste Regelnummer der trans. Grammatik     }

        procedure SPRCODE (kcode,rcode : integer);

            { kcode ist der Klassencode des gelesenen
              Terminalsymbols;
              rcode ist der Relativ-Code des Terminals     }


        procedure ATTRUEBERGABE (regelno : regelrng);

            { regelno ist die Nummer der Produktion mit
              der eine Attributkeller-Operation ver-
              bunden ist; regelrng ist generierter Typ     }

    implementation

        type AK_TYPE = ...

            { aus den in der CGS-Eingabe definierten Typen
              wird ein varianter record-Typ erzeugt, der
              die Struktur eines AK-Elements beschreibt    }

        var AK : array [1..akmax] of AK_TYPE;
            AKTOP : 0..akmax;
            { akmax ist eine Systemzeit-Konstante           }

        procedure SPRCODE;
        begin ... end;

        procedure ATTRUEBERGABE;
        begin ... end;


    begin  { Module Attribute }

        AKTOP := 0;  { Initialisierung des Compile-Zeit-AK   }

    end; { Module Attribute }
```

Die zentralen Variablen in diesem Modul sind der Attributkeller AK mit dem Kellerpegel AKTOP; AKTOP zeigt zur Compile-Zeit an die Spitze des Attributkellers. Eine (generierte) Hilfsprozedur ist 'SPRCode' ('*Speichere RCODE*'), die für ein Terminal mit einem Attribut die Ablage der Attributwerte (nämlich der vom Scanner gelieferten RCODEs) auf den Attributkeller leistet.

Die eigentliche Attributübergabe erfolgt in der Prozedur ATTRUEBERGABE; sie wird vom Parser beim Erkennen einer reduce-Aktion aufgerufen. Parameter ist die Nummer der Regel, mit der die Reduktion ausgeführt werden soll. ATTRUEBERGABE besorgt die Manipulation des AK durch eventuelle Kopieraktionen oder dem Neuberechnen von Werten durch Aufruf von semantischen Aktionen. Wir erinnern daran, daß durch die Transformation der Grammatik alle Aktionen auf dem Attributkeller mit Reduktionen zu Nonterminals, semantischen Aktionen und Copy-Symbolen assoziiert sind; über die Regelnummer kann die mit der Reduktion verbundene AK-Transformationen adressiert werden.

5.4. Die Struktur der generierten Compiler.

Die allgemeine Struktur der durch POCO generierten Compiler ergibt sich im wesentlichen aus der Struktur des Generators. Es handelt sich dabei (wie bei MUG1) um 1-Pass-Compiler, deren einzelne Phasen verschränkt arbeiten; eine einfache Form der Behandlung von syntaktischen Fehlern ist integriert. Die allgemeine Struktur der generierten Compiler wird in Bild 5.5. dargestellt.

Man erkennt, daß der Parser in den generierten Compilern eine zentrale Rolle spielt; durch den Parser wird die lexikalische und die semantische Analyse angestoßen; die Quellprotokollierung ist Aufgabe des generierten Scanners.

Der (eigentliche) Generator POCO generiert aus einer Compiler-Beschreibung ein Compiler-Skelett. Das Compiler-Skelett enthält die durch den Parser-Generator sowie den Generator der Compile-Zeit-Attributberechnung generierten Komponenten (Moduln) eines Compilers,

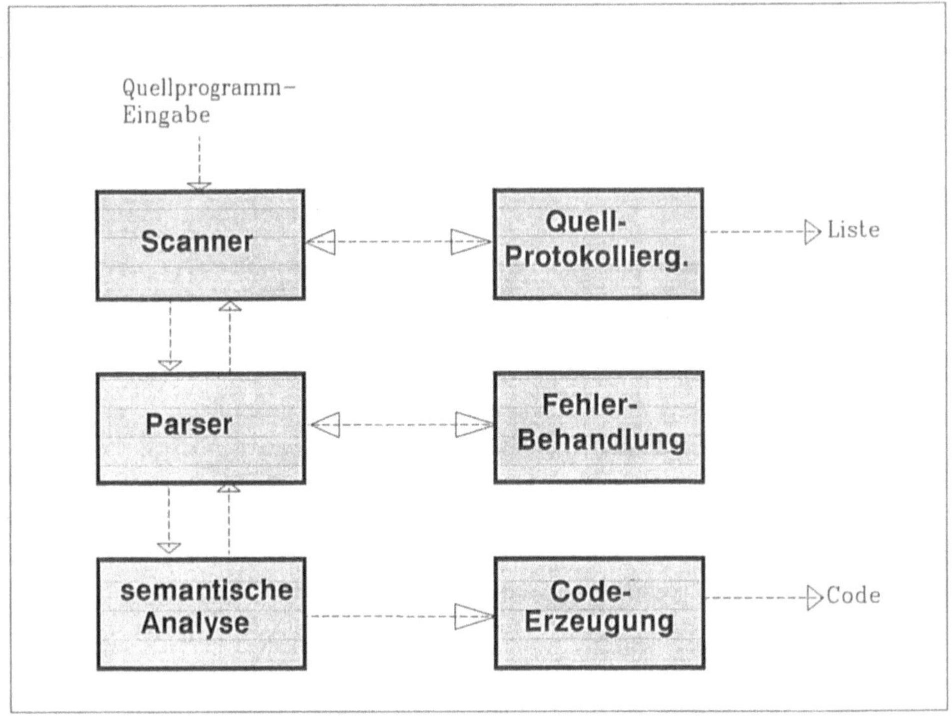

Bild 5.5: Struktur von POCO generierter Compiler.

also den Parser und den Treiber der Attributberechnung. Es ist vervollständigt durch:

- die Deklaration von Generator-erzeugten Konstanten und Typen

- die Deklaration des Scanner-Moduls

- die Deklaration der semantischen Aktionen, in Form von Moduln
  zusammengefaßt, wie in der Eingabe notiert und deklariert als
  externe Moduln

- einen PASCAL-Hauptprogramm-Kopf und -Rumpf, in dem globale
  Initialisierungen bzw. Finalisierungen enthalten sind.

Wir haben somit folgende Situation:

```pascal
program xyz_COMPILER (..);
    globale Konstanten, Typen, Variablen;
     module SCANNER;
        interface
            procedure Scan (var KCode, RCode: integer);
            procedure DeCode (KCode, RCode: integer;
                              var token : string);
     use;

     module sem. Modul 1;
        interface
                { Deklaration der sem. Aktionen
                    als PASCAL-Prozeduren            }

     use;
        :
     module sem. Modul n;
        interface
                ...
     use;

     module ATTRIBUTE;
        { Compile-Zeit-Attributberechnung
          in der Form wie in 5.3.4.3. angegeben   }

        interface
            :
     begin
        :
     end;

     module PARSER;
        interface
        implementation
            procedure ACTION_TAB ( );
            procedure GOTO_TAB ( );
     begin
        :
     end;

begin { Rumpf: xyz_Compiler }
  ...
end; { xyz_COMPILER }
```

Die von einem Benutzer des CGS selbst zu erstellenden semantischen Aktionen finden also nur in der Form einer externen Modul-Deklaration Eingang in die Compiler-Beschreibung und damit auch in das generierte Compiler-Skelett; ihre vollständige Implementierung kann (durch den PASCAL-m-Compiler) separat übersetzt werden.

In der übersetzten Form des generierten Compiler-Skeletts (ebenfalls durch den PASCAL-m-Compiler) sind die Schnittstellen zu den (externen) Moduln beschrieben; dadurch ist es möglich, ihre Einhaltung während des Bindens (zu einem ablauffähigen Programm) zu kontrollieren. Auf die Einzelheiten dazu gehen wir später genauer ein; man beachte insbesondere, daß die geschilderte Vorgehensweise automatisierbar ist.

5.5. Zusammenfassung.

Das CGS POCO stellt ein leistungsfähiges Werkzeug für den Compiler-Entwickler dar. POCO ist eine weitgehende Überarbeitung von MUG1 sowohl auf Systemebene als auch in der konkreten Realisierung von Details; Verbesserungen gegenüber MUG1 sind hinsichtlich der Attributierungsmöglichkeit und der Typisierung der semantischen Attribute vorgenommen worden. Gleichzeitig konnte der Laufzeit- und Speicherplatzbedarf gegenüber MUG1 wesentlich verbessert werden. Grund dafür ist (die fast ausschließliche) Verwendung dynamischer Datenstrukturen, die dem System zudem Flexibilität verleihen; der durch die Verwendung von Zeigern zunächst erhöhte Speicherplatzbedarf ist i.a. geringer als der (ungenützte) Platz bei Verwendung von (starren und in der Regel überdimensionierten) Feldern. Ebenso konnte der Benutzeraufwand für die Arbeit mit dem System verringert werden.

Als Beispiel für die Leistungsfähigkeit von POCO geben wir in Tabelle 5.1 mit Laufzeitwerten (bei einer Installation auf einer SIEMENS-Anlage 7561 unter BS2000) für Beispiel-Grammatiken an:

	Eingabe-Umfang (Zeilen)	Grammtik Größe kfg-Teil	Laufzeiten (in sec) GL / GA PG	Ges.(ohne Prot.) [1]
PROSA [2]	241	24T / 20N 55 Regeln	0.5 /0.3 2.2	1.6
Minipascal [3]	786	32T / 26N 55 R	1.6 /0.7 5.6	4.0
PASCAL-S [4]	928	53T / 67N 129 R	2.8 /2.0 12.5	11.8
ADA [5]	896	92T / 181N 397 R	1.4 / - 67.1	45.3

Tabelle 5.1: Typische Laufzeitwerte für POCO-Generierungsläufe.
(T: Anzahl der Terminalsymbole,
N: Anzahl der Nichterminale,
R: Anzahl der Regeln der Beispielgrammatik)

<u>Anmerkungen zu Tabelle 5.1.:</u>

1) Die optionale umfangreiche Protokollierung beansprucht einen
   hohen Rechenzeitanteil.

2) (Kleiner) Subset der "Programmiersprache Saarbrücken" PROSA
   [LMW 81].

3) PASCAL-ähnliche Programmiersprache aus [AhU77]; für diese
   Programmiersprache wurde im Rahmen des Fortgeschrittenen-
   Praktikums ein Compiler generiert.

4) Die verwendete CGS-Eingabe basiert auf [Pes 77].

5) nach [PWD 81]; es handelt sich um eine LALR(1)-Fassung der
   Original-Grammatik, die die Sprache beinahe vollständig
   beschreibt; die Eingabe ist nicht attributiert.

Wir sind bisher noch nicht auf den Anspruch eingegangen, den wir ein-
leitend formuliert haben: die Portabilität für das CGS und die von
ihm generierten Compiler; mit diesem Aspekt werden wir uns im nächsten Kapitel beschäftigen.

6. Die gemeinsame Portierungsschnittstelle für das Generator-System und die generierten Compiler.

In diesem Abschnitt werden wir die gemeinsame Portierungs-Schnitt-
stelle für das Compiler-Generator-System und die generierten Compiler
beschreiben. Dazu formulieren wir zunächst die Portierungsaufgabe;
danach beschreiben wir das Portierungsverfahren genauer und gehen
dabei auch auf die Behandlung einiger Punkte ein, deren Berücksichtigung für eine Portierung von Bedeutung sind.

6.1. Die Portierungsaufgabe.

Fassen wir hier zunächst zusammen, für welche Objekte wir Portabilität fordern; gemäß unserer Zielsetzung haben wir somit die beiden
folgenden Situationen zu unterscheiden:

1. <u>Portierung eines generierten Compilers</u>:

   Zu übertragen ist ein vollständiger, generierter Compiler;
   die Generierung ist auf einer Generierungsmaschine erfolgt,
   also einer Maschine, auf der das POCO-System installiert ist.

2. <u>Portierung des Generator-Systems</u>:

   Zu übertragen ist das Generator-System, also die folgenden
   Komponenten:

   - der (eigentliche) Generator
   - der PASCAL-m-Compiler
   - der maschinenunabhängige Binder

Wichtigste Forderung an das Portierungsverfahren ist unser Anspruch,
daß eine Portierung in beiden Fällen *nicht* von der Verfügbarkeit
eines auf der Portierungszielmaschine existierenden Compilers abhängt.

(Zur Sprachregelung bezeichnen wir im folgenden als *Generierungsmaschine* einen Rechner, auf dem das POCO-System installiert ist, als *Portierungszielmaschine* oder kurz Zielmaschine den Rechner, auf den das System oder ein generierter Compiler übertragen werden soll.)

Als zusätzliche Randbedingungen werden folgende Eigenschaften des Portierungsverfahrens erwünscht:

- die Portierung eines generierten Compilers muß unabhängig von der Portierung des Systems erfolgen können.

- die Portierung des Systems sollte über dieselbe Schnittstelle erfolgen wie die Portierung eines generierten Compilers (speziell: ist eine Portierung eines generierten Compilers möglich, dann ist auch die Portierung des Systems wenigstens grundsätzlich möglich.)

- die Portabilität (für beide Fälle) soll nicht auf eine bestimmte Klasse von realen Maschinen beschränkt sein

- der Portierungsaufwand sollte vertretbar sein

- die nötige Effizienz sollte gewährleistet sein (dies gilt insbesondere für die generierten Compiler)

- das "Aufsetzen" auf eine bewährte Methode ist wünschenswert

Nach dieser Zusammenfassung der Portierungsaufgabe gehen wir nun auf die realisierte Portierungsmethode ein.

6.2. Das Portierungsverfahren.

Wie schon bei der allgemeinen Untersuchung von Software-Portabilität angedeutet, wird die Portierungsmethode in der Verwendung einer geeigneten Zwischensprache bestehen; eine zu übertragende Komponente muß dazu in einer zwischensprachlichen Form vorliegen. Wir wollen nun untersuchen, welche Kriterien eine Zwischensprache erfüllen muß, die speziell für die Portierung von Compilern (und des gesamten Systems POCO) geeignet sein soll.

Compiler sind Werkzeuge, von denen man mehr als ein durchschnittliches Maß an Effizienz erwarten muß; schließlich gehören sie zu den wohl am häufigsten gerechneten Programmen. Gleichzeitig ist es unser Ziel, (generierte) Compiler auf (möglichst alle) Maschinen zu übertragen. Beide Eigenschaften lassen sich, wie wir gesehen haben, nur dann erreichen, wenn das Niveau der verwendeten Zwischensprache hoch liegt und ihre (Rest-) Maschinenabhängigkeit möglichst gering ist.

Andererseits ist es wünschenswert, den vom Benutzer zu verantwortenden Teil des Portierungsaufwands (also den Übersetzer ZS ---> MS) so einfach wie möglich zu halten; dies verringert dann den nötigen Aufwand und hat damit auch Auswirkungen auf die Akzeptanz von der Benutzerseite. Diese Überlegungen müßten dann dazu führen, sich zu einer niveau-niedrigen, also mehr maschinenabhängigen Zwischensprache zu entscheiden; damit wären allerdings Einschränkungen hinsichtlich der Portabilität verbunden.

Aus rein praktischen Gründen ist bei der Wahl einer geeigneten Zwischensprache außerdem zu berücksichtigen, ob eine existierende Zwischensprache für unsere Problemstellung geeignet ist, welche Erfahrungen mit dieser Zwischensprache gemacht wurden sowie welche Verbreitung das zugrundeliegende Konzept erfahren hat.

Eine Zwischensprache, die die geforderten Eigenschaften aufweist, wird am ehesten in der Klasse der sprachorientierten Zwischensprachen zu finden sein; damit bedeutet die Entscheidung für eine Zwischensprache auch eine Entscheidung für eine höhere Programmiersprache. Ist jedoch (umgekehrt) schon eine Entscheidung hinsichtlich einer Implementierungssprache gefallen und existiert für diese Sprache ein Übersetzer in eine geeignete Zwischensprache, so wird dies ebenfalls die Entscheidung für eine bestimmte Zwischensprache beeinflussen. Da wir uns für (eine Variante von) PASCAL als Implementierungssprache entschieden haben, liegt p-Code als Zwischensprachen-Option nahe; der PASCAL-m-Compiler erzeugt daher bei der Übersetzung eines Programms p-Code.

p-Code zeichnet sich im Unterschied zu anderen Zwischensprachen gerade dadurch aus, daß er daraufhin konstruiert wurde, daß der erforderliche Schritt auf der Portierungszielmaschine einfach ist. Gerade dies ist jedoch für uns wesentlich: Man hat damit eine Möglichkeit, ein Programm (speziell also einen generierten Compiler) mit vertretbarem Aufwand auf einer realen Maschine zu installieren. Diese Vorgehensweise ist sicher, und der erforderliche Aufwand ist geringer als der bei der Verwendung von anderen Methoden (vgl. Kap. 3) und der bei anderen vorgestellten Zwischensprachen, mit Ausnahme von OCODE, wo jedoch im Rahmen unseres Konzepts geforderte Eigenschaften nicht zur

Verfügung stehen. Daß eine Portierung unter der Verwendung von p-Code möglich ist, zeigen viele erfolgreiche Beispiele speziell für die Übertragung von PASCAL-Compilern (vgl. [WeQ 72], [BaC 77], [DaP 80]); die Eignung von p-Code zur Übertragung generierter Compiler und des Generator-Systems betrachten wir noch genauer.

Damit ergibt sich p-Code als die Zwischensprache der Wahl, auf die wir das Portierungskonzept für POCO und die generierten Compiler basieren. Wir gehen daher im nächsten Abschnitt auf p-Code etwas genauer ein.

6.2.1. Die p-Code-Stack-Maschine.

Wir beziehen uns im folgenden stets auf die sog. Standard-p-Code-Version, die üblicherweise auch als p4-Code bezeichnet wird; dabei handelt es sich um eine Weiterentwicklung des ursprünglichen p-Codes, der p2-Code genannt wird.

Man kann p-Code als eine Assembler-Sprache für eine abstrakte Maschine verstehen. Dabei läßt sich seine Semantik operationell beschreiben in Form von Datenstrukturen und darauf definierten Operationen. Wegen dieser operationellen Definition bezeichnet p-Code sowohl den eigentlichen Code als auch das zugrundeliegende Maschinenmodell, nämlich die p-Maschine oder p-Code-Stack-Maschine. Wir schließen uns dieser gebräuchlichen Sprechweise an und verwenden die Begriffe synonym, sofern Mißverständnisse ausgeschlossen sind. Der folgende Abschnitt enthält eine informale Beschreibung der Stack-Maschine; eine genauere und vollständige Beschreibung findet sich in [NAJ 76] oder auch [PeD 82].

Die Stack-Maschine oder p-Code-Maschine ähnelt einem realen Rechner in der Weise, daß sie aus einem *Speicher* und den folgenden 5 *Register* besteht:

- **PC** : dem Programm-Zähler (program counter)
- **SP** : dem Stack-Pointer
- **MP** : dem Mark-Pointer
- **NP** : dem New-Pointer
- **EP** : dem Extreme-Stack - Pointer

Auf die Bedeutung der einzelnen Register wird im folgenden im Zusammenhang mit der Speicher-Organisation genauer eingegangen.

Der Speicher ist unterteilt in einen *Programmspeicher* (CODE) und einen Speicher zur Aufnahme von *Daten* (STORE), die beide aus Zellen, d.h. elementaren Speichereinheiten (z.B. Bytes oder Worte), aufgebaut sind. Entsprechend ist dann PC ein Zeiger in CODE, während die anderen Register in STORE zeigen.

Die Zellen des Programmspeichers CODE dienen zur Aufnahme der p-Code-Befehle eines Programms; ein p-Code-Befehl wird notiert in der Form:

$$\text{OP}\ t\ p\ q$$

mit:

   OP : (mnemonischer) Operations-Code, parametrisiert durch die
        Typ-Spezifikation t
        (t beschreibt einen Standard-Typ im Sinne von PASCAL)

   p,q: (optionale) Parameter.

Der Speicherbereich STORE ist konzeptionell in zwei Teile gegliedert: der eine dient zur Abspeicherung von Konstanten verschiedenen Typs, der andere wird als Datenspeicher während der Ausführung eines p-

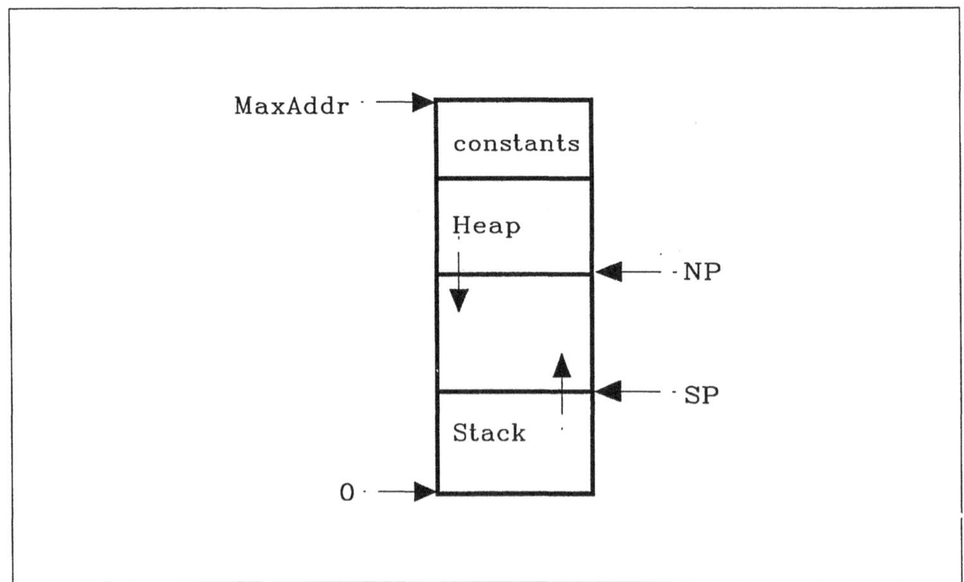

Bild 6.1: Die Organisation des Datenspeichers STORE der p-Maschine.

Code-Programms verwendet. Der Datenspeicher ist selbst ebenfalls in zwei Teile unterteilt, den STACK und den HEAP; der STACK beginnt bei Speicher-Adresse 0; die höchste verfügbare Adresse wird durch die Konstante MaxAddr beschrieben.

Zur Laufzeit wird die jeweils oberste Position von STACK mit dem Stackpointer SP angesprochen. Der HEAP dient zur Aufnahme dynamisch angelegter Variablen; er beginnt am oberen zur Verfügung stehenden Ende des Speichers, er "wächst" in Gegenrichtung zum STACK und wird über NP adressiert; man beachte, daß Bereichsüberschneidungen von STACK und HEAP möglich sind, sie können jedoch zur Laufzeit erkannt werden. Bild 6.1. zeigt die Aufbau des Datenspeichers STORE.

Typischerweise wird eine Operation der p-Maschine auf den Speicherzellen an der Spitze des STACKs ausgeführt; ein einfaches Beispiel ist die Addition zweier Werte a und b, die in folgender Befehlssequenz geleistet wird:

    (1) SP := SP + 1,lade a an die Spitze des Stacks;
        SP := SP + 1,lade b an die Spitze des Stacks;

    (2) addiere die beiden obersten STACKinhalte,
        SP := SP - 1, schreibe Ergebnis an oberste STACKzelle;

Dies ergibt auf dem STACK folgende Situation:

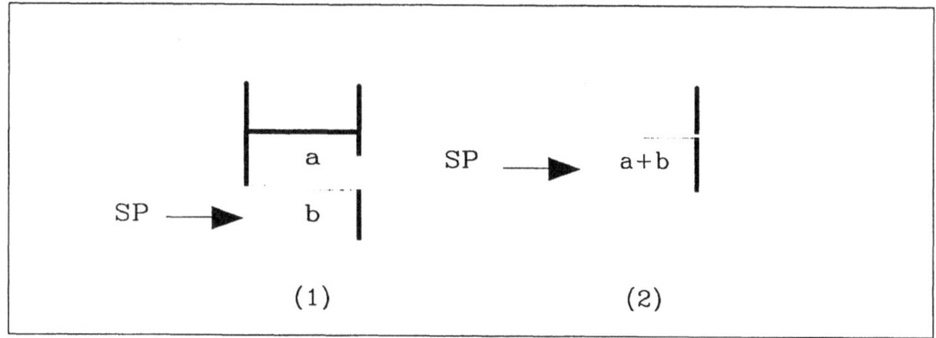

Bild 6.2: Typische Operation auf dem p-Maschinen-Stack.

Wichtig für das Verständnis der Funktionsweise der Stack-Maschine ist die weitere interne Strukturierung des STACKs; durch sie ergibt sich eine natürliche Korrespondenz zwischen der dynamischen Auswertung

eines PASCAL-Programms und seinem statischen Text, und zwar dadurch,
daß die notwendigen Prozedur-Aufrufsketten dynamisch verwaltet werden können.

Der STACK besteht während der Ausführung eines Programms aus einer
Folge von Daten-Segmenten (den *Stack-Rahmen*, also activation re-
cords), von denen jedes zu einem aktivierten Block des zugehörigen
PASCAL-Programms gehört; das erste Segment wird dem äußeren (in
PASCAL dem Hauptprogramm entsprechenden Block) zugeordnet.

Ein Stack-Rahmen gliedert sich in folgende Teile:

  - den "mark-stack" - Teil
  - den "parameter"-Teil
  - den Teil, der block-lokale Daten (=Variablen) aufnimmt

sowie

  - den Teil, der zur Aufnahme temporärer Daten dient, wie sie etwa
    bei der Auswertung von Ausdrücken benötigt werden.

Der "mark-stack"-Teil trägt die Information zur Verwaltung der Prozedur-Aufrufe; er besteht aus folgenden Komponenten:

  1. eine Speicherzelle zur Aufnahme eines Funktions-Ergebnisses
     (falls es sich bei dem zug. aktivierten Block um eine Funk-
     tionsprozedur handelt, sonst bleibt die Zelle unbesetzt)

  2. eine Speicherzelle zur Aufnahme der statischen Prozedur-
     Aufrufsbeziehungen (zeigt auf den Beginn des Stack-Rahmens
     des statisch umgebenden Blocks)

  3. eine Speicherzelle zur Aufnahme der dynamischen Aufrufs-
     beziehung (zeigt auf den Beginn des Stack-Rahmens des dyna-
     misch vorhergehenden Blocks)

  4. eine Zelle, deren Wert (bei einer Blockaktivierung) angibt,
     wie groß der block-lokale Daten-Bereich (Parameter + lokale
     Variablen + temporäre Daten) sein kann; dieser Wert kann
     zur Compile-Zeit berechnet werden.

  5. eine Zelle zur Aufnahme der Prozedur-Rücksprungadresse.

Die folgenden Angaben beziehen sich auf Bild 6.3:

MP   zeigt stets auf den Beginn des obersten Stack-Rahmens; der
      oberste Stack-Rahmen korrespondiert zu der dynamisch zu-
      letzt aktivierten Prozedur.

SP   zeigt auf den Beginn,
EP   auf das Ende des freien Stack-Bereichs jedes Rahmens; beide Größen werden relativ zum Beginn des Stack-Rahmens zur Compile-Zeit berechnet.
NP   zeigt auf den Beginn des zum Heap gehörenden Freispeichergebiets; NP kann nur durch die PASCAL-Prozeduren **New** und **Release** verändert werden; Überschneidungen von Stack und Heap können zur Laufzeit durch einen Vergleich von EP und NP festgestellt werden.

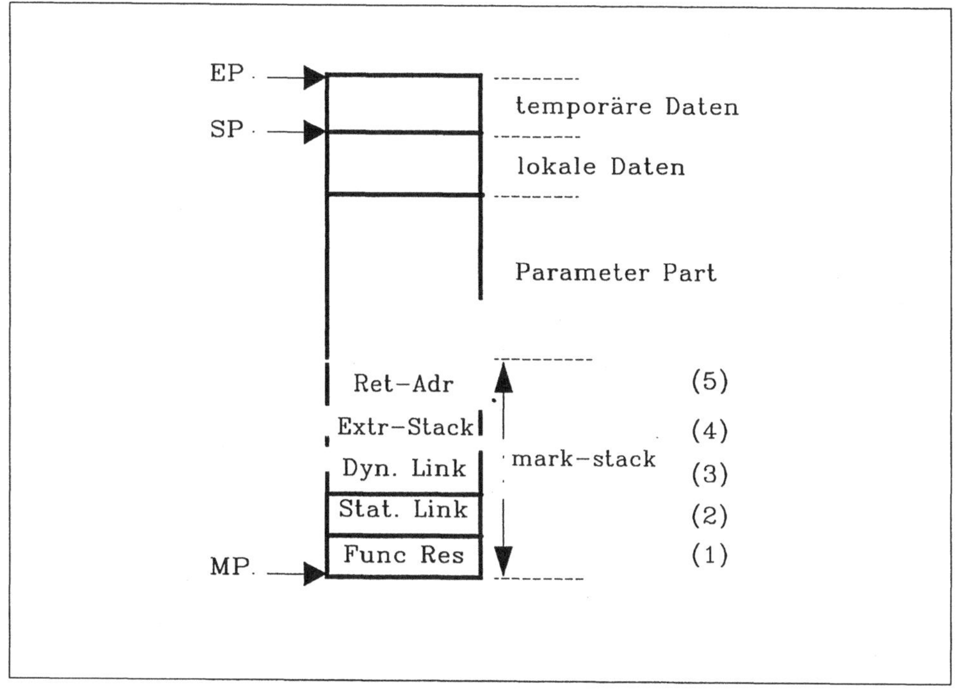

Bild 6.3: Struktur eines Stack-Rahmens (activation record).

Der Parameter-Teil ist in zwei Komponenten gegliedert:

1.   Teil 1 erhält Zeiger in den Speicher-Bereich STORE, falls es sich um call-by-reference bzw. call-by-value-Parameter vom Typ **record** oder **array** handelt
oder
den tatsächlichen Wert eines call-by-value-Parameters, falls dessen Typ ein Standard, skalar, subrange, pointer oder Mengen-Typ ist.

2.   Teil 2 enthält ausschließlich call-by-value-Parameter vom **array** oder **record**-Typ; die Werte solcher Parameter werden zur Laufzeit bei Blockeintritt kopiert.

Bei einem Prozedur-Aufruf wird durch die Ausführung eines sog. "mark-stack-Befehls" (MST) die Anlage und Belegung eines neuen activation records angestoßen. Danach wird eine Folge von Befehlen ausgeführt, die Teil 1 des Parameter-Teils belegen; erst danach erfolgt der eigentliche Sprung ins Unterprogramm. Das Kopieren von "großen" Datenstrukturen erfolgt am Anfang der Befehlsfolge im Unterprogramm.

Die Befehlssequenz zum Aufruf einer Prozedur gliedert sich somit in die beiden folgenden Teile, die zusammen die Verwaltung der Stack-Rahmen besorgen:

1. im aufrufenden Block:

        MST 0
        [Codefolge zum Laden der Parameter]
        CUP i Lx

    Die erste Instruktion bewirkt die Anlage eines neuen Stack-Rahmens und eine teilweise Belegung mit Werten. Mit CUP erfolgt der Sprung ins Unterprogramm unter der CODE-Addresse Lx, i enthält einen Wert, der den benötigten Speicherplatz für die Parameter angibt. Bei einer parameterlosen Prozedur ist die Befehlsfolge zum Laden der Parameter natürlich leer.

2. am Beginn der Befehlsfolge der aufgerufenen Prozedur :

        ENT 1 var_size
        ENT 2 stack_size

    var_size und stack_size sind dabei Konstanten, die die neuen, dem Block der aufgerufenen Prozedur entsprechenden, Werte für SP und EP tragen.

Beim Verlassen einer Prozedur (im Code ausgedrückt durch den Befehl RET) wird der zuletzt angelegte Stack-Rahmen aufgegeben und die Register mit den Werten des mark-stack-parts des nun obersten Stack-Rahmens besetzt. Das Hauptprogramm wird wie eine parameterlose Prozedur behandelt und am Anfang eines Programms aufgerufen. Wir geben ein Beispiel für die Übersetzung eines PASCAL-Programms nach p-Code durch den PASCAL-m-Compiler:

```
LINE    LOC LEV  PASCAL-m - Compiler V1.3 (10/20/1982) ** PAGE 1

  1      9   1
  2      9   1   (*$L+,C+*)
  3      9   1
  4      9   1   program pcode_example (output);
  5      9   1
  6      9   1      procedure callfak;
  7      5   2         var i : integer;
  8      6   2
  9      6   2         function fakultaet (n : integer) : integer;
 10      6   3         begin
 11      3   3           if N = 1 then fakultaet := 1
 12      9   3           else fakultaet := N * fakultaet (n-1);
 13     20   3         end;
 14     21   3
 15     21   3         begin
 16     21   2           i := 3;
 17     25   2           writeln (output,fakultaet(i):3);
 18     33   2         end;
 19     34   2
 20     34   2   begin
 21     34   1      callfak;
 22     38   1   end.

        NO  ERROR(S) DETECTED
        42 P-CODE INSTRUCTIONS GENERATED
```

Die Übersetzung des obigen Programms liefert das folgende p-Code-Programm[1]; man beachte, daß die p-Code-Instruktionen (soweit sinnvoll) durch die Angabe einer Typ-Kennnung die typabhängige Manipulation von Objekten zulassen.

```
S='PCODE_EX'
L  5: 'FAKULTAE'              -- Funktion "FAKULTAET"
  ENT  1   L   6
  ENT  2   L   7
  LODI 0       5
  LDCI         1
  EQUI
  FJP      L   8
  LDCI         1
  STRI 0       0
  UJP      L   9
```

---

1) Eine tabellarische Zusammenstellung der p-Code-Instruktionen findet sich im Anhang A; das Beispiel enthält (marginale) Modifikationen des Original-p-Code-Formats; diese sind jedoch unerheblich, da sie im wesentlichen nur zusätzliche Kontrollinformation beinhalten.

```
L    8
  LODI  0       5
  MST           1            -- Stackrahmen anlegen
  LODI  0       5
  LDCI          1
  SBI
  CUP   1   L   5            -- (rekursiver) Aufruf
  MPI
  STRI  0       0            -- Ablage des Funktions-Ergebnisses
L    9
  RETI                       -- Verlassen der Funktion;
L    6=         6               Ergebnis von Typ integer
L    7=         8
L    4: 'CALLFAK '           -- Rumpf der Prozedur "CALLFAK"
  ENT   1   L   10
  ENT   2   L   11
  LDCI          3
  STRI  0       5
  MST           0            -- Stackrahmen anlegen
  LODI  0       5            -- ein Parameter, Typ integer
  CUP   1   L   5            -- Aufruf von "fakultät"
  LDCI          3
  LDA   1       6
  CSP           WRI
  LDA   1       6
  CSP           WLN
  RETP                       -- Verlassen der Prozedur
L   10=         6
L   11=         8
L   12                       -- Rumpf des Hauptprogramms
  ENT   1   L   13
  ENT   2   L   14
  MST           0            -- Aufruf der Prozedur "CALLFAK" ;
  CUP   0   L   4               keine Parameter-Übergabe.
  RETP
L   13=         9
L   14=         5
Q    9
  MST           0            -- Aufruf des Hauptprogramms;
  CUP   0   L   12              wird wie eine parameter-lose
  STP                          Prozedur behandelt; nach Rückkehr
Q                              Programmende (STOP).
```

6.2.2. Rest-Maschinenabhängigkeiten in p-Code.

Obwohl p-Code ausschließlich aufgrund der Erfordernisse der Programmiersprache PASCAL ohne eine spezielle Orientierung an eine reale
Maschine entwickelt wurde, enthält er Eigenschaften, die Details einer realen Maschine beinhalten; es handelt sich dabei um den Zeichen-

satz und die typabhängige Speicherplatzvergabe.

Diese (Rest-)Maschinenabhängigkeiten sind nach Konstruktion in p-Code enthalten; sie stellen (nach der Ansicht der Autoren, vgl. [NAJ 76]) den geeigneten Kompromiß zwischen völliger Maschinenunabhängigkeit und zu starker Maschinenorientierung dar, der die zu fordernde Effizienz des Portierungsverfahrens und eines p-Code-Programms auf einer Zielmaschine garantiert. Damit bedeuten diese Eigenschaften keinen eigentlichen Nachteil, sie müssen allerdings bei einer Portierung berücksichtigt werden. Wir gehen daher kurz darauf ein.

1. Zeichensatz-Abhängigkeit.

Die Zeichensatzabhängigkeit entsteht dadurch, daß in ein p-Code-Programm Codierungsinformationen einfließen, wie sie auf der Generierungsmaschine, jedoch nicht notwendigerweise auf der Zielmaschine vorliegen. Dies ist so zu verstehen, daß compiler-intern eine bestimmte Zeichensatz-Codierung verwendet wird und diese Codierung in den generierten Code übertragen wird. Wir verschaulichen das Problem durch folgendes Beispiel (vgl. [Ped 82]):

Eine Übersetzung einer Referenz auf a['1'] mit

var a : **array** ['0'..'9'] **of** integer;

liefert folgendes p-Code-Segment:

```
LDA   0   5
LDCC  '1'
ORDC
CHKI  48  57        <----
DECI  48
IXA       2
```

Dabei sind die Zahlen 48 und 57 in der markierten Zeile
die compiler-interne Codierung der Zeichen '0' und '9'
(als der array-Grenzen) auf der Compilierungs-Maschine.

Falls die (Portierungs-)Zielmaschine einen anderen Zeichensatz verlangt, ist das p-Code-Segment auf dieser Maschine nicht lauffähig; dieses Problem hat in der Vergangenheit zu Schwierigkeiten bei der Portierung des p-Compilers geführt, da die Zeichensatz-Abhängigkeiten nachträglich kaum mehr in einem p-Code-Programm revidiert werden können.

Das Problem entsteht durch die im Original-p-Code-Compiler nicht vorhandene Möglichkeit zur Parametrisierung mit einem anderen als auf der Installationsmaschine gültigen Zeichensatz. Der PASCAL-m-Compiler ist deswegen dahingehend geändert, daß eine solche Parametrisierung (einfach) möglich ist; damit ist eine sichere Anpassung an die jeweilige Zielmaschine gewährleistet.

2. Typabhängige Speicherplatzbelegung.

In einem p-Code-Programm sind deklarierten oder temporären Variablen feste Speicherplatzadressen während der Compilierung zugeordnet. Diese Speicheradressen sind abhängig von dem individuellen Platzbedarf eines Objekts. Da sich alle Objekte aus Standard-Typ-Elementen zusammensetzen, wird eine Angabe über den Platzbedarf dieser Standard-Typen benötigt; zusätzlich ist eine Angabe über die Ausrichtung auf bestimmte Speicheradressen möglich. Üblicherweise geschieht die Parametrisierung durch die Angabe von Konstanten, die die benötigten Angaben enthalten (vgl. S.127f!).

6.2.3. Zwei Beispiele für die Verwendung von p-Code.

Bevor wir auf die Verwendung von p-Code im Rahmen von POCO genauer eingehen, beschreiben wir kurz zwei Beispiele für die Verwendung von p-Code, um dessen Leistungsvermögen zu demonstrieren. Es handelt sich dabei um Modifikationen des p-Codes, um ihn für spezielle Einsatzbereiche zu verbessern; das zugrundeliegende Maschinen-Modell blieb dabei im wesentlichen unverändert. Wir gehen im folgenden auf zwei dieser p-Code-Varianten ein (vgl. dazu auch [Nel 79]!).

UCSD Pascal

UCSD-p-Code [UCS 78] wird in einem Pascal-System für Mikro-Rechner (unter extremen Speicherplatzbeschränkungen) verwendet; dieses System hat eine große Verbreitung erfahren und wird allgemein als gelungen bezeichnet; den einzigen wesentlichen Kritikpunkt bietet die Tatsache, daß das System interpretativ auslegt ist, d.h. übersetzte Programme (insbes. auch der Pascal-Compiler selbst) durch einen In-

terpreter ausgeführt werden. Dadurch sind die Laufzeiten natürlich
entsprechend lang.

Die vorgenommenen Modifikationen betreffen daher auch im wesentlichen
Speicherplatzoptimierungen. Diese ergeben sich vor allem durch ein
variables Instruktionsformat (ein durchaus modernes Konzept) und die
extensive Verwendung impliziter Operanden. Letzteres wurde dadurch
begünstigt, daß der Instruktionssatz von p-Code einen Umfang von nur
61 Instruktionen hat; in UCSD-p-Code wurde die Anzahl der Instruktionen auf 256 erweitert, wobei die Länge der meisten Instruktionen auf
1 Byte (im Mittel 1.5 Byte) Speicherplatz beschränkt werden konnte.

U-Code/LASL-p-Code

U-Code [SiP 79] ist eine Variante von p-Code, die ursprünglich als
Schnittstelle zur Code-Optimierung entwickelt wurde; gleichzeitig er-
gab sich durch U-Code ein Werkzeug zur Erzielung von Portabilität für
Compiler, speziell für PASCAL und FORTRAN. LASL-p-Code [Sit 79],
[PeS 79] ist eine weitere p-Code-Variante, die als Code-Generierungs-
schnittstelle für Compiler für PASCAL und MODEL (eine PASCAL-ähnliche
Programmiersprache) zu CRAY-1-Rechnern benutzt werden; Programme in
U-Code können in LASL-p-Code-Programme konvertiert werden und umge-
kehrt.

Die Unterschiede von U-Code gegenüber p-Code bestehen im wesentlichen
in der Möglichkeit, für Optimierungen relevante Information auf Zwischencode-Ebene darzustellen; verschiedene zusätzliche p-Code-Befehle
sollen kompaktere Programme ermöglichen. Die Modifikationen von LASL-
p-Code bzgl. Standard-p-Code betreffen Verbesserungen hinsichtlich
der Speicherplatzzuordnung *und* (insbesondere) der Code-Generierung,
allerdings bei starker Orientierung an den CRAY-1-Rechner; andere
Modifikationen beziehen sich auf die Schaffung von Schnittstellen zu
Unterprogrammen (in anderen Programmiersprachen). Wesentlich sind
hier Änderungen bzgl. Standard-p-Code, soweit sie das Adressierungsschema betreffen; es existieren die zusätzlichen Typen *Register* und
common memory block. Register dienen zur effizienten Ausnutzung der
Register einer realen Maschine; ein *common memory block* dient zur
Schnittstellen-Definition zu (speziell FORTRAN-) Routinen. Gleichzeitig wurde die Basis-Einheit des (Datenspeicher-) Adressraums von
Worten zu bits geändert; dadurch wird natürlich eine Spezifizierung
der Länge eines Datenobjekts in bit nötig. Durch die neue Basis-

Einheit wird speziell das <u>packed</u>-Konzept (wie etwa in Pascal) unterstützt.

Unter Beibehaltung des ursprünglichen Modells der abstrakten p-Maschine sind UCSD-p-Code und U-Code Varianten von Standard-p-Code, die sich an den besonderen Gegebenheiten des beabsichtigten Einsatzbereichs orientieren. Beide Beispiele demonstrieren die Verwendungsmöglichkeit von p-Code über das gesamte Spektrum der heute existierenden Rechner; dies ist ein Hinweis auf die Flexibilität des p-Code zugrundeliegenden abstrakten Maschinenmodells.

Es ist nun zu untersuchen, warum wir für unser Konzept zu Standard-p-Code zurückkehren. Die Antwort darauf ergibt sich aus unserer Forderung nach Portabilität. Bei der Betrachtung der oben vorgestellten Beispiele darf nämlich nicht übersehen werden, daß in beiden Konzepten Leistungsverbesserungen nur durch eine Verringerung der Portabilität erreicht wurden, indem die p-Code-Varianten enger an eine reale Maschine ausgerichtet wurden[1]; genau dies beabsichtigen wir jedoch nicht.

6.3. Die Eignung von p-Code im Rahmen der POCO-Konzeption.

Es bleibt zu überprüfen, ob p-Code (also Standard-p-Code) für eine Verwendung im des Rahmen CGS POCO als Portierungsmittel für das Generator-System *und* die von ihm generierten Compiler geeignet ist.

Wir untersuchen zunächst die Eignung für den *Compiler-Generator*. Hier ist die Aufgabe einfach, da es sich dabei im wesentlichen nur um ein - wenn auch komplexes Programm - handelt. Da dieses Programm in PASCAL geschrieben ist, läßt es sich leicht auf eine abstrakte Maschine abbilden, deren Architektur sich speziell an die Eigenschaften dieser Programmiersprache anlehnt. Zudem ist der Generator (wie in einem früheren Abschnitt genauer beschrieben) stark an den PASCAL-Compiler angelehnt, was vermuten läßt, daß eine Darstellung des Gene-

---

1) Man kann LASL-p-Code daher eher als maschinenspezifische Zwischensprache (für die CRAY-1) bezeichnen; dies ist allerdings auch ein Hinweis auf die Flexibilität von p-Code, der auf einem variablen Bereich zwischen den Sprach- und den Maschinen-orientierten Zwischensprachen einzuordnen ist.

rators als p-Code-Programm zumindest vergleichbar mit der p-Code-Form des PASCAL-Compilers ist.

Die Eignung der p-Maschine für (durch POCO generierte) *Compiler* liegt eigentlich nahe, wenn man den Ursprung des p-Codes betrachtet; schließlich wurde p-Code ja gerade auch zur Darstellung eines (wenn auch speziellen) Compilers entwickelt. Es ist daher nicht einzusehen, warum die Eignung von p-Code für generierte Compiler anders bewertet werden sollte als für einen "handgeschriebenen". Wesentlich für unser Konzept ist jedoch, daß die durch POCO generierten Compiler (da sie als PASCAL-Programme erzeugt werden können) PASCAL-Struktur aufweisen und somit in p-Code semantisch äquivalent ausgedrückt werden können; die Abbildung in p-Code kann durch den PASCAL-m-Compilers vorgenommen werden.

Wir müssen an dieser Stelle ausdrücklich darauf hinweisen, daß wir p-Code *ausschließlich* als *Portierungsmittel* verwenden; dieser Hinweis gilt insbesondere hinsichtlich der generierten Compiler. Es handelt sich speziell *nicht* darum, daß p-Code als *Zielcode* für die in diesem Compilern verwendete Code-Generierung geeignet sein muß; dies wird i.a. nicht der Fall sein[1]. In den generierten Compilern ist die Beschreibung der Code-Generierung Aufgabe des Benutzers und die verwendete Form in der Regel von der konkreten Portierungs- und Übersetzungs-Zielmaschine abhängig.

Der Fall, daß ein generierter Compiler seinerseits eine quellsprachliche Eingabe nach p-Code übersetzt, ist daher ein Spezialfall, der nur dann möglich ist, wenn die jeweilige Programmiersprache (für die ein Compiler generiert werden soll) die Verwendung von p-Code zuläßt. Ist dies der Fall, so kann allerdings die hier vorgeschlagene Portierungsmethode auch für die durch den generierten Compiler übersetzten Programme verwendet werden.

Da wir also streng zwischen der Eignung von p-Code zur Darstellung von Compilern für eine Programmiersprache und der (zwischensprachlichen) Darstellung von Programmen in einer Programmiersprache unterscheiden, entsteht in unserem Verfahren nicht das Problem, das etwa [Kas 76] zu einer Ablehnung von p-Code (wegen zu starker Sprachorien-

---

1) Probleme ergeben sich etwa bei der Darstellung der call-by-name Parameter-Übergabe (ALGOL60), da in p-Code Programmspeicher-Adressen nicht als Parameter übergeben werden können; entsprechende Modifikationen von p-Code sind jedoch einfach.

tierung an PASCAL) geführt hat. Die in [Kas 76] entwickelte abstrakte Maschine AMICO ist nach Konstruktion so angelegt, daß sie speziell auch für die Darstellung von Programmen geeignet ist, die von einem (durch einen Übersetzer-Generator erzeugten) Übersetzer übersetzt werden sollen; dieser Anspruch wird aber auch für die AMICO-Maschine (in ähnlicher Weise) eingeschränkt. Eine Installation der AMICO-Maschine auf einem realen Rechner ist jedoch wesentlich aufwendiger als etwa der p-Maschine.

Im Gegensatz zu dem in [Kas 76] beschriebenen Anspruch beschränken wir uns darauf, eine geeignete abstrakte Maschine zu verwenden, die die Technik (und den Aufwand) der Übertragung vertretbar niedrig hält; dabei stützen wir uns auf eine existierende, weit verbreitete und in ihrer Leistungsfähigkeit bestätigten abstrakte Maschine. Dabei gibt es die zusätzliche angenehme Eigenschaft, daß es sich bei der Standard-p-Maschine um eine sehr einfache und damit für die Weiterverarbeitung schnell zugängliche Maschine handelt.

6.4. Das Portierungsverfahren für das System und die generierten Compiler.

Wir wollen nun auf die konkrete Vorgehensweise eingehen, die die Portierung des CGS POCO und der generierten Compiler zuläßt; die Vorgehensweise ist (zumindest auf der Zielmaschine) analog zu der in [NAJ 76] vorgeschlagenen Form.

Die generelle Vorgehensweise zur Portierung besteht darin, eine zu übertragende Komponente auf der Generierungsmaschine auf die p-Code-Schnittstelle abzubilden; auf der Zielmaschine ist dann eine entsprechende p-Code-Umgebung zu erstellen. Die eigentliche Portierung besteht dann in der Übertragung der Komponente als p-Code-Objekt auf diese Umgebung der Zielmaschine; als Übertragungsmedium wird eine sequentiell strukturierte Datei benötigt, die die textliche Darstellung von p-Code tragen kann.

Die Abbildung auf die p-Code-Schnittstelle kann stets durch den PASCAL-m-Compiler erfolgen:

- ein zu übertragender, generierter Compiler läßt sich in PAS-
  CAL-m-Quelltextform darstellen und kann durch den PASCAL-m-
  Compiler in p-Code übersetzt werden

- die Komponenten des Compiler-Generierenden Systems sind in
  PASCAL-m formuliert und können ebenfalls durch den PASCAL-m-
  Compiler in p-Code übersetzt werden

Bei der Betrachtung des Portierungsaufwands unterscheiden wir den
nötigen Aufwand auf der Generierungsmaschine und der Zielmaschine.
Wegen der in p-Code enthaltenen (Rest-) Maschinenabhängigkeiten soll
der Portierungsaufwand so verteilt werden, daß alle wesentlichen
Aufgaben zum Erzielen einer portierfähigen Fassung einer zu übertragenden Komponente auf der Generierungsmaschine vorgenommen werden.
Dies geschieht deshalb, weil anzunehmen ist, daß dies hier leichter
auszuführen ist (da eine geeignete Umgebung existiert) und sich
dadurch Probleme auf der Zielmaschine vermeiden lassen.

Wir betrachten nun den Portierungsaufwand auf der Generierungs- und
Zielmaschine genauer.

6.4.1. Der Portierungsaufwand auf der Generierungsmaschine.

Der Portierungsaufwand auf der Generierungsmaschine besteht darin,
die portierfähige Fassung einer zu übertragenden Konponente zu erstellen; wir nennen eine solche Fassung portierfähig, wenn sie in
Standard-p-Code vorliegt und auf die Zielmaschine (hinsichtlich Zeichensatz und Speicherplatzbeschreibung) abgestimmt ist.

Im Rahmen von POCO ergibt sich der auf der Generierungs-Maschine
nötige Aufwand durch die Rest-Maschinenabhängigkeit in p-Code und die
nach System-Konstruktion vorgenommene Erweiterung der Programmiersprache PASCAL um separat übersetzbare Moduln.

Auf der Generierungs-Maschine müssen daher folgende Punkte berücksichtigt werden:

1. Für den Übersetzungsvorgang

      zu portierende Komponente --> p-Code

   müssen der Zeichensatz sowie die Speicherplatzzuordnung (in
   Abhängigkeit vom Platzbedarf der Standard-Typen) der *Zielmaschine* berücksichtigt werden.

2. Wegen der Möglichkeit der separaten Compilierung von Moduln
   durch den PASCAL-m-Compiler, die speziell die unabhängige
   Entwicklung benutzereigener Moduln unterstützt, enthält der
   nach Übersetzung dieser Moduln entstandene p-Code Informationen, die das Zusammenfügen (Binden) der Moduln zu einem kompletten Programm ermöglichen.

   Da wir die Portierung über Standard-p-Code wünschen, muß das
   Zusammenfügen der verschiedenen Komponenten auf der Generierungsmaschine erfolgen; für die eigentliche Portierung muß
   ein Standard-p-Code-Segment vorliegen, in dem alle separat
   compilierten Moduln eingebunden sind.

Für diese beiden Punkte geben wir an, welche Lösung im Rahmen von
POCO vorgenommen wurde.

6.4.1.1. Behandlung von Zeichensatz und typabhängiger Speicherplatzzuordnung.

In der ursprünglichen Fassung des Vorbilds des PASCAL-m-Compilers gab
es keine Möglichkeit, Einfluß auf den erzeugten Code zu nehmen, soweit der Zielmaschinen-Zeichensatz betroffen ist. Dies führte (bei
etlichen Portierungsansätzen) zu Problemen.

Zur Vermeidung dieser Schwierigkeiten erlaubt der PASCAL-m-Compiler
die Parametrisierung mit dem Zeichensatz der Zielmaschine. In durch
den PASCAL-m-Compiler erzeugtem Code sind alle Einflüsse des Zeichensatzes der Generierungsmaschine unterdrückt; der so erzeugte Code bereitet hinsichtlich des Zeichensatzes keine Schwierigkeiten bei einer
Portierung. Die nötige Änderung im Compiler ist minimal.

Außer durch den Zeichensatz kann der PASCAL-m-Compiler mit Angaben
über den *Platzbedarf* und die *Ausrichtung* (*alignment*) von Objekten von
Standard-Typen auf der Zielmaschine parametrisiert werden; die benötigten Angaben sind im einzelnen:

```
INTSIZE/INTAL  : für Objekte vom Typ integer
REALSIZE/REALAL :              "         real
CHARSIZE/CHARAL :              "         char
BOOLSIZE/BOOLAL :              "         boolean
PTRSIZE/PTRAL   :              "         pointer (Adresse)
SETSIZE/SETAL   :              "         set
```

Man beachte, daß die Angaben für real-Objekte nötig sind, da der Typ
<u>real</u> nur als Attribut-Typ in der CGS-Eingabe, nicht jedoch in der

PASCAL-m-Syntax ausgeschlossen ist; ein Benutzer kann durchaus in semantischen Moduln (lokale) Variablen des Typs _real_ verwenden. Die
Größe des einer Menge zugrundeliegenden Basisbereichs ist (nach POCO-
Konstruktion) auf 256 Elemente festgelegt. Zusätzlich erfordert der
PASCAL-m-Compiler folgende Angaben über die Zielmaschine:

        STACKELSIZE/STACKAL : der Platzbedarf und die Ausrichtung
                               eines Elements des p-Maschinen-Stacks

        STRLENGTH   : die (maximale) Länge von konstanten
                               Zeichenketten

        MININT/MAXINT   : die kleinste/größte darstellbare ganze Zahl

        SETLOW/SETHIGH   : kleinster/größter Ordinal-Wert
                               eines Elements einer Menge

        ORDMINCHAR/   : kleinster/größter Ordinal-Wert
        ORDMAXCHAR   des Zeichensatzes

Zur Parametrisierung des PASCAL-m-Compilers mit den auf der Zielmaschine gültigen Werten gibt es die folgenden beiden Möglichkeiten:

1. Korrektur der (in PASCAL-m vorliegenden) Quelltextform des
   PASCAL-m-Compilers und anschl. Übersetzung des modifizierten
   Compilers durch den auf der Generierungsmaschine installierten Compiler. Diese Übersetzung liefert einen (in der p-Code-
   Umgebung der Generierungsmaschine lauffähigen) Compiler, der
   mit den Daten der Zielmaschine parametrisiert ist und die gewünschte Abbildung der zu portierenden Komponenten auf die p-
   Code-Ebene leistet.

2. Die notwendige Parametrisierung läßt sich - bei geringfügiger
   Modifikation des Compilers - so lösen, daß bei Angabe der
   Parametrisierungs-Daten (in einer Art Pre-Dialog) die compiler-internen Tabellen zielmaschinen-orientiert umbesetzt werden. Die notwendige Änderung im Compiler beinhaltet (neben
   der Realsierung des Parametrisierungs-Operators) nur eine Änderung der Darstellung der Zielmaschinen-Parameter als Variablen anstatt als Konstanten, wie sie im Original-Compiler
   vorlagen. Der Parametrisierungsvorgang wird durch eine Option
   im Compiler signalisiert; Eingaben sind die Parametrisierungsdaten in lesbarer Form.

Nachteil der 1. Möglichkeit ist die notwendige Quelltext-Manipulation, die wir als problematisch ansehen. Wir haben uns daher in POCO
für die letztgenannte Möglichkeit entschieden, da wir sie für weniger
aufwendig und sicherer halten. Es sei (als Vorgriff auf Kap. 7) darauf hingewiesen, daß eine Parametrisierung des (eigentlichen) Generators auf gleiche Weise vorgenommen werden kann; die Parametrisie-

rung erfolgt für beide Komponenten auf *denselben* Parametrisierungs-
daten; dadurch sind Schnittstellen-Probleme ausgeschlossen. Man beachte, daß beide Komponenten auf der Generierungsmaschine (ohne Neu-
Übersetzung) lauffähig bleiben, die generierten/übersetzten jedoch
nur auf der Zielmaschine.

6.4.1.2. Das Binden der separat compilierten Moduln.

Wie angeführt gehört zum Portierungsaufwand auf der Generierungsmaschine auch das Zusammenfügen der separat übersetzten Moduln zu
einem vollständigen Programm in Standard-p-Code.

Ein Konzept, das die separate Compilierung von Programmteilen beinhaltet, muß sich notwendigerweise auf Systeme stützen, die die erzeugten Codesequenzen zu lauffähigen Programmen zusammensetzen.
Systeme, die diese Aufgaben erfüllen, - im allgemeinen *Binder* genannt
- arbeiten in der Regel auf der Maschinencode-Ebene, indem sie den
von Übersetzern erzeugten Codesequenzen Laufzeit-Programmadressen
bzw. den Variablen Speicherplatzadressen zuordnen.

Wenn man Portabilität in der von uns vorgesehenen Form erhalten will,
ist es klar, daß die Aufgabe des Bindens aus der Maschinencode-Ebene
auf eine höhere Ebene verlagert werden muß; die Generierung von
Maschinencode ist per se eine spezielle Aufgabe, die von der konkreten Maschine abhängt. Als Alternative bietet sich hier die Zwischencode-Ebene an.

Aus dieser Überlegung heraus entstand das im folgenden beschriebene
Konzept eines maschinenunabhängigen Binders, der den PASCAL-m-Compiler im Rahmen von POCO in einfacher Weise ergänzt; es wird dabei vorausgesetzt, daß die zu bindenden Komponenten in der Form von p-Code-
Segmenten vorliegen, wie sie bei Übersetzung durch den PASCAL-m-Compiler entstehen. Man beachte, daß hier unter Binden natürlich nur das
Zusammenfügen von separat übersetzten Moduln verstanden wird, also
nicht etwa das Anbinden von Laufzeitroutinen u.ä.

Bevor wir das eigentliche Binder-Konzept beschreiben, müssen wir kurz
auf die Codegenerierung für Moduln bei der Übersetzung durch den
PASCAL-m-Compiler eingehen.

6.4.1.2.1. Zur Code-Generierung für Moduln.

Die Code-Generierung für Moduln orientiert sich an der üblicherweise
in PASCAL-Compiler vorgesehenen Methode; dies ist insbesondere deshalb einfach möglich, da die Struktur der Moduln auf die schon in
PASCAL vorgesehenen Konzepte abgebildet werden kann. Aus diesem
Grunde sind auch nur geringfügige Modifikationen des p-Codes notwendig. Wir beschreiben nun die Codegenerierung für die wesentlichen
Teile eines Moduls.

Modul-Rumpf und modul-lokale Prozeduren.

Bezüglich der Code-Generierung wird der Rumpf eines Moduls wie eine
Prozedur behandelt, d.h. es wird Code wie für eine übliche (parame-
terlose) Prozedur erzeugt. Für diese Prozedur wird ein Aufruf gene-
riert, und zwar zu Beginn der Anweisungsfolge des Blockes, in dem das
Modul deklariert ist. Explizit wird für diesen Aufruf die p-Code-
Sequenz:

```
    MST     0
    CUP   0 Li
```

generiert, wobei Li das Label der Prozedur ist, die für den Modul-
Rumpf erzeugt wurde.

Modul-lokale Prozeduren werden in üblicher Weise in p-Code übersetzt;
man beachte, daß modul-lokale Prozeduren stets auf dem Blockniveau
des umfassenden Blockes +1 stehen. (Modul-lokale Prozeduren sind die
Prozeduren, die im *implementation*-Teil eines Moduls deklariert sind.)

Speicherplatzvergabe für modul-lokale Variablen

Da für modul-lokale Variablen gefordert wird, daß sie während der gesamten Aktivierungszeit des umfassenden Blockes existieren, werden
die im Modul deklarierten Datenstrukturen an Speicherplätze gebunden,
die sich auf dem Laufzeit-Stackbereich des umfassenden Blockes befin-
den.

Da der Zugriff auf modul-lokale Variablen nach Konstruktion nur (von außen) über die Schnittstellen-Prozeduren bzw. (aus dem Modul-Inneren) über die modul-internen Prozeduren erfolgen kann, ist es einfach, für diese Prozeduren die korrekte Adressierung zu berechnen. Die Adressierung erfolgt über die Kette der dynamischen Vorgänger relativ zum Anfang des Laufzeit-Stacksegments eines Blockes. Zur Generierung der korrekten Zugriffe müssen also nur die modul-lokalen Prozeduren einen zusätzlichen Schritt in der Kette der statischen Vorgänger zurückgehen, um die korrekte Anfangsadresse des Laufzeit-Stacksegments zu erhalten, in dem die modul-lokalen Daten abgelegt sind.

6.4.1.2.2. Die Funktionsweise des maschinenunabhängigen Binders.

Die Aufgabe des Binders besteht darin, die bei der separaten Übersetzung von Moduln erzeugten Prozedur-Codesequenzen den Aufrufen im übergeordneten Programm[1] sowie modul-lokal deklarierten Variablen festen Laufzeit-Speicheradressen zuzuordnen; bei der Bindung der Schnittstellenprozeduren - nur diese sind relevant - müssen zusätzlich ihre Parameter hinsichtlich ihres Typs und ihrer Art in geeigneter Weise überprüft werden.

Die Absicht, den Bindevorgang auf Zwischencode-Ebene vorzunehmen, erfordert geringfügige Erweiterungen von p-Code, um dem Binder die nötige Information über Externbezüge, Speicherplatzbedarf usw. mitzuteilen. Man beachte jedoch, daß das Resultat des Bindevorgangs wieder ein Standard-p-Code-Segment ist.

Um ein Binden von Programmen und Moduln und der zugehörigen Schnittstellenprozeduren zu ermöglichen, ist es nötig, eine Namensangabe für diese Elemente auf die p-Code-Ebene weiterzureichen. Dadurch kann ein p-Code-Assembly-Record, d.h. eine getrennt übersetzte Einheit (ein Programm oder Modul) und zusätzlich jede der darin enthaltenen lokalen Prozeduren, identifiziert werden. (Wir betrachten hier die Bindung separat übersetzter, üblicher Prozeduren nicht näher.)

---

[1] Wir beschränken uns in dieser Darstellung auf den Fall, daß externe Moduln nur auf Hauptprogramm-Ebene deklariert sind; diese Einschränkung ist im Rahmen der POCO-Konzeption ausreichend.

Ein Programm wird durch die Namensangabe:

S='program identifier'

identifiziert, für ein Modul erfolgt die Beschreibung durch die Namensangabe:

M='module identifier'.

Für die Schnittstellen-Prozeduren eines Moduls erfolgt die Namensangabe in der folgenden Weise:

L i :'entry identifier'

wobei i eine Label-Nummer (in der üblichen p-Code-Form) ist, die durch die Compilierung des *interface*-Teils einer Moduldeklaration entstanden ist und zwar sowohl bei der Deklaration als externes Modul (mittels **use**) als auch bei der eigentlichen separaten Übersetzung des Moduls.

Die Angabe aller in einem compilierten Programmteil erkannten offenen Externbezüge erfolgt in einem Linker-Information-Teil am Ende jedes Assembly-Records. Der Linker-Info-Teil wird für jedes Modul durch die (neu eingeführte) Kennung 'X' identifiziert; nach der Angabe der Kennung erfolgt eine Auflistung der offenen Externbezüge in folgender Weise:

```
X
M='module identifier'        -- Name des externen Moduls
L i₁:'proc identifier'       -- Name der 1. Schnitt-
                                stellen-Prozedur
   :
   :

l iₙ:'proc identifier'       -- Name der n. Schnitt-
                                stellen Prozedur
```

Die Beschreibung der Parameter von Schnittstellen-Prozeduren erfolgt jeweils nach der Angabe des jeweiligen Prozedurnamens in der Form:

PAR <mode> <offset> <size> <type>

wobei:

<mode> durch Angabe von 'V' (value) bzw. 'R' (reference) die Art der Parameter-Übergabe beschreibt

<offset> den Beginn (relativ zum Anfang der Parameter-Liste) und

<size> die Länge des Parameters in p-Maschinen-Stack-Einheiten angibt

<type> die Struktur des Parameter-Typs beschreibt.

Die Beschreibung eines Parameter-Typs erfolgt für elementare Typen durch die Angabe einer Kennung gemäß folgender Tabelle:

A -- Adresse
B -- Boolean
C -- Character
I -- Integer
M -- Speicher (memory)
N -- Nil-Pointer
R -- Real
S -- Set

bzw. für nicht-elementare, strukturierte Typen durch die Angabe einer (bzgl. der Parameterliste eindeutige) ganze Zahl i, mit der eine Typ-Beschreibung der Form:

        TYP i <size> <occ> <typ1> [<typ2>]

identifiziert ist; dabei ist:

<size> eine Angabe zur Länge eines Objekts von Typ i in p-Maschinen-Speichereinheiten

<occ> eine Angabe über die Anzahl der durch <type> beschriebenen Sub-Komponenten

<typ1>,
<typ2> wie <type> in der Parameter-Beschreibung (<typ2> zeigt auf die Beschreibung der rechts an <typ1> anschließende Folgestruktur innerhalb von record-Strukturen und kann entfallen)

Damit ist es möglich compiler-bekannte Deskriptoren aus den seman-tischen Tabellen in die p-Code-Ebene zu übertragen. Die Form der Dar-stellung entspricht einer Linearisierung des compiler-internen Gra-phen zur Beschreibung der Struktur von Typen; speziell ist die Be-schreibung von Parameterlisten mit mehreren Objekten desselben Typs

(Zyklen im Typ-Graphen) einfach sowie eine Unterscheidung strukturell identischer, jedoch verschieden notierter Typen möglich. Eine Beschreibung der Parameterlisten erfolgt in gleicher Form bei Auswertung einer *use*-Deklaration eines Moduls; damit wird eine Überprüfung auf Gleichheit während des Bindens möglich.

Für modul-lokal (d.h. im *implementation*-Teil) deklarierte Variablen ist eine Namensangabe nicht erforderlich; man kann die modul-lokalen Variablen als Laufzeit-Stack-Segmente betrachten, die eine feste Länge haben. Für den Binder ist nur die Länge dieses Stack-Segments von Bedeutung, da die Variablen relativ zum Segmentanfang adressiert werden.

Dieser Mechanismus basiert auf dem Adressierungskonzept der zugrundeliegenden p-Maschine; block-lokale Variablen werden durch die Angabe eines Paares (d,r) adressiert, wobei r eine (eindeutige) Relativ-Adresse innerhalb des zu einem Block gehörenden Datensegments ist und definiert ist durch:

d := LEVEL - <Block-Niveau der referenzierten Variablen>

In unserem Fall entspricht LEVEL gerade dem Niveau des modul-umfassenden Blocks; er muß neu berechnet werden in Abhängigkeit zu der während des Bindens erfolgenden Anlage von Variablen-Speicherplatz innerhalb dieses Blocks. In unserem Konzept wird diese Aufgabe dadurch erleichtert, daß für jedes zu bindende Modul nur *interne* Variablen-Adressen zu berücksichtigen sind. Die p-Code-Instruktionen, die auf modul-lokale Variablen zugreifen, werden zur Compilezeit markiert und können vom Binder dadurch in p-Code-Segmenten leicht erkannt werden.

Die notwendige Erweiterung des p4-Codes besteht also lediglich darin, daß eine Angabe über die Länge des lokalen Daten-Segments gemacht wird; dies geschieht am Ende jedes Zwischencode-Segments (Assembly-Records, eine Folge von p-Code-Befehlen, die bei Übersetzung einer <compilation unit> entsteht) durch:

Q m mit m: Länge des Daten-Segments.

Getrennt übersetzte Moduln werden in eine Bibliothek eingetragen und können vom Binder von dort eingelesen werden.

Im folgenden wird die Arbeitsweise des Binders kurz beschrieben. Der Binder erkennt beim Verarbeiten eines Hauptprogramm-p-Code-Segments aus der Linker-Information alle offenen Externbezüge; er versucht nacheinander alle diese Bezüge aufzufüllen. Dazu wird für jeden Modul-Externbezug in der Bibliothek das entsprechende p-Code-Segment gesucht. Jede Schnittstellenprozedur erhält nun das im Hauptprogramm generierte Label zugewiesen; Überschneidungen können hierbei nicht auftreten, da diese Label eindeutig sind. Für modul-lokale Prozeduren werden Label-Kollisionen abgeprüft und vermieden, indem gegebenenfalls neue Labels vergeben werden. Nicht auflösbare Externbezüge werden gemeldet. Tests auf Gleichheit der Namensangaben sowie der Parameterlisten ergänzen den Vorgang.

Die Speicherplätze für modul-lokale Variablen werden durch folgende einfache Vorgehensweise angegeben: Jeder p-Code-Befehl, der auf eine modul-lokale Variable zugreift, ist (wie oben beschrieben) markiert; anstelle der eingetragenen Speicherplatzadresse wird nun die Adresse eingetragen, die sich als Summe aus der bisherigen Höhe des Laufzeitstacks der bis dahin gebundenen Programmteile und der unter dem aktuellen Befehl angegeben (markierten) Adresse ergibt. Weitere Aktionen sind nicht nötig.

Für die temporären Laufzeitspeicherplätze auf dem Stack sind keine besonderen Aktionen erforderlich, da sie über den Stackpointer adressiert werden. Lediglich die im p-Code vorgesehenen Angaben über den Beginn und die berechnete Obergrenze der Höhe des Laufzeitstacks eines Blockes - hier des Blockes, in dem das Modul deklariert ist - werden auf die aktuellen Werte korrigiert. Dies geschieht in der Weise, daß für den Beginn des Temporärspeichergebietes die Summe der Längen der einzelnen Datensegmente und für seine Obergrenze das Maximum aller bisher verarbeiteten Obergrenzen eingesetzt wird.

Ausgabe des Binders ist ein (einziges) p-Code-Segment, in das die separat compilierten Komponenten nun integriert sind. Dieses Segment entspricht einem Standard-p4-Code-Programm; die für den Bindevorgang benötigte Zusatzinformation ist beseitigt. Damit haben wir die vorgesehene Standard-Schnittstelle erhalten.

Wir erläutern die Situation nach dem Binden eines externen Moduls an einem Laufzeitspeicherabzug für das in Kap. 4 angegebene Beispiel (*module* STACK):

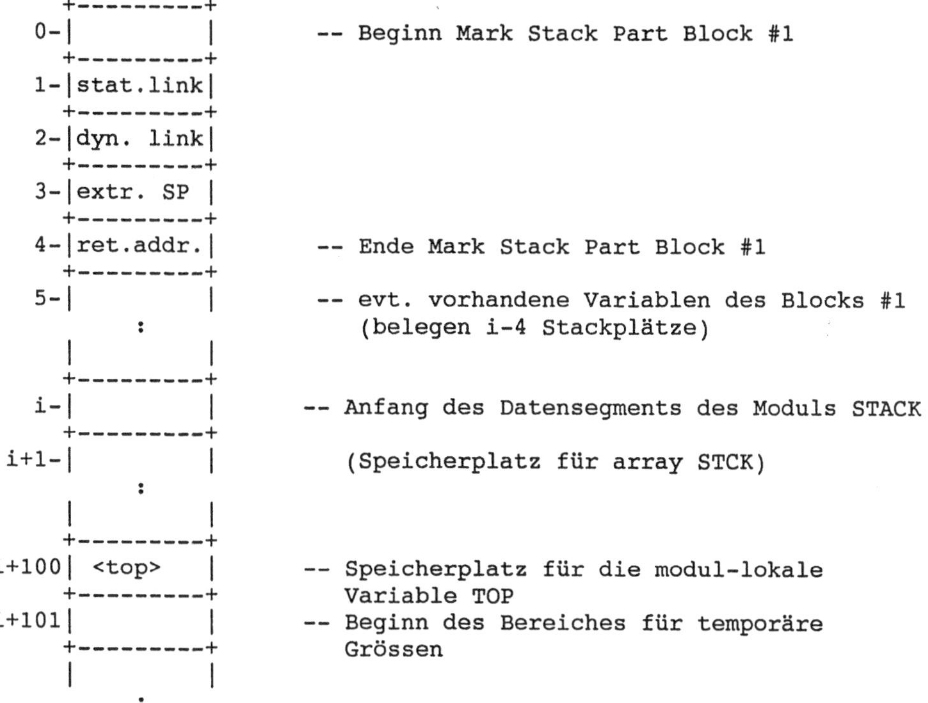

```
          +----------+
      0- |          |          -- Beginn Mark Stack Part Block #1
          +----------+
      1- |stat.link|
          +----------+
      2- |dyn. link|
          +----------+
      3- |extr. SP  |
          +----------+
      4- |ret.addr. |          -- Ende Mark Stack Part Block #1
          +----------+
      5- |          |          -- evt. vorhandene Variablen des Blocks #1
                :                  (belegen i-4 Stackplätze)
          |          |
          +----------+
      i- |          |          -- Anfang des Datensegments des Moduls STACK
          +----------+
    i+1- |          |             (Speicherplatz für array STCK)
                :
          |          |
          +----------+
  i+100| <top>    |          -- Speicherplatz für die modul-lokale
          +----------+             Variable TOP
  i+101|          |          -- Beginn des Bereiches für temporäre
          +----------+             Grössen
          |          |
                :
```

Bild 6.4:   Belegung des Laufzeitstacks nach dem Anbinden eines
Moduls (Beispiel STACK, vgl. Kap. 4.)

6.4.1.3. Zusammenfassung des Portierungsaufwands auf der Generierungsmaschine.

Wir fassen den Übertragungsaufwand auf der Generierungsmaschine zusammen; er gliedert sich (für die Übertragung eines generierten
Compilers) in folgende Punkte:

1. Parametrisierung des PASCAL-m-Compilers mit den für die
   Zielmaschine benötigten Angaben

2. Übersetzung der generierten und benutzereigenen PASCAL-m-Moduln
   (und des Hauptprogramm-Skeletts) nach p-Code.

3. Binden der separat übersetzten Komponenten zu einem vollständigen,
   lauffähigen Programm in Standard-p-Code

4. Übertragung des so erhaltenen p-Code-Programms auf die Zielmaschine

Zur Übertragung des vollständigen CGS sind die Schritte 2. bis 4. für
jede Komponente auszuführen; die obigen Angaben in den Schritten 2.
und 3. sind entsprechend zu ändern.

6.4.2. Der Portierungsaufwand auf der Zielmaschine.

Wie schon angedeutet wird zur Portierung auf der Zielmaschine die
Existenz einer p-Code-Umgebung verlangt. Wir verstehen unter einer p-
Code-Umgebung eine Möglichkeit zur Ausführung eines p-Code-Programms
auf einer Zielmaschine.

Diese p-Code-Umgebung kann erreicht werden durch:

1. durch *Interpretation* des p-Code-Programms "generierter Compiler"
   auf der Zielmaschine; der dazu notwendige Interpretierer kann
   etwa in einer auf der Zielmaschine vorhandenen höheren Programmiersprache oder (dies ist wegen der Einfachheit des Interpretierers leicht möglich) unter Verwendung einer vorhandenen
   Assembler-Sprache erfolgen.

2. durch *Assemblierung* des p-Code-Programms "generierter Compiler"
   auf der Zielmaschine in Maschinen-Code der Zielmaschine.

3. durch eine Realisierung der p-Maschine auf der Zielmaschine etwa
   in "Threaded Code"-Technik [Bel 73], eine (möglichst) ausgewo-
   gene Mischung der beiden oberen Ansätze.

Die letztgenannte Möglichkeit ist insbesondere dann interessant, wenn
auf der Zielmaschine starke Beschränkungen hinsichtlich des zur
Verfügung stehen Speicherplatzes vorhanden sind. Die erste Möglichkeit kann wohl nur während der Testphase eines portierten Compilers
als sinnvoll angesehen werden, oder aber dann, wenn der Compiler in
eine Programmiersituation eingesetzt werden soll, wo in der Regel
kurze Programme übersetzt werden, also etwa in Programmierkursen.
Methode 2 liefert dagegen leistungsfähige Compiler, allerdings auf
Kosten eines höheren Speicherplatzbedarfs.

Alle angegebenen Möglichkeiten eignen sich insbesondere für die Entwicklung eines Laufzeitsystems auf der Zielmaschine *parallel* zum eigentlichen Portierungsvorgang. Dabei kann je nach der verwendeten Methode etwa ein Laufzeitsystem einer anderen (höheren) Programmiersprache "mitverwendet" werden, bzw. Komponenten eines spracheigenen Laufzeitsystems entwickelt werden, indem zunächst die auf p-Code-Ebene benötigten Teile installiert werden, die später als Kern eines komplexeren Laufzeitsystems dienen können.

6.4.3. Eine Schätzung des Portierungsaufwands.

Der erforderliche Aufwand zur Portierung eines generierten Compilers ist also immer noch beträchtlich. Zwar können die (wesentlicheren) Aufgaben auf der Generierungsmaschine automatisiert vorgenommen werden, auf der Zielmaschine bedeutet die Installierung einer p-Code-Umgebung einen relativ hohen Aufwand. Demnach ergibt sich der nötige Gesamtaufwand weitgehend durch den Aufwand auf der Zielmaschine.

Schätzungen für den Aufwand auf der Zielmaschine bewegen sich zwischen wenigen (Mann-) Tagen [WeQ 72] und bis zu 2 Monaten [BaC 77]. Diese Werte decken sich mit eigenen Erfahrungen und Ergebnissen an der Universität des Saarlandes [BoH 78]; wesentlich für geringen Übertragungsaufwand ist die (genaue) Kenntnis der Portierungs-Zielmaschine. Die angebenen Werte beziehen sich auf die Übertragung des ETH-PASCAL-p-Compilers und können als Grundlage für eine Schätzung des in unserem Konzept benötigten Aufwands dienen; ist nämlich eine Übertragung des PASCAL-m-Compilers möglich, so können alle Komponenten des Generator-Systems durch diesen Compiler in p-Code übersetzt werden; durch die dann auf der Generierungsmaschine schon vorhandenen Teile zur Interpretierung/Assemblierung kann das System auf der Portierungs-Zielmaschine zum Laufen gebracht werden.

Speziell liegt zudem in unserem Konzept die Situation vor, daß nach der Portierung eines generierten Compilers alle generierbaren Compiler auf dieselbe Weise *ohne* zusätzlichen Aufwand übertragen werden können. Insbesondere ist die Übertragung des Compiler-Generierenden Systems selbst möglich, da alle System-Komponenten auf p-Code abgebildet werden können.

Außerdem steht ein generierter Compiler nach seiner Erzeugung auf der

Generierungsmaschine unmittelbar als *Cross-Compiler* zur Verfügung, da dort eine p-Code-Umgebung nach einer der o.a. Möglichkeiten existiert. Er ist somit lauffähig und kann Maschinen-Code für die Zielmaschine erzeugen. Ein Bootstrap (analog zur PASCAL-Portierung nach [NAJ 76]) ist allerdings nicht möglich, da der generierte Compiler nicht in Quellform (der zu übersetzenden Programmiersprache) vorliegt.

Zuletzt soll auf die Situation eingegangen werden, die vorliegt, wenn auf der Portierungszielmaschine ein PASCAL-Compiler existiert. In diesem Fall ist (zumindest prinzipell) eine Übersetzung

- eines (Standard-) p-Code-Interpretierers
- des PASCAL-m-Compilers

mithilfe des Zielmaschinen-PASCAL-Compilers (*ohne* Quelltext-Manipulation) möglich; stehen diese Komponenten auf der Zielmaschine zur Verfügung, kann der eigentliche Generator bzw. ein generierter Compiler durch sie auf der Zielmaschine installiert werden. Diese Vorgehensweise ergäbe eine wesentliche Verminderung des Aufwands auf der Zielmaschine.

Ein solcher Versuch kann dann erfolgen, wobei die in Kap. 3. angeführten Probleme zu berücksichtigen sind[1]; insbesondere wird es im allgemeinen nicht möglich sein, ohne (als problematisch angesehene) Eingriffe in die Quelltexte der Programme eine Übersetzung auf der Portierungs-Zielmaschine zu erhalten. Eher wahrscheinlich ist eine erfolgreiche Übersetzung des (Standard-) Interpretierers und eine entsprechende Anpassung an die Zielmaschine, da es sich dabei um ein sehr einfaches Programm handelt; dadurch allein würde sich der eigentliche Portierungsaufwand schon wesentlich verringern.

---

1) Diese Vorgehensweise ist häufig ausreichend, sie kann jedoch schon bei Übergang zu einer neuen Compiler-Version versagen, wenn Inkompatibilitäten zur Sprachdefinition bzw. zu dem in vorangehenden Versionen angenommenen Standard auftreten, vgl. Siemens PASCAL-BS2000-Versionen 2.4 und 2.51!

7. Direkte Generierung der Standard-Compiler-Moduln in Form von p-Code-Programmen.

In diesem Kapitel werden wir untersuchen, in welcher Weise eine direkte Erzeugung der Standard-Compiler-Moduln in der von uns gewählten zwischensprachlichen Form (p-Code) die Qualität des erzeugten Codes verbessern könnte; als Qualitätskriterium verwenden wir dabei die Länge des erzeugten Codes. Wir werden Laufzeitgesichtspunkte nicht näher betrachten; sie wurden jedoch untersucht und berücksichtigt und wir vermuten, daß das Laufzeitverhalten der nach den beschriebenen Verfahren erzeugten Compiler-Komponenten im allgemeinen eher gut ist.

Die direkte Erzeugung erscheint sinnvoll, wenn man sich daran erinnert, wie der Generierungsablauf in POCO nach der bisherigen Darstellungsweise vorliegt: Die (Teil-) Generatoren des (eigentlichen) Generators erzeugen Komponenten eines Compilers in der Form von PASCAL-m-Quelltext; diese werden anschließend durch den PASCAL-m-Compilers auf die Portierungsschnittstelle p-Code abgebildet.

Die somit bisher in POCO realisierte Vorgehensweise hat damit jedoch die folgenden grundsätzlichen Nachteile:

1. Der Generierungsaufwand wird erhöht, da einem Lauf des (eigentlichen) Generators stets ein Lauf des PASCAL-m-Compilers nachgeschaltet sein muß.

2. Wegen der PASCAL-m-Compiler verwendeten relativ einfachen und starren Code-Generierungsschemata, die im wesentlichen auf der Organisation des Compilers als 1-Pass-Compiler beruhen, dessen recursive-descent Parser die Code-Generierung steuert, ist die Qualität der generierten Compiler-Komponenten mangelhaft.

3. Im Code, wie er durch Übersetzung einer PASCAL-m-Quelle entsteht, sind Instruktionen (bzw. Instruktionsfolgen) enthalten, die zu Laufzeitfehlern führen können; erforderlich ist jedoch (gerade bei generierten Komponenten) eine qualifizierte Fortsetzung des Programmablaufs mit Diagnose-Information für den Benutzer.

4. Das strenge Typkonzept von PASCAL behindert die Generierung

mancher sinnvollen Compiler-Komponenten, z.B. Keller mit unterschiedlich komplexen Typen. Es zeigt sich, daß das Typkonzept, das Programmierfehler verhindern soll, für ein (als korrekt bekanntes Generierungsverfahren) zu limitierend ist.

Zur Lösung dieser Probleme gibt es nun folgende Möglichkeiten:

1. Verbesserung der Code-Generierung innerhalb des PASCAL-m-Compilers

2. Nachschalten eines p-Code zu p-Code-Optimierers (etwa der Art des OPTIMA-Systems [WiS 83])

3. Verlagerung der p-Code-Generierung auf die Ebene des eigentlichen Generators.

Grundsätzlich lägen die beiden ersten Möglichkeiten nahe, da sie gleichzeitig auch die Qualität der benutzereigenen Compiler-Teile verbessern könnten; Methode 2 würde allerdings die Erweiterung des Systems um eine zusätzliche Komponente bedeuten. Wir erwarten jedoch eine wesentlichere Verbesserung des generierten Codes durch die Verwirklichung der letzten Möglichkeit, gerade bei den Kern-Bestandteilen eines Compilers bei gleichzeitiger Reduzierung des gesamten Generierungsaufwands.

Diese Verbesserung der Codequalität bei einer Verlagerung der p-Code-Erzeugung auf die Ebene des eigentlichen Generators ist zu erwarten, wenn man folgendes berücksichtigt: Bei der direkten Generierung von p-Code auf Generator-Ebene können Informationen verwendet werden, die dem Generator, nicht jedoch dem Compiler bei der Übersetzung eines erzeugten PASCAL-Quelltexts zur Verfügung stehen. Insbesondere verfügt der Generator über *die* Information, daß etwa eine Parser-Tabelle generiert werden soll.

Ein (sehr) guter, optimierender Compiler müßte diese Tatsache erst erkennen und sich in einer (idealen) Musterbibliothek die speziell geeigneten Codegenerierungs-Schemata besorgen, die zudem anhand von Parametrierungsdaten ausgewählt werden müßten. Abgesehen von der prinzipiellen Frage, ob dies überhaupt möglich ist, bedeutete diese Vorgehensweise einen hohen Rechenzeitbedarf. Es liegt daher nahe zu vermuten, daß sich die unmittelbare p-Code-Generierung vorteilhaft auswirken müßte. Diesen Ansatz werden wir nun genauer untersuchen.

Auf Generator-Ebene stehen folgende globale Informationen zur Verfügung:

- es ist bekannt, welche Tabellen zu generieren sind
  (Systemzeit und Generierungszeit)

- die Struktur der zu generierenden Tabellen ist bekannt
  (Systemzeit und Generatorzeit)

- die Zielmaschine (p-Maschine) und ihre speziellen Eigenschaften
  sind bekannt (Systemzeit)

Insbesondere läßt sich die Tatsache ausnutzen, daß auf Generator-Ebene (im wesentlichen) alle Informationen schon für die Code-Erzeugung zur Verfügung steht, während ein Compiler in vielen Fällen erst umfangreiche Neuberechnungen durchführen muß. Außerdem ist die technische Realisierung der Code-Erzeugung wegen der starken Orientierung des POCO-Generators an den PASCAL-m-Compiler einfach.

Zusätzlich erlaubt die vorgesehene Generierung von p-Code auf Generator-Ebene die geeignete Behandlung folgenden Problems, das sich nach der Definition von p-Code (bzw. der p-Maschine) ergibt: in p-Code gibt es (abgesehen von Strings) keine Möglichkeit der Darstellung strukturierter Konstanten. Die naheliegende Lösung zur Behandlung der generierten Tabellen (ihre Ablage als feste Datensegmente in den p-Maschinen-Konstantenspeicher) ist daher ohne Änderung von p-Code nicht möglich. Es muß also eine andere Möglichkeit gefunden werden, die eine (günstige) Umsetzung in p-Code erlaubt; diese kann nur darin bestehen, die Tabellen in *Code*-Form auszudrücken.

Diesen Ansatz wollen wir nun verfolgen und für die generierten Parser und das Attribut-Behandlungs-Modul geeignete Schemata entwickeln, die eine möglichst günstige Darstellung für diese Komponenten auf p-Code-Ebene ermöglichen. Beim Parser werden wir uns auf die Darstellung der Behandlung der ACTION-Tabelle beschränken, da die der GOTO-Tabelle (weitgehend) analog erfolgen kann; die hier gewonnenen Ergebnisse lassen sich (wegen des gewählten Generierungsverfahrens) unmittelbar auch auf die generierten Scanner übertragen.

Generell ist jedoch folgendes zu berücksichtigen: Die im weiteren vorgeschlagenen Verbesserungen der Qualität der erzeugten Compiler-Komponenten müssen sich (wegen unseres Portabilitäts-Anspruchs) auf die Möglichkeiten der gewählten Darstellungsform - also eines p-Code-Programms - beziehen; es können also nicht solche Verbesserungen vorgenommen werden, die etwa eine Verringerung des Platzbedarfs der Parse-Tabelle mittels Daten-Komprimierung auf bit-Ebene erzielen. Die

nach unserem Verfahren erreichbaren Tabellengrößen sind daher sicherlich schlechter als bei den eben angesprochenen, jedoch überwiegt
hier der Anspruch auf Portabilität.

7.1. Direkte Generierung der Parse-Tabellen in Form von p-Code-Segmenten.

Wir gehen nun auf die direkte Umsetzung der Parser nach p-Code auf
Generator-Ebene genauer ein; ohne weitere Erwähnung gilt, daß die
generelle Struktur der generierten Parser wie in Kap. 5.3.2 angegeben
beibehalten wird; dies gilt speziell für die Strukturierung des Zugriffs auf die Tabellen in der Form von Prozeduren innerhalb des Parser-Moduls. Die folgenden Betrachtungen betreffen daher nur die interne Struktur dieser Prozeduren; auf den Parser-Driver gehen wir
nicht ein.

Wir gehen von einer intern vorliegenden Form der Parse-Tabelle aus;
man beachte, daß die Parse-Tabelle durch Optimierungen auf höherer
Ebene auf die günstigste Form gebracht worden ist. Die Parse-Tabelle
stellt sich als dünnbesetzte Matrix dar (wir beschränken uns auf die
Behandlung der ACTION-Tabelle), siehe Bild 7.1.:


```
             |Terminalsymbole
      States | t0 t1    ...   tj   ...   tk  ...  tm
   ----------+----------------------------------------+
          0  | s1              s4            r6        |
          1  |    r3                                acc|
             |                                         |
          :  |                                         |
             |                                         |
          i  |    r4           r4                      |
             |                                         |
          :  |                                         |
             |                                         |
          N  |                              s10        |
   ----------+----------------------------------------+
```


Bild 7.1: Darstellung der ACTION-Tabelle in Matrix-Form.
      (si := shift-Aktion nach State Nr.i
       rj := reduce-Aktion, Regel Nr.j
       acc := accept (reduce Regel Nr.0;
       die Lücken der Matrix enthalten error-Einträge)

In der ACTION-Tabelle ist für jeden Zustand (State) des Parsers eingetragen, welche Aktion der Parser-Driver auszuführen hat. In der Praxis ist es nötig, zusätzliche Informationen, wie etwa die Länge der rechten Seite einer Regel oder die Regelnummer selbst (sie wird zum Anstoßen der Semantikberechnung benötig), mitzuführen.

Für jeden State erfolgt die Auswahl der korrekten Parser-Aktion in Abhängigkeit vom nächsten Zeichen der Eingabe, dem Lookahead-Symbol; dieses wird von Scanner gelesen und über die Variable KCODE (=Klassencode des gelesenen Terminal-Symbols) dem Parser zur Verfügung gestellt.

Unsere Aufgabe ist also, eine möglichst vorteilhafte Darstellungsform für die in der Matrix enthaltene Information auf p-Code-Ebene zu finden. Unter Berücksichtigung der oben geschilderten Probleme der Darstellung von strukturierten (nicht-elementaren) Konstanten müssen wir so vorgehen, daß wir eine Abbildung der konstanten Tabelle in eine möglichst günstige Programm-Struktur auf p-Code-Ebene anstreben.

Wir werden dabei im einzelnen folgende Ansätze verfolgen:

1. Unmittelbare Umsetzung der Analyse-Matrix in "naheliegende" Kontroll-Strukturen, und deren effiziente Darstellung in p-Code.

2. Verwendung von Verfahren, die eigentlich zur Erzeugung kompakter *Tabellen* dienen, als Hilfskonstruktion für eine günstigere Umsetzung in p-Code-Programme.

3. Die Darstellung der Tabellen als Felder bei optimierter Realisierung der Vorbesetzung.

Alle Ansätze erfordern die Angabe von Schemata von geeigneten *Code*-Sequenzen, in denen die (auf p-Code-Ebene) gewünschte Darstellung beschrieben ist, auch dann wenn (nach Ansatz 3) eine tabellen-ähnliche Struktur anzulegen ist. Die im folgenden verwendeten Bezeichnungen Programm-Struktur und Tabellen-Struktur dienen nur zur Unterscheidung der verwendeten Ansätze zur Darstellung in p-Code. Die für die verschiedenen Ansätze entwickelten Gesamt-Schemata werden wir *Methoden* nennen. Wir gehen nun auf diese Möglichkeiten näher ein.

7.1.1. Unmittelbare Umsetzung der ACTION-Tabelle in ein programmstrukturiertes p-Code-Segment.

Als ersten Ansatz wollen wir die Möglichkeit verfolgen, die in der Matrix enthaltene Information unmittelbar in einem p-Code-Programm darzustellen. Dieser Vorgehensweise liegt ein Vorschlag von [AhJ 74] zugrunde; sie kennzeichnet insbesondere die Tatsache, daß (zunächst) die Tabellendaten und der Zugriff darauf kombiniert sind.

Die naheliegende und zudem laufzeiteffiziente Kontrollstruktur, die sich für eine Verwendung anbietet, ist eine Sprungtabelle; sie erlaubt einen indizierten Zugriff auf Programmspeicher-Positionen und ist einem indizierten Feldzugriff auf einer Datenspeicher-Position vergleichbar. Auf PASCAL-Ebene läßt sich die Verwendung einer Sprungtabelle durch ein case-Statement ausdrücken. Für unsere Anwendung läßt sich daher für die Umsetzung der Tabelle Schema 7.1 angeben:

```
case AKTSTATE of
    0 :
    1 :
     :
    i : case KCODE of
          kc j1 : action := a_ij1;
             :
          kc jn : action := a_ijn;
        else : begin
                action := error; state := error_state;
              end;
        end;
     :
    N :
end;
```

Schema 7.1: (Naive) Programmstruktur für die ACTION-Tabelle in PASCAL-Notation.

Nach dieser Konstruktion sprechen wir auch von einem "äußeren" case-Statement (über die Parser-Zustände, also die Zeilen der ACTION-

Matrix) und "inneren" case-Statements (über die Lookahead-Symbole, also über die Spalten der Matrix) für jeden Parser-Zustand. Eine naheliegende Verbesserung ergibt sich dadurch, daß identische "innere" case-Statements nur einmal in Code umgesetzt werden und über die Sprungtabelle des "äußeren" case-Statements erreicht werden.

Wir wollen nicht auf weitere Verbesserungsmöglichkeiten eingehen, die auch bei Generierung von PASCAL-Quelltext zu besserem Code führen würden, sondern konzentrieren uns auf die Möglichkeiten, die sich bei direkter Code-Generierung ergeben. Das allgemeine Schema für die Übersetzung eines case-Statements, das typischerweise von PASCAL-Compilern verwendet wird, läßt sich folgendermaßen angeben:

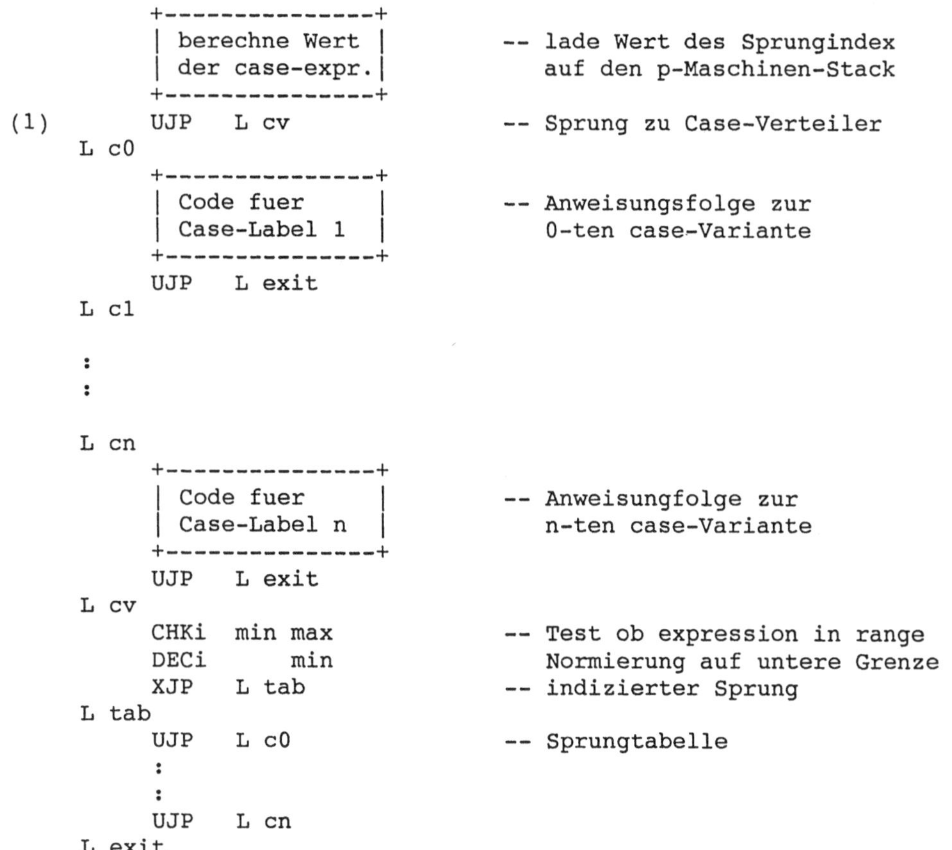

```
        +----------------+
        | berechne Wert  |        -- lade Wert des Sprungindex
        | der case-expr. |           auf den p-Maschinen-Stack
        +----------------+
(1)     UJP    L cv               -- Sprung zu Case-Verteiler
   L c0
        +----------------+
        | Code fuer      |        -- Anweisungsfolge zur
        | Case-Label 1   |           0-ten case-Variante
        +----------------+
        UJP    L exit
   L c1

        :
        :

   L cn
        +----------------+
        | Code fuer      |        -- Anweisungfolge zur
        | Case-Label n   |           n-ten case-Variante
        +----------------+
        UJP    L exit
   L cv
        CHKi   min max            -- Test ob expression in range
        DECi       min               Normierung auf untere Grenze
        XJP    L tab              -- indizierter Sprung
   L tab
        UJP    L c0               -- Sprungtabelle
        :
        :
        UJP    L cn
   L exit
```

Schema 7.2: p-Code-Struktur für case-Statement nach Schema 7.1.

Bei einer Darstellung der Analyse-Matrix in der von uns in Schema 7.1
vorgeschlagenen Form besteht der gesamte Code also (bei Übersetzung
durch einen PASCAL-Compiler) aus einer (entsprechend der Ineinander-
schachtelung von inneren und äußerem case-Statements) verschachtelten
Anwendung von Schema 7.2; dies ergibt folgende Code-Struktur:

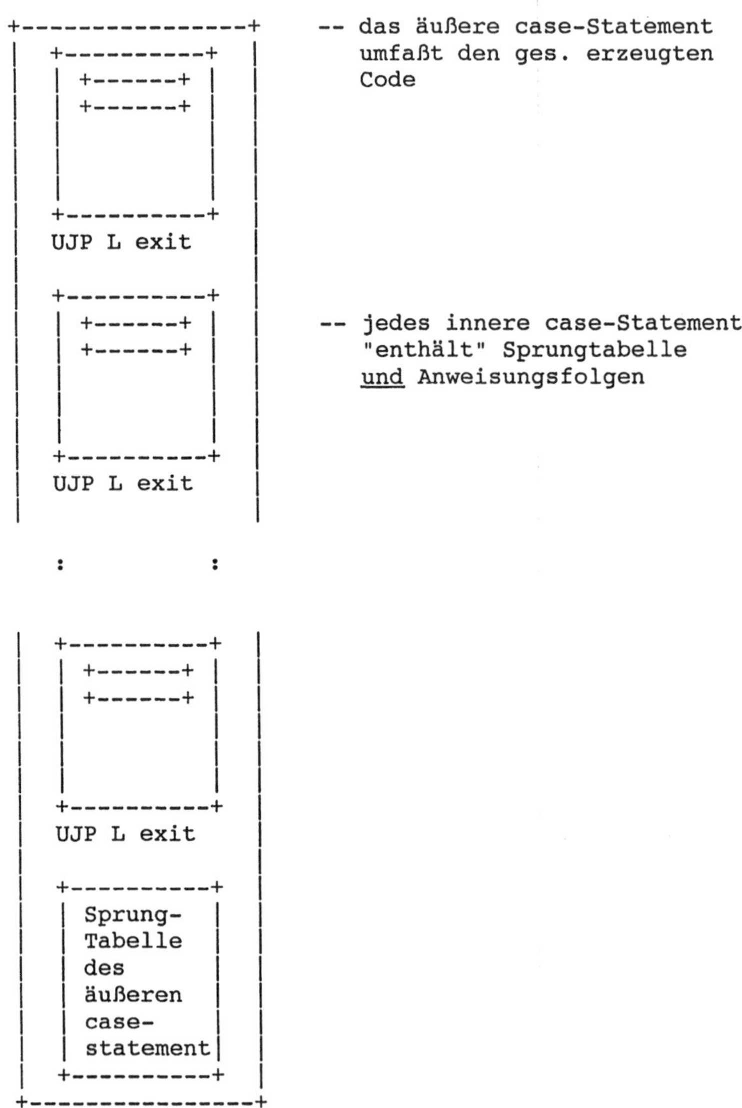

Bild 7.2: Struktur des geradlinig erzeugten Codes zur Darstellung
der ACTION-Tabelle

Wie man leicht erkennt, ist diese Form des generierten Codes nicht günstig; es ergeben sich im einzelnen folgende Kritikpunkte:

1. Das Schema 7.2 ist unvorteilhaft, da es zu sehr an den Erfordernissen einer 1-Pass-Compilierung (im PASCAL-Compiler) orientiert ist; speziell: die Sprungtabelle kann erst dann angelegt werden, wenn alle Sprungziele bekannt sind, dies erfordert den Sprung (1) über die Anweisungsfolgen.

2. Speziell für die inneren case-Statements ergeben sich lange jedoch nur dünnbesetzte Sprungtabellen; sie ergeben sich nach Konstruktion der Sprungtabellen als Vektor nach dem "Muster" einer Zeile der Analyse-Matrix.

3. Die Schachtelung des Schemas 7.2 führt (ebenfalls wegen den Erfordernissen der 1-Pass-Compilierung) zu unnötigen Sprungketten; sie erhöhen nicht nur den Programmspeicherbedarf, sondern auch die Laufzeit eines generierten Parsers.

4. Bei einer einfachen, verschachtelten Anwendung von Schema 7.2 sind in den inneren case-Statements (nahezu) identische Codestücke enthalten, die unnötigerweise mehrfach erzeugt werden.

5. Einige Instruktionen des Codes nach Schema 7.2 können (nach Konstruktion der p-Maschine) zu Laufzeitfehlern führen; dies muß natürlich vermieden werden.

6. Die Anweisungsfolgen, die zu den inneren case-Statements gehören, enthalten nur die Zuweisungen der Tabellen-Information an (Parser-lokale) Variablen. Bei Verwendung von Schema 7.2 sind die dazugehörigen Code-Sequenzen jedoch mehrfach enthalten; eine wünschenswerte Isolierung kann bei Quellcode-Erzeugung nicht in günstiger Weise vorgenommen werden.

Eine direkte Umsetzung der generierten Tabellen in p-Code auf Generatorebene sollte nun erfolgen, daß gerade diese Probleme vermieden werden. Dies sollte zu einer wesentlichen Verbesserung des Codes führen. Für diese direkte Code-Erzeugung wollen wir nun ein besseres Generierungs-Schema entwickeln.

Wir unterscheiden in der folgenden Betrachtung generell zwischen dem *Zugriff* auf die Matrix-Positionen (d.h. der Auswahl der korrekten Position der Analyse-Matrix) und der *Zuweisung* der dort eingetragenen Information; eine solche getrennte Behandlung ist nach obigen Bemerkungen sinnvoll. Wir gehen nun zunächst auf die Informationszuweisung genauer ein, die hier entwickelten Schemata werden auch bei der in Kap. 7.1.2. vorgestellten Methode Verwendung finden. Anschließend beschreiben wir die Organisation des Zugriffs genauer; hier wird besonders auf die Entwicklung geeigneter Schemata für die inneren case-Statements Wert gelegt.

Wir verwenden in den angegebenen p-Code-Sequenzen folgende Notation:

<NAME> : steht für eine Adresse, die einem Objekt
mit der Benennung NAME zugeordnet ist

(NAME) : bezeichnet den Wert einer Variablen mit der
Benennung NAME

name : bezeichnet den Wert einer Konstanten

Wir verzichten auf eine genauere Darstellung von Besonderheiten des p-Code-Instruktionssatzes und verwenden daher Pseudo-Instruktionen wie "lade" und "speichere"; soweit mnemonisch korrekte p-Code-Instruktionen verwendet werden, werden sie groß geschrieben (etwa LDCi, i ist Typ-Indikator für _integer_). Ansonsten verweisen wir auf die tabellarische Zusammenstellung der p-Code-Instruktionen in Anhang A.

7.1.1.1. Direkte Generierung von Zuweisungen der Information der Analyse-Matrix.

Nach einer Selektion der Position der Analyse-Matrix muß die dort eingetragene Information Parser-lokalen Variablen zugewiesen werden. Die dazu erforderlichen Code-Sequenzen haben folgendes Aussehen (wir gehen nicht auf die _errorskip_-Aktion ein, die eine Sonderrolle spielt, der _shift-reduce_-Fall ist analog zur _reduce_-Aktion):

für eine _shift_-Aktion

```
LDCi        shift            -- lade Aktion-Kennung
speichere <AKTION>           -- speichere in Variable ACTION
LDCi        i                -- lade State-Nr. i
speichere <AKTSTATE>         -- speichere in Variable AKTSTATE
UJP         L exit
```

für eine _reduce_-Aktion:

```
LDCi        reduce           -- lade Aktion-Kennung
speichere  <AKTION>          -- speichere in Variable ACTION
LDCi        j                -- lade Regel-Nr. j
speicher   <AKTREGEL>        -- speichere in Variable AKTREGEL
LDCi        l                -- lade Länge der rechten Seite
speicher  <AKTLAENGE>        -- speichere in Variable AKTLAENGE
LDCi        nt               -- lade Nr. des zug. Nonterminals
speichere <AKTNONT>          -- speichere in Variable AKTNONT
UJP         L exit
```

Der Kontrollfluß durch den Code zur Realisierung der Tabelle wird so geregelt, daß jedes Durchlaufen des Codes zu einer dieser Code-Sequenzen führen muß; danach kann die Code-Sequenz über das Label L exit verlassen werden. Wird der Tabellencode mit einem unzulässigen Wertepaar (AKTSTATE,KCODE) betreten, so muß ein Fehler durch die error-Aktion an den Parser-Treiber signalisiert werden:

error-Aktion:

```
    LDCi    error                 -- lade Kennung für error-Aktion
    speichere <AKTION>
    UJP     L exit
```

Die Situation auf Generator-Ebene ist nun die, daß für alle verschiedene Einträge der Aktions-Matrix genau eine Code-Sequenz erzeugt werden kann; die Sequenz für die error-Aktion braucht darüberhinaus nur einmal erzeugt zu werden, da wir sie nur zum Signalisieren und nicht zum Identifizieren eines Fehlers benötigen (die Behandlung eines Fehlers erfolgt in einer errorskip-Aktion wie in Kap 5.3.2. gezeigt).

Eine solche mit einer bestimmten Parse-Aktion verbundene Befehlsfolge wird auf p-Code-Ebene durch ein eindeutiges Label identifiziert, wodurch eine Adressierung an allen Stellen der Zugriffs-Befehlsfolge ermöglicht wird.

Eine geringfügig verbesserte Form der oben angebenen Schemata ergibt sich durch geeignete Zusammenfassung gemeinsamer Code-Teil-Sequenzen unter zusätzlicher Ausnützung der Stack-Architektur der p-Maschine; die Stack-Architektur erlaubt es nämlich, die benötigten Lade- und Speicherbefehle zu trennen und letztere (je nach Aktionsklasse) zu isolieren. Man erhält damit folgende Schemata:

für eine shift-Aktion:

```
    L shift i
    LDCi        i               -- lade State-Nr.
    UJP         L shift
```

für eine reduce-Aktion:

```
    L reduce j
    LDCi        j               -- lade Regel-Nr.
    LDCi        l               -- lade Länge der rechten Seite
    LDCi        nt              -- lade Nonterminal-Nr.
    UJP         L reduce
```

mit :

```
L shift
   speichere  <AKTSTATE>        -- Speichern der State-Nr.
   LDCi       shift
   speichere  <AKTION>          -- Aktionsdefinition "shift"
   UJP        L exit
```

und:

```
L reduce
   speichere  <AKTNONT>         -- Speichern Nonterminal-Nr.
   speichere  <AKTLAENGE>       -- Speichern Länge der recht. Seite
   speichere  <AKTREGEL>        -- Speichern Regel-Nr.
   LDCi       reduce
   speichere  <AKTION>          -- Aktionsdefinition "reduce"
   UJP        L exit
```

Schema 7.3: Informationszuweisung unter Ausnützung der
p-Maschinen-Stack-Architektur.

Eine weitere (marginale) Verbesserung ergibt sich durch geeignetes
Zusammenfassen von Komponenten und weiteres Ausnutzen gemeinsamer
Teile unter Beachtung der Stackarchitektur der p-Maschine:


```
L error
   LCDi          error
   UJP        L store
L shift
   speichere  <AKTSTATE>        -- Speichern der State-Nr.
   LDCi       shift
   UJP        L store
L reduce
   speichere  <AKTNONT>         -- Speichern Nonterminal-Nr.
   speichere  <AKTLAENGE>       -- Speichern Länge der recht. Seite
   speichere  <AKTREGEL>        -- Speichern Regel-Nr.
   LDCi       reduce
   UJP        L store
L shift_reduce
   speichere  <AKTNONT>         -- Speichern Nonterminal-Nr.
   speichere  <AKTLAENGE>       -- Speichern Länge der recht. Seite
   speichere  <AKTREGEL>        -- Speichern Regel-Nr.
   LDCi       shift_reduce
L store
   STRi       <AKTION>          -- Speichern Aktionsdefinition
L exit
```


Schema 7.4: Gemeinsames Code-Segment für das Abspeichern.

Der bei einer Erzeugung von Code gemäß der angegebenen Schemata insgesamt benötigte Code ergibt sich damit zu:

2 * |shift-Aktionen| + 4 * |reduce-Aktionen| + 12

Befehle.

7.1.1.2. Geeignete Schemata für den Zugriff auf Analyse-Matrix-Positionen.

Wir gehen nun auf die Generierungs-Schemata ein, die eine günstige Darstellung des Zugriffs auf eine Position der Analyse-Matrix ermöglichen sollen. Eine erste Verbesserung ergibt sich bei der Umsetzung in p-Code auf Generator-Ebene dadurch, daß stets bekannt ist, zu welchem Ziel ein Sprung aus einer Sprungtabelle führen muß und ebenso die Länge jeder anzulegenden Sprungtabelle.

Wir können daher ein Kontrollfluß-Schema angeben, das speziell die unnötigen Sprungketten überflüssig macht; das vorgeschlagene Schema vereinfacht gleichzeitig die Code-Erzeugung, indem Teilaufgaben nacheinander und nicht mehr verschachtelt bearbeitet werden können. Diese Entzerrung läßt sich durch Bild 7.3 veranschaulichen.

Da wir auf Generator-Ebene alle Sprungziele kennen, können wir Schema 7.2 in eine günstigere Form überführen, indem wir den dort erforderlichen Sprung über die verschiedenen Anweisungsfolgen streichen und die Sprungtabelle unmittelbar erzeugen; wir erhalten das verbesserte Schema 7.5a.

Wir benötigen also nicht mehr den Sprung über die Anweisungsfolgen (diese sind in den Zuweisungssequenzen isoliert) und ebenfalls nicht mehr den Rückkehrsprung aus den inneren case-Statements, da wir den Kontrollfluß linearisiert haben. (Wir verwenden weiterhin die Bezeichnungen "äußeres" und "inneres" case-Statement, obwohl wir eigentlich nur noch die Sprungtabelle verwenden werden.)

Ebenso entfallen die eigentlichen Anweisungsteile, da sie als feste Befehlsfolgen (für die Zuweisung von Tabelleninformation) erzeugt werden; von der case-Statement-Struktur wird also tatsächlich nur noch die Sprungtabelle und deren Verwaltung benötigt.

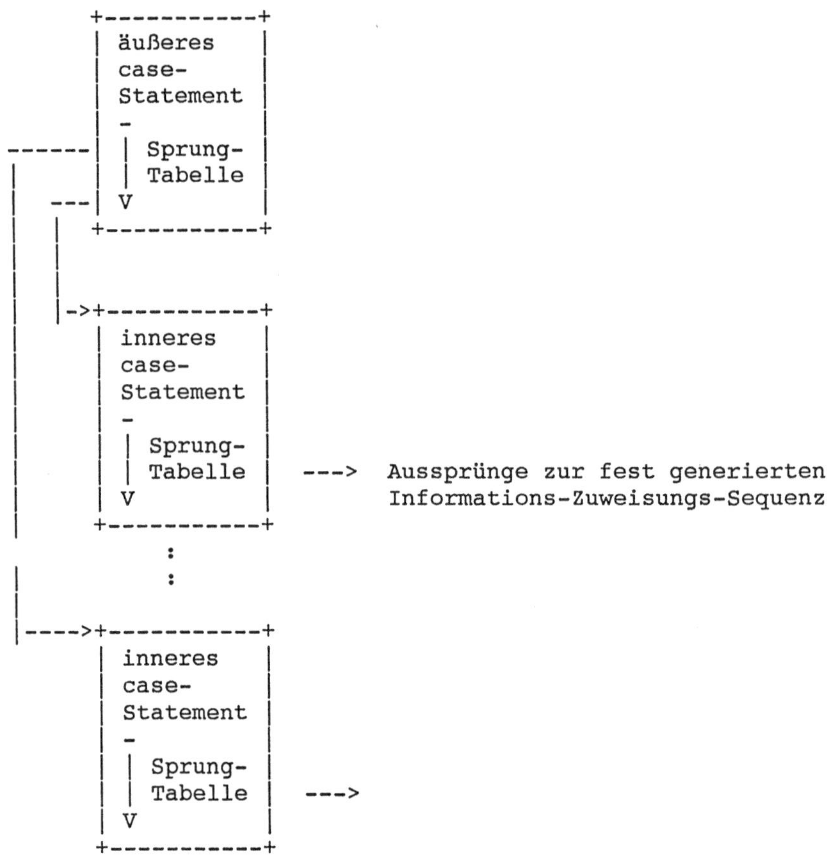

Bild 7.3: Kontrollfluß-Schema für den Zugriff auf Analyse-Matrix-Positionen.

```
        +----------------+
        | berechne Wert  |
        | der case-expr. |
        +----------------+
L cv
        CHKi    min max       -- Test ob expression in range
        DECi        min       -- Normierung auf untere Grenze
        XJP     L tab         -- indizierter Sprung
L tab
        UJP     L c0          -- Sprungziele sind
         :                       innere case-Statements bzw.
         :                       Zuweisungs-Sequenzen
        UJP     L cn
```

Schema 7.5a: Verbesserte Code-Struktur für das case-Statement.

Wir gehen nun näher auf die Struktur des Codes zur Verwaltung des case-Statements ein. Hier wird eine korrekte Adressierung der Sprungtabelle errechnet; wir haben folgende Code-Sequenz:

```
lade (KCODE)            -- lade den Sprungindex
CHKi min max            -- überprüfe, ob Wert im zulässigen
                           Intervall liegt
DECi min                -- normalisiere auf untere Grenze
                           des Sprungintervalls
```

Für innere und äußere case-Statements gilt, daß der Wert der case-expression dem Wert einer Variablen (nämlich AKTSTATE bzw. KCODE) entspricht. Der CHK-Befehl überprüft, ob dieser Wert im zulässigen Intervall min..max der Sprungtabelle liegt. Durch DECi erfolgt eine Normalisierung auf die untere Grenze der Sprungtabelle, also eine Re-indizierung auf das Intervall 0..(max-min); DECi ist nicht nötig, falls min=0.

Betrachten wir den CHK-Befehl genauer; seine Verwendung ist problematisch, da eine Verletzung der Bereichsbedingung zu einem Laufzeitfehler führt. Wir müssen ihn daher durch eine Befehlsfolge ersetzen, der eine qualifizierte Fortsetzung des Programms ermöglicht, etwa durch eine Abfrage der Form

if (KCODE >= min) *and* (KCODE<=max) *then* ...

Dies ergibt folgende p-Code-Sequenz:

```
lade (KCODE)
LDCi    min
GEQi                    -- KCODE >= min
lade (KCODE)
LDCi    max             -- KCODE <= max
LEQi
AND
FJP     L error         -- Fehler!
```

Bei direkter Generierung von Code läßt sich dieses Schema verbessern, indem wieder die Stack-Architektur der p-Maschine ausgenutzt wird: wir können die lade (KCODE)-Befehle an den Beginn der Zugriffsequenz (vor das äußere case-Statement) verlagern; die geladenen Werte bleiben auf dem p-Maschinen-Stack vorhanden, bis sie durch die Abfragenfolge bzw. bei der Verwendung als Sprungindex "verbraucht" werden.

Diese Code-Sequenz kann also in allen inneren case-Statements einge-
spart werden.

Diese Verlagerung ist speziell unproblematisch durch die Organisation
des Tabellen-Codes als Prozedur; werden etwa zuviele Werte von KCODE
auf den p-Maschinen-Stack geladen, so werden diese beim Verlassen der
Prozedur durch Freigabe des zugehörigen Stackrahmens aus dem Stack
entfernt.

Somit ergibt sich folgendes Schema:

```
lade (KCODE)              -- Folge von Lade-Instruktionen
:                            vor äußerem case-Statement
lade (KCODE)                 identisch für alle inneren
                             case-Statements


:
:
                          -- (eigentl.) Verwaltungssequenz
LDCi   min                -- KCODE >= min?
GEQi
LDCi   max                -- KCODE <= max?
LEQi
AND
FJP    L error
```

Schema 7.5b: Verwaltungsteil der inneren case-Statements.

Die Anzahl der benötigten lade (KCODE)-Instruktionen ist hier fest,
sie kann jedoch stets (s. unten) in Abhängigkeit von den verwendeten
Schemata berechnet werden.

7.1.1.3. Spezielle Code-Schemata für das innere case-Statement.

Im folgenden Abschnitt gehen wir genauer auf die Erzeugung von Code-
Sequenzen zur Darstellung der inneren case-Statements ein. Diese Betrachtung ist notwendig, da die generelle Vorgehensweise der Anlage
eines case-Statements zur Darstellung jeder Zeile der Analyse-Matrix
zu starr ist.

Betrachten wir nochmals die allgemeine Form der Sprungtabelle:

```
    XJP    L tab        --  indizierter Sprung
  L tab
    UJP    L c0         --  Sprungtabelle

    :

    UJP    L cn
```

Die Semantik der XJP-Instruktion ist so definiert, daß der Wert der case-expression auf den Inhalt des Befehlszählers (PC) addiert wird; damit ergibt sich als nächster auszuführender Befehl einer der unter L tab eingetragenen Sprünge.

Diese Form ist für die Darstellung des äußeren case-Statements nach unserer Konstruktion sehr elegant: zu jedem Parser-Zustand gibt es eine entsprechende Zeile der Analyse-Matrix, die entstandene Sprungtabelle ist daher dichtbesetzt. Für die inneren case-Statements gilt dies nicht, da sich die Matrix-Zeilen gerade dadurch auszeichnen, daß sie dünnbesetzte Vektoren sind (error-Einträge werden als Lücken betrachtet). Die unmittelbare Umsetzung einer Matrix-Zeile in die Form einer Sprungtabelle liefert daher:

```
    XJP L tabi
  L tabi
    UJP    L aij1
    UJP    L error
    :
    UJP    L error
    UJP    L aij2
    UJP    L error
    :
    UJP    L error
    UJP    L aij3
```

Vergleicht man diesen Code mit der entsprechenden Matrix-Zeile, so ergibt sich folgendes Bild:

Durch die Eingangsabfragefolge im Verwaltungsteil eines case-Statements werden die schraffiert gezeichneten Einträge der Zeile erfaßt; eine Sprungtabelle wird nur für das Intervall aij1..aijn angelegt, jedoch ohne Berücksichtigung der internen Struktur des Intervalls. Da eine Sprungtabelle jedoch den gesamten Bereich umfassen muß, in dem definierte Einträge liegen, ergeben sich lange Sprungketten mit vielen Fehlerausgängen.

Diese einfache Form der Code-Erzeugung bedarf daher dringend einer Verbesserung; es ist klar, daß die Erzeugung *und* die Form einer Sprungtabelle abhängig sein muß von der Länge des zu berücksichtigenden Zeilenbereichs *und* dessen interner Strukturierung. Eine Sprungtabelle erlaubt zwar den laufzeitgünstigen Zugriff auf Matrix-Elemente, ihre Verwendung für unsere Anwendung ist jedoch nur sinnvoll, wenn das Verhältnis Laufzeitvorteil zu Programmspeicheraufwand vertretbar bleibt. Wir geben ein weiteres Beispiel zur Veranschaulichung des Problems:

```
case KCODE of

      1 :  ...
      2,
      3 :  ...

    100,
    101,
    103 :  ...

    200,
    201,
    205 :  ...

end;
```

Beispiel 7.1: Dünnbesetzte Sprungtabelle.

Die Übersetzung dieses Code-Segments ergibt eine Sprungtabelle der Länge 204, in der lediglich 9 Sprünge "benötigt" werden; diese Situation ist einigermaßen typisch bei unserer Anwendung.

Eine Alternative zur Anlage einer Sprungtabelle besteht in der Generierung von Code in der Form einer linearen Kette von Abfragen. Für eine solche Abfrage läßt sich folgendes Code-Schema angeben:

```
lade (KCODE)
LDCi    term1        -- lade Nr. eines Terminalssymbols
                        als Vergleichswert
NEQi
FJP    L action1     -- bei Übereinstimmung Zuweisung
                        der entsprechenden Information
```

Am Ende der Abfragekette wird ein zusätzlicher Sprung zur Zuweisungssequenz der error-Aktion benötigt. Wie schon angegeben, können die
lade (KCODE)-Instruktionen vorgezogen werden, pro Abfrage werden nur
noch 3 p-Code-Befehle benötigt. (Auf Generator-Ebene ist die Länge
der längsten Kette bekannt, damit auch die Anzahl der maximal benötigten Lade-Befehle.)

Für die Darstellung einer Matrix-Zeile werden bei Verwendung obigen
Schemas also

$$3 * |\text{Zeilen-Einträge}| + 1$$

p-Code Befehle benötigt; dies ergibt für die Darstellung des case-
Statements aus Beispiel 7.1 nur 28 Befehle.

Als Kompromiß zwischen der Anlage der laufzeit-günstigen, jedoch
langen Sprungtabelle und der Verwendung des Schemas für eine Abfragekette schlagen wir eine geeignete *Partionierung* der Sprungtabelle
vor. Die hier vorgestellte Vorgehensweise entspricht dem in [HeM 82]
beschriebenen Verfahren und wurde unabhängig davon entwickelt.

Wie leicht erkennbar, zerfällt die normalerweise für Beispiel 7.1 an-
zulegende Sprungtabelle in drei deutlich unterscheidbare Komponenten.
Wünschenswert wäre nun, eine solche dünnbesetzte Sprungtabelle in
Teiltabellen aufzuteilen, deren getrennte Realisierung als Sprungtabellen eine insgesamt günstigere Darstellung auf Code-Ebene ermöglicht.

Die Vorgehensweise ist nun die, daß (ausgehend von einer sich für
eine gegebene Matrix-Zeile ergebende Sprungtabelle) eine geeignete
Partionierung der Form

$$(i1..k1) \; (i2..k2) \; ... \; (in..kn)$$

gesucht wird; dabei steht (ij..kj) für ein Intervall der ursprünglichen Sprungtabelle. Eine Partition ist (bei dem Ziel einer minimalen Code-Länge) dann geeignet, wenn die Differenz $i_{j+1} - k_j$ größer ist als die Anzahl der sonst erforderlichen Fehler-Aussprünge (in der Ausgangs-Sprungtabelle) abzüglich der zur Verwaltung (also Auswahl der Partition, Verwaltungsteil einer zusätzlichen Sprungtabelle) nötigen Befehle.

Der Zugriff auf die für die Partionen anzulegenden Sprungtabellen läßt sich leicht höhenbalanciert-baumartig in Code übersetzen, indem zunächst Code für das mittlere Element der Partionsliste, dann Code für das mittlere Element der linken und rechten Hälfte der Partionsliste erzeugt wird, bis die derart durch Halbierung entstandenen Teillisten nur noch ein Element enthalten; für diese Elemente (in einem Baum den Blättern entsprechend) wird kein Code benötigt. Der zu erzeugende Code hat folgendes Muster:

```
lade (KCODE)
LDCi    kj          -- lade obere Intervall-Grenze
LEQi                -- <= ?
FJP   L ...         -- Sprung zur nächsten Abfrage-Sequenz
```

Durch dieses Codemuster reduziert sich die im Verwaltungsteil der Sprungtabelle vorzunehmende Abfrage auf die Code-Sequenz:

```
lade (KCODE)
LDCi    ij          -- lade untere Intervall-Grenze
GEQi                -- >= ?
FJP   L error
```

Es ist also nur noch eine Abfrage bzgl. der unteren Grenze der Teil-Sprungtabelle nötig. Wie schon beschrieben können zudem die lade (KCODE)-Befehle vorgezogen werden; die Anzahl der benötigten Lade-Befehle ergibt sich zu

$$\text{Höhe (Zugriffsbaum)} + 1$$

Die Darstellung einer Matrix-Zeile nach diesem Verfahren erfordert wesentlich weniger Code, wobei jedoch der Laufzeitvorteil bei Verwendung einer Sprungtabelle weitgehend erhalten bleibt. Eine Umsetzung von Beispiel 7.1 erfordert (wie bei der Abfragekette) 28 p-Code-Befehle. Als Spezialfall ergibt sich bei dieser Vorgehensweise ein (reiner) höhenbalancierter Baum, wenn die Länge einer Partition mit 1

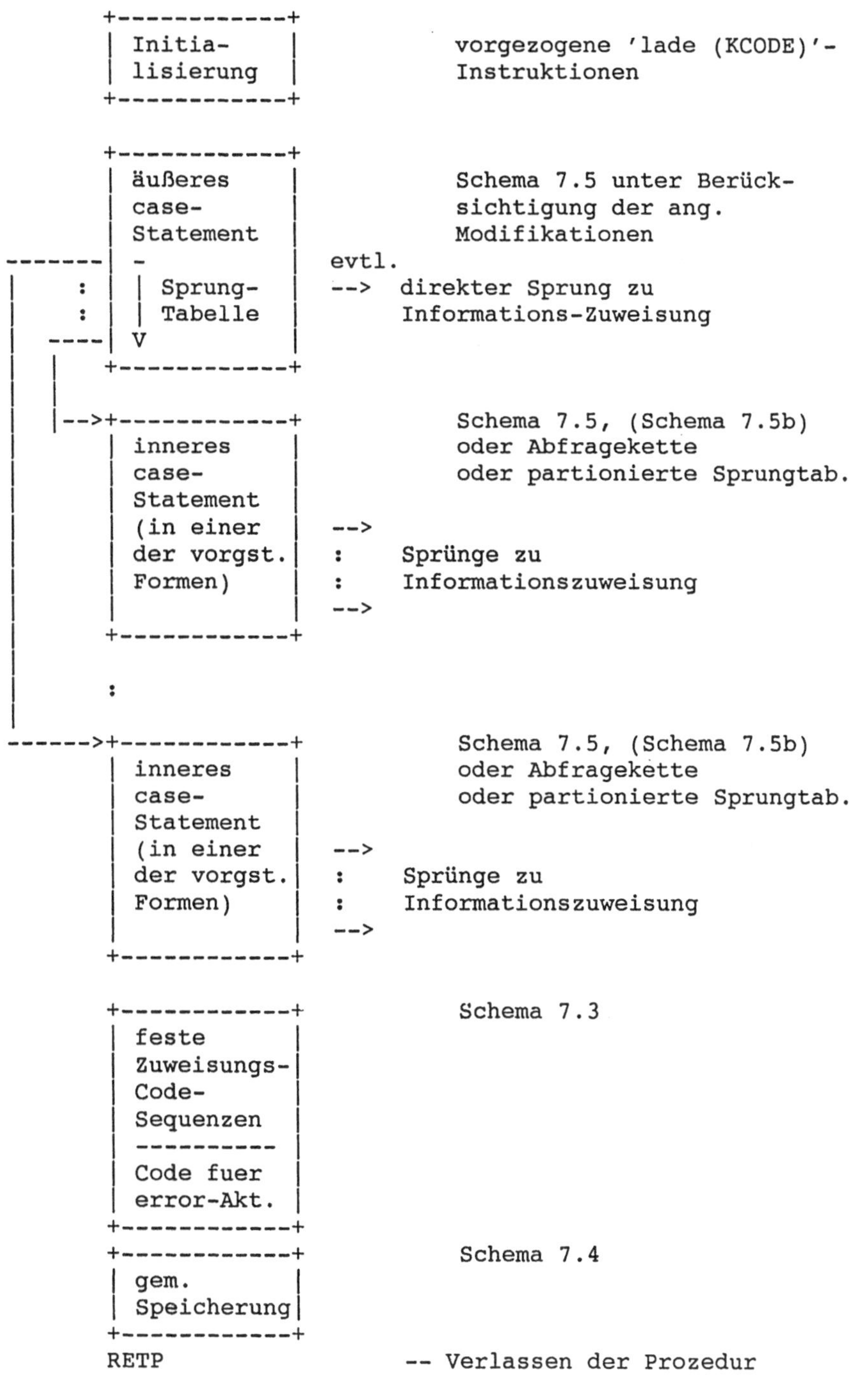

Bild 7.3: Code-Struktur, Programmdarstellung der ACTION-Tabelle (Methode 1)

angenommen und auf die Anlage einer Sprungtabelle verzichtet wird.

Als zusätzliche Verbesserung kann (vor der eigentlichen Erzeugung von Code, gleich ob als partionierte Sprungtabelle oder als lineare Folge von Abfragen) die Länge der in Code umzusetzenden Einträge einer Matrix-Zeile dadurch verringert werden, daß der häufigste (reduce-) Eintrag als Sonderfall ("don't-care"-Aktion) behandelt wird, indem er als "else"-Fall interpretiert wird. Im Falle der Darstellung in einer Sprungtabelle wird die dazu gehörende Informationszuweisung als Ausgangssprung (anstelle eines Fehlerausgangs) im Verwaltungsteil, bei einer Abfragekette als letzter (unbedingter) Sprung erzeugt.

Als Spezialfall läßt sich für das innere case-Statement eine leere Befehlsfolge erzeugen, wenn für einen Parser-Zustand nur eine reduce-Aktion (u.U. als "don't-care"-Ation) definiert ist; in diesem Fall kann das innere case-Statement ersetzt werden durch einen direkten Sprung aus der Sprungtabelle des äußeren case-Statement zu dem für die reduce-Aktion vorgesehen Zuweisungssegment.

Die Gesamtstruktur des bei direkter Code-Erzeugung auf Generator-Ebene verwendeten Schemas ist in Bild 7.3 zusammengefaßt.

7.1.2. Erzeugung der ACTION-Tafel als programmstrukturiertes p-Code-Segment unter Zuhilfenahme einer internen Tabellenumformung.

Die bisher betrachtete Methode zur Darstellung der Analyse-Matrix ergibt zwar besseren Code, jedoch ist das Ergebnis nicht ganz zufriedenstellend, da speziell der Zugriff auf die Einträge einer Zeile aufwendig codiert werden muß.

In diesem Abschnitt werden wir nun versuchen, mithilfe einer *internen* Umformung der Analyse-Matrix eine für die direkte Erzeugung von p-Code in Programm-Struktur geeignetere Ausgangsbasis zu erhalten. Der vorgeschlagene Ansatz stützt sich auf eine Methode zur Erzeugung kompakter Tabellen, die (nach einem Vorschlag von Johnson) in [AhU 78] beschrieben ist. Obwohl das Verfahren eher zur Behandlung einer Zustandsübergangs-Tabelle (etwa der GOTO-Tabelle) geeignet ist, läßt es sich auch auf die ACTION-Tabelle anwenden. Wir verwenden diese Methode nun als Hilfskonstruktion zur direkten Generierung von p-Code.

Zur Veranschaulichung der Methode orientieren wir uns (wie bisher) an
der Parser-Tabelle ACTION und geben die veränderte Darstellung der
Tabelle wieder zunächst in der Form eines PASCAL-Quellcode-Segments
an; danach zeigen wir, wie sich die gewonnene Form zur direkten Generierung von p-Code verwenden läßt. Speziell wird der Zugriff auf die
Information verbessert, die Zuweisung der Information erfolgt wie in
Kap. 7.1.1.1. beschrieben.

Das verwendete Verfahren besteht im wesentlichen darin, eine Reduzierung des zur Darstellung der Analyse-Matrix benötigten Speicherplatzes durch Linearisierung der Matrix-Zeilen bei gleichzeitiger Überlagerung identischer Teillisten zu erzielen; diese Vorgehensweise bedingt dann allerdings ein etwas komplexeres Zugriffsverfahrens auf
die Einträge und die zusätzliche Ablage von Kontrollinformation.

Die Datenstruktur zur Realisierung dieses Verfahrens besteht aus vier
Feldern, deren Bezeichnungen wir aus [AhU 74] übernehmen. Die Dimen-
sionen dieser Felder können zur Generierungszeit bestimmt werden und
sind fest zur Compile-Zeit. Zwei dieser Felder (BASE und DEFAULT)
dienen zur Adressierung bzw. der Kontrolle des Zugriff auf die beiden
anderen (NEXT und CHECK), von denen NEXT die eigentliche Aktionsin-
formation beinhaltet und CHECK zur Kontrolle verwendet wird. Wir
veranschaulichen die Struktur durch folgendes Bild:

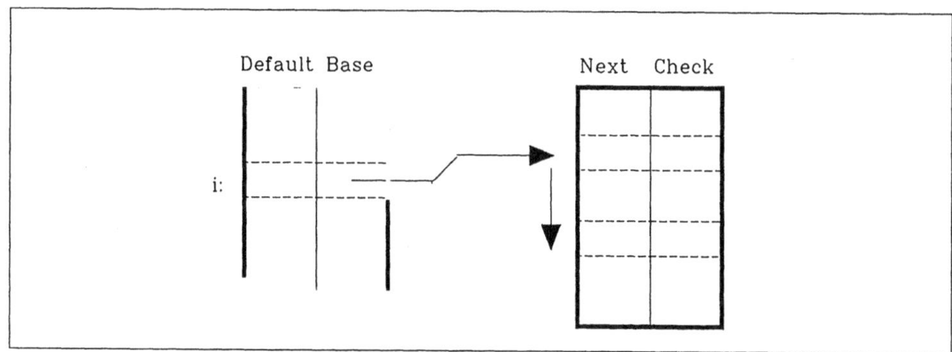

Bild 7.4: Tabellenstruktur und Adressierungsschema.

Das BASE/DEFAULT-Paar wird über den Parser-State adressiert;
BASE enthält einen Zeiger auf die NEXT/CHECK-Tabelle,
der die Basisadresse des Aktionsvektors (=Zeile der Analyse-
Matrix) zu diesem Zustand enthält

Durch die Linearisierung der Matrix und die Adressierung des Aktionsvektors über die BASE-Tabelle können überlagerte Zeilen adressiert

werden; dabei ist durch die Kontrolleinträge in CHECK und DEFAULT
stets gewährleistet, daß nur korrekte Einträge adressiert bzw. Fehler
stets erkannt werden; wir gehen hier nicht weiter darauf ein.

Der Zugriff auf diese Datenstruktur ist nun folgendermaßen definiert:

$$
\begin{aligned}
\text{ACTION } (i, a_k) :=\ &\textit{if } \text{CHECK } [\text{BASE } [i] + a_k] = i\\
&\quad \textit{then } \text{NEXT } [\text{BASE } [i] + a_k]\\
&\quad \textit{else } \text{ACTION } (\text{DEFAULT } [i], a_k);
\end{aligned}
$$

Bei der Konstruktion der Tabellen besteht das Problem darin, für jeden Zustand die geeignete Basisadresse zu finden, die zur Adressierung der korrekten NEXT/CHECK-Einträge verwendet werden kann; diese
Adressierung erfolgt relativ zur Basisadresse BASE[i] für alle a_i,
$i=0,\ldots,$MaxTerm, wobei MaxTerm den maximalen Klassencode der Terminals der Eingabegrammatik bezeichnet.

Eine Basisadresse b ist dann geeignet, wenn alle für einen State
definierten Aktionen über sie in NEXT/CHECK adressiert werden können,
ohne daß Kollisionen mit schon existierenden Einträgen auftreten;
eine Kollision tritt genau dann auf, wenn es zu einer Matrix-Zeile
$a_{i0},\ldots,a_{in}$ ein j gibt ($j=0,\ldots,n$) mit NEXT $[b + j] <> a_{ij}$.

Zusätzlich wird gefordert, daß die Gesamtgröße der NEXT/CHECK-Tabelle
minimal ist bzgl. aller möglichen Realisierungen für die gegebene
ACTION-Tabelle. Diese Nebenbedingung ist jedoch kaum zu erfüllen;
daher werden in [AhU 78] heuristische Methoden zur Auswahl der Basisadresse vorgeschlagen, die eine möglichst günstige Belegung der
Tabelle erlauben. Dann ist natürlich insbesondere nicht mehr gewährleistet, daß alle Einträge der NEXT/CHECK-Tabelle ausgenützt werden
können, sondern es werden Lücken entstehen.

Eine einfache heuristische Methode besteht darin, (wie in [AhU 78]
vorgeschlagen) für BASE[i] den niedrigsten Index in NEXT/CHECK zu
nehmen, für den keine Kollisionen auftreten. Eigene Untersuchungen
(vgl. auch [Gro 83]) haben jedoch ergeben, daß sich die Ergebnisse
verbessern lassen, wenn States mit "langen" Aktionslisten (d.h. die
Analyse-Matrix-Zeile enthält viele Einträge) gegenüber States mit nur
"kurzen" bevorzugt behandelt werden.

Durch diese Reihenfolge bei der Zuordnung von Basisadressen in der NEXT/CHECK-Tabelle ergibt sich unmittelbar, daß States für die nur eine legale Aktion definiert ist, zunächst nicht in der oben vorgeschlagenen Weise behandelt werden, sondern erst dann eine Basisadresse zugeteilt bekommen, wenn alle anderen States schon berücksichtigt sind. Da für diese States nur *ein* Eintrag in der NEXT/CHECK-Tabelle benötigt wird, können so gerade Lücken, die aus der vorangehenden Behandlung von States mit "langen" Aktionslisten resultieren, ausgenützt werden.

Eine weitere Verbesserung erhält man dadurch, daß für Parser-Zustände mit nur einer (evtl. durch "don't-care"-Überlagerung entstandenen) reduce-Aktion keine Plätze in der NEXT/CHECK-Tabelle zugeordnet werden, sondern die zugehörige Aktion direkt in der BASE/DEFAULT-Tabelle eingetragen wird. Diese Vorgehensweise reduziert die Tabellengröße (im Mittel, auf der Grundlage von Beispielgrammatiken) auf etwa ein Drittel der ursprünglichen Größe.

Wir werden nun im folgenden darauf eingehen, wie wir dieses Schema für die direkte Generierung von kompaktem Code ausnützen können.

7.1.2.1. Generierung von Code mit Hilfe der Tabellenstruktur.

Wir können die nach diesem Verfahren erzeugten Tabellen als Grundlage für die Generierung von Code verwenden; die naheliegende Darstellung ergibt sich wieder in der Form eines case-Statements, indem wir die Tabellen-Information in folgender Weise notieren:

```
(1)  case AKTSTATE of
        0 : begin DEFAULT := j; BASE := i end;
            :
            :
        n : begin DEFAULT := l; BASE := k end;
     end;  { case über die Parser-States }

     :
```

```
     :
(2)  case (KCODE + BASE) of
         0 : begin  CHECK := x;  Aktionszuweisung  end;
         :

         :
         m : begin  CHECK := y;  Aktionszuweisung  end;
     end;  { case über die NEXT/CHECK-Tabelle }
```

Schema 7.6: Programm-Struktur nach Auswertung der Tabellen
in PASCAL-Notation.

Die case-Statements, die wir nach obiger Konstruktion erhalten haben,
zeichnen sich vor allem durch folgende Eigenschaften aus:

- die Sprungkette für das erste case-Statement ist völlig besetzt

- die Sprungkette für das zweite case-Statement ist (nach Konstruktion) im Verhältnis zur Länge dichtbesetzt d.h. nur wenige
  Sprünge in der (nun relativ langen) Sprungkette führen zu Feh-
  lereinträgen

- die Anweisungsfolgen, die zu jedem case-Label gehören, sind *homogen* (wir nennen Code-Sequenzen homogen, falls ihre Längen gemessen in p-Code-Instruktionen übereinstimmen; wir gehen davon
  aus, daß alle p-Code-Instruktionen gleiche Länge haben)

Diese Eigenschaften erlauben eine günstige Darstellung der angegebenen Programmstruktur auf p-Code-Ebene; es ergeben sich zwei Möglichkeiten, die (in Abhängigkeit von der nach Tabellenerstellung konkret
vorliegenden Situation) auf Generator-Ebene wahlweise verwendet werden können. Wir betrachten zunächst die Anweisungsfolgen, die mit den
case-Labels der o.a. case-Statements verbunden sind.

Die Anweisungsfolgen in case-Statement (1):

    i : begin DEFAULT := k; BASE := j end;

ergibt folgende p-Code-Sequenz:

```
L i
    LDCi      k
    STRi      <DEFAULT>
    LDCi      j
    STRi      <BASE>
    UJP       L case2
```


Wie schon an anderer Stelle beschrieben lassen sich die Speicherbefehle isolieren und einmal für alle Anweisungsfolgen vor das zweite

case-Statement plazieren; sie können nach Konstruktion sogar ganz entfallen, wenn die Situation auf dem p-Maschinen-Stack bei Erreichen des zweiten case-Statements berücksichtigt wird:

```
        |          |
        +----------+
        | (Deflt)  |     -- Wert für DEFAULT
        +----------+
SP-->|  (Base)  |     -- Wert für BASE
        +----------+
```

Bild 7.5: Stack-Situation bei Erreichen von L case2.

Im weiteren Ablauf wird nämlich der Wert von BASE unmittelbar benötigt, der Default-Wert nur dann, wenn der Vergleich von AKTSTATE mit CHECK *false* ergibt. Die nötige p-Code-Sequenz reduziert sich so zu:

```
L i
    LDCi     k
    LDCi     j
    UJP      L case2
```

Schema 7.7: Code-Sequenz einer Anweisungsfolge von case-Statement(1).

Für eine Anweisungsfolge von case-Statement (2):

   i : *begin* CHECK := j; Aktionszuweisung ; *end*;

ergibt sich (in Abhängigkeit von der erforderlichen Aktion) als entsprechende p-Code-Sequenz:

a) <u>shift</u>-Aktion:

```
    L i
        LDCi check
        UJP  L shift i     -- Zuweisungs-Sequenz für
                              Aktion shift i
```

b) <u>reduce</u>-/<u>shift-reduce</u>-Aktion:

```
    L i
        LDCi check
        UJP  L reduce j     -- Zuweisungs-Sequenz für
                               Aktion reduce j
```

Schema 7.8: Code-Sequenz einer Anweisungsfolge von case-Statement (2)
            (L shift i bzw. L reduce j wie in Schema 7.3)

Wieder nützen wir die Stackeigenschaft der p-Maschine aus; nach
Verwendung das BASE-Werts im Verwaltungsteil des case-Statements (2)
und Laden eines CHECK-Werts liegt folgende Stack-Stuation vor:

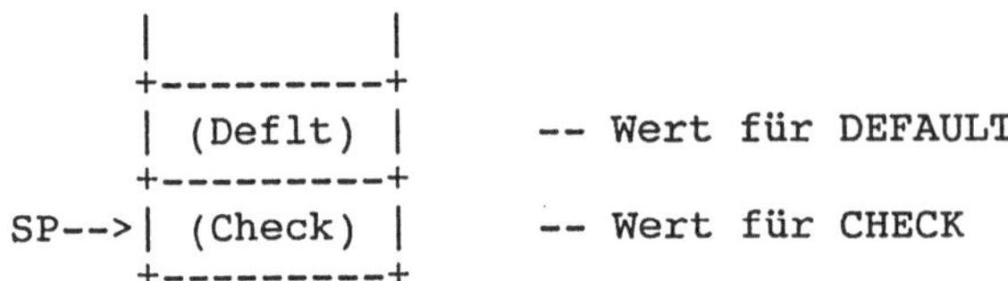

Bild 7.6: Stack-Situation nach Laden des CHECK-Werts in
case-Statements (2)

Der geladene Wert von CHECK kann (in der hier nicht weiter betrachte-
ten Zugriffsroutine) unmittelbar mit dem Wert von AKTSTATE verglichen
werden; ein Abspeichern ist also nicht erforderlich.

Die beiden Möglichkeiten zur Darstellung der Gesamtstruktur unterscheiden sich nun darin, in welcher Form eine Sprungtabelle für die
beiden case-Statements angelegt wird; es ergibt sich:

1. Verwendung einer Sprungtabelle nach Schema 7.5 und die zusätzliche Überlagerung identischer Anweisungsfolgen (analog zu dem
   in Kap. 7.1.1.1. beschriebenen Verfahren)

2. die Integrierung der Anweisungsfolgen zu einem case-Label _in_
   die Sprungtabelle bei entsprechender Umrechnung des Sprungindex
   (diese Möglichkeit nutzt insbesondere die Homogenität der Anweisungsfolgen aus).

(Wir nennen die Verwendung von 1. Methode(2), von 2. Methode(3).)

Welche dieser Möglichkeiten im konkreten Fall günstiger ist, hängt
wesentlich davon ab, welche Form die NEXT/CHECK-Tabelle hat: Hat die
Tabellenkonstruktion viele Lücken (bei nur wenigen Überlagerungen)
ergeben, so liefert i.a. Methode (2) den besseren Code. Bei Code-
Generierung nach der ersten Möglichkeit erhalten wir Bild 7.7:

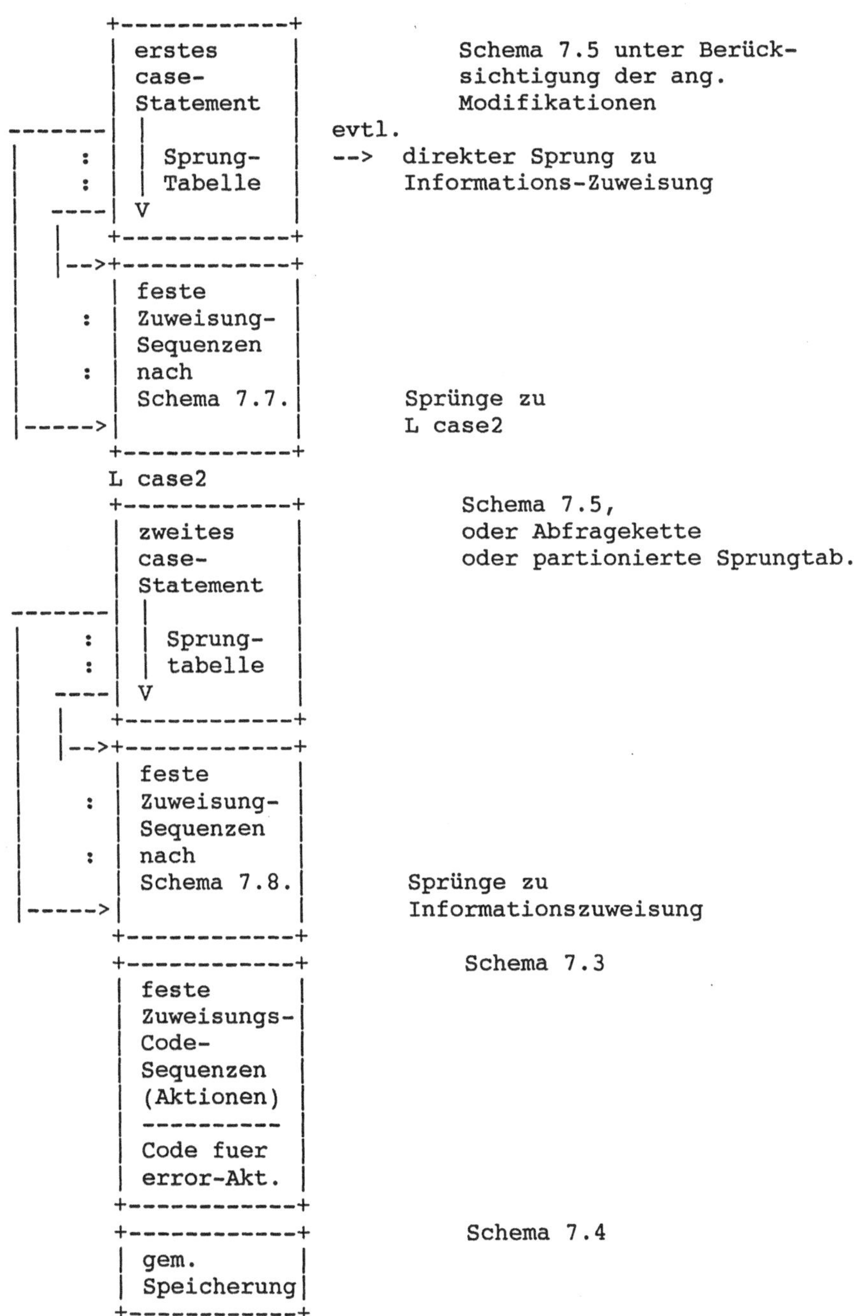

Bild 7.7: Code-Struktur, Programmdarstellung der ACTION-
Tabelle nach Möglichkeit 1 (Methode 2)

Zur Code-Erzeugung nach Möglichkeit 2. lassen sich folgende Schemata angeben:

```
L case1

    LODi    <AKTSTATE>
    LDCi    0                   -- Abfrage-Sequenz zur
    GEQi                           Vermeidung des CHK-Befehls
    LODi    <AKTSTATE>
    LDCi    n
    LEQi
    AND
    FJP     L error
    lade    <AKTSTATE>
    LDCi       3                 -- Laden des Adr.-Faktors
    MPI                          -- Multiplikation
    XJP     L cv1
L cv1
L 0
    LDCi    default             -- Code nach Schema 7.7
    LDCi    base
    UJP     L case2


    :
    :


L n
    LDCi    default             -- Code nach Schema 7.7
    LDCi    base
    UJP     L case2             -- (letzter) Sprung kann
                                   entfallen
L case2
```

Schema 7.9: Code-Muster für das erste case-Statement.

```
L case2

    lade    (KCODE)
    ADI                         -- Addiere zu BASE-Wert auf Stack
    speichere <temp>            -- Zwischenspeicherung
    lade    (temp)
    LDCi    0                   -- Abfrage-Sequenz zur
    GEQi                           Vermeidung des CHK-Befehls
    lade    (temp)
    LDCi    n
    LEQi
    AND
    FJP     L error
    :
    :                           -- (wird fortgesetzt)
```

```
          :
          :

     lade    (temp)
     LDCi       2              -- lade Adr.-Faktor
     MPI                       -- Muliplizieren mit Länge
     XJP     L cv1
  L cv1
  L 0
     LDCi     check            -- Code nach Schema 7.8
     UJP     L shift i

          :
          :

  L n
     LDCi     check            -- Code nach Schema 7.8
     UJP     L reduce j
```

Schema 7.10: Code-Muster für das zweite case-Statement.

Da es i.a. nicht möglich ist, die NEXT/CHECK-Tabelle vollständig besetzt zu erzeugen, muß für jede Lücke eine geeignete Code-Sequenz in die Sprungtabelle für das zweite case-Statement eingetragen werden. Da stets ein (bei Tabellen-Konstruktion berechneter) CHECK-Wert geladen werden muß, um eine korrekte Adressierung auf die Tabellen zu ermöglichen, bleibt diese Instruktion vorhanden; anstelle des Sprungs zu einer Zuweisungssequenz erfolgt nun ein Sprung an die korrekte Stelle der Tabellen-Verwaltungs-Routine. Dadurch bleibt die Homogenität der Anweisungsfolgen erhalten. Bild 7.8 zeigt das Code-Muster.

Parser-Zustände mit nur einer (evtl. "don't-care"-Aktion) werden (bei Methode (2) und Methode (3)) so behandelt, daß aus dem 1. case-Statement direkt zu einer Zuweisungssequenz gesprungen wird. Zur Sicherstellung des korrekten Ablaufs des Verfahrens muß dann jedoch der entsprechende CHECK-Wert auf den Maschinen-Stack geladen werden, bei Methode (3) ist hier (wegen der notwendigen Homogenität der Anweisungsfolgen) eine Füll-Instruktion (padding intruction) nötig.

```
+------------+
| erstes     |              Schema 7.9
| case-      |
| Statement  |
|   |        |       evtl.
|   | Sprung- |       --> direkter Sprung zu
|   | Tabelle |           Informations-Zuweisung
|   | mit     |
|   | integr. |
|   | festen  |
|   | Zuweis.-|
|   | Sequenzen|
|   | nach    |           Sprünge zu
| V Sch. 7.7.|           L case2
+------------+
L case2
+------------+              Schema 7.10
| zweites    |
| case-      |
| Statement  |
|   |        |
|   | Sprung- |
|   | tabelle |
|   | mit     |
|   | integr. |
|   | festen  |
|   | Zuweis.-|
|   | Sequenzen|
|   | nach    |           Sprünge zu
| V Sch. 7.8.|           Informationszuweisungen
+------------+
+------------+              Schema 7.3
| feste      |
| Zuweisungs-|
| Code-      |
| Sequenzen  |
| (Aktionen) |
| ---------- |
| Code fuer  |
| error-Akt. |
+------------+
+------------+              Schema 7.4
| gem.       |
| Speicherung|
+------------+
```

Bild 7.8: Code-Struktur, Programmdarstellung der ACTION-Tabelle
nach Methode (3)

7.1.3. Tabellenstrukturierte Umsetzung der ACTION-Tabelle in p-Code.

In den letzten Abschnitten haben wir versucht, günstige Schemata für die Darstellung der generierten Tabellen auf *Programmspeicher*-Positionen anzugeben; diese Vorgehensweise hat jedoch den Nachteil, daß speziell der Zugriff auf Tabelleninformation vollständig in eigenen Code-Sequenzen ausgedrückt werden muß.

Als Alternative dazu bieten sich die Ablage der generierten Tabellen im *Daten-* bzw. *Konstanten*-Speicher der p-Maschine an; diese Darstellungsform hat den entscheidenden Vorteil, daß sich der Zugriff auf in den Tabellen abgelegte Information isolieren läßt und damit den Code-Aufwand reduzieren würde. In diesem Abschnitt wollen wir untersuchen, auf welche Weise diese Form der Darstellung auf p-Code-Ebene ermöglicht werden kann. Wir gehen davon aus, daß die darzustellenden Tabellen in einer speicherplatz-günstigen Form vorliegen, etwa als Linearisierung der Matrix-Zeilen unter Angabe eines Paares (KCODE, Aktion) für jeden Eintrag der Zeile oder in der Form der Johnson-Tabellen (vgl. Kap. 7.1.2.).

Wir schlagen zunächst eine einfache Modifikation von p-Code vor, die (als Ideallösung) die Ablage der generierten Tabellen im Konstanten-speicher der p-Maschine ermöglichen würde. Da diese Änderung von p-Code jedoch mögliche Auswirkungen auf die Portabilität hat, werden wir diese Lösung nicht weiter verfolgen, sondern Schemata angeben, die das Gewünschte ohne eine solche Modifikation erlauben.

7.1.3.1. Eine einfache Erweiterung von p-Code zur Ermöglichung der Ablage konstanter Tabellen im Konstantenspeicher.

Wie wir aus der Beschreibung der p-Maschinen-Architektur wissen, enthält der Datenspeicher STORE der p-Maschine (neben STACK und HEAP) einen gesonderten Bereich zur Aufnahme von konstanten Werten. Üblicherweise werden in diesem Konstanten-Speicher nur solche Werte abgelegt, die sich nicht in einer p-Code-Instruktion ausdrücken lassen; dies sind insbesondere real-Zahlen-Konstanten und konstante Mengen bzw. "große" integer-Zahlen und Zeichenketten (Strings).

Interessant wäre es nun, eine generierte Tabelle (als ganzes) als ein konstantes Datenelement zu betrachten; das Problem, das sich nun hier ergibt, besteht darin, in welcher Weise man ein solches Datenelement auf p-Code-Ebene beschreiben kann.

Es ist nämlich so, daß die oben angeführten konstanten Werte (es handelt sich nur um Objekte von in PASCAL möglichen elementaren Datentypen) stets (als Wert) in den entsprechenden p-Code-Befehlen auftreten; es ist Aufgabe des p-Code-Assemblers für solche Konstanten Speicheradressen im Konstantenspeicher zu berechnen und dann diese Adressen im assemblierten p-Code zu verwenden, z.B.:

Die Instruktion

        LDC(...)   -- Lade konstante Menge

wird stets als p-Code-Instruktion erzeugt, die konstante Menge aber nur einmal im Konstanten-Speicher abgelegt. Diese Notation ist jedoch für ganze Tabellen ungeeignet; für solche komplexere Datenstrukturen ist eine Trennung zwischen Definition und Anwendung sinnvoll.

Ist nun die Ablage einer komplexeren Datenstruktur im Konstantenspeicher erwünscht, so sollte eine entsprechende Identifizierung der Datenstruktur erfolgen, die dann in den zugreifenden p-Code-Befehlen verwendet werden kann. Eine solche Identifizierung kann leicht vorgenommen werden, indem ein geeigneter p-Code-Befehl eingeführt wird, dessen Semantik die Zuordnung einer Konstantenspeicher-Adresse zu einer Datenstruktur beinhaltet sowie eines weiteren Befehls, der die eigentliche Ablage des konstanten Werts (also der Komponente der Datenstruktur) unter der definierten Adresse bewirkt.

In Analogie zur Verfahrensweise hinsichtlich des Programmspeichers läßt sich das Gewünschte folgendermaßen erreichen: Wie die Markierung einer Programmspeicher-Adresse durch die Angabe eines Label-Befehls

        L marke

kann für den Datenspeicher eine Angabe der Form

        D marke

erfolgen; damit ist die Angabe einer (Start-) Adresse für die Ablage
von konstanten Werten auf dem Datenspeicher markiert, sie kann analog
zur Behandlung von Programmspeicher-Adressen (labels) bei Assemblierung des p-Code-Programms einer (festen) Konstantenspeicher-Adresse
zugeordnet werden.

Die Definition der Datenwerte der Datenstruktur kann nun (nach Markierung des Tabellenanfangs durch eine Datenmarke) durch eine Folge
von Daten-Definitions-Befehlen erfolgen, etwa der Form

                    DATt wert

wobei wert den Wert der abzuspeichernden Konstanten vom Typ t (d.h.
des zugrundeliegenden, elementaren PASCAL-Typs) bezeichnet; die so
spezifizierten Werte werden konsekutiv beginnend mit der marke zuge-
ordneten Adresse des Konstanten-Speichers abgelegt; man beachte, daß
keinerlei Probleme hinsichtlich der Adressierung entstehen, da der
typindividuelle Speicherplatzbedarf des Datenelements berücksichtigt
ist und bei einem indizierten Zugriff in die notwendige Adress-Rechnung eingehen kann.

Eine Verwendung dieser Lösung im Rahmen des Modul-Konzepts ist unproblematisch: bei der separaten Übersetzung eines Moduls kann der Konstanten-Speicher zunächst als modul-lokal angesehen werden; die zusätzliche Aufgabe während des Bindens besteht lediglich darin, den
modul-lokalen Konstanten-Speicher mit dem des Gesamtprogramms zu kom-
binieren und die Adressen im Modul-p-Code zu korrigieren. Die Vorgehensweise entspricht dabei der Speicherplatzvergabe für modul-
lokale Variablen wie in Kap. 6. beschrieben.

Der (natürlich nur lesende) Zugriff auf in solcher Weise abgelegte
strukturierte konstante Objekte erfordert als weitere Modifikation
von p-Code die Ermöglichung von symbolischen Adressen (etwa bei lade-
Operationen), so etwa:

    LAO **D** marke -- lade Adresse, die D marke zugeordnet ist

Dies bereitet keine grundsätzlichen Schwierigkeiten.

Obwohl dies sicherlich die günstigste Form der Darstellung von generierten Tabellen in p-Code-Form wäre, bevorzugen wir (wegen unseres
Portabilitätsanspruchs) eine Lösung, die ohne eine solche Änderung

von p-Code auskommt. Eine solche Lösung, die (hinsichtlich des Programmspeicherbedarfs) nur wenig schlechter ist, stellen wir im nächsten Abschnitt vor.

7.1.3.2. Ablage generierter Tabellen im Datenspeicher der p-Maschine.

In diesem Abschnitt geben wir Verfahren an, die eine Ablage der generierten Tabellen auf *Datenspeicher*-Positionen ermöglichen. Die Idee ist die, daß (wie bei reinen, tabellen-gestützten Verfahren) nur die eigentliche Information abgelegt werden muß und der Zugriff darauf in einer festen Code-Sequenz isoliert werden kann. Als Datenspeicher betrachten wir ein Segment des p-Maschinen-Stacks, das einem Modul zugeordnet ist; damit entspricht die Lebensdauer von in diesem Speichersegment abgelegten Objekten der des Moduls.

Bei diesem Ansatz wir für generierte Tabellen ein eigener Bereich im Datenspeichers des jeweiligen Compiler-Moduls reserviert, der zur Ablage der Tabellen in der Form von Feldern verwendet wird. Die Basis-Adresse dieses Datenspeicher-Segments und seine Länge kann zur Generierungs-Zeit anhand des Umfangs der generierten Tabellen berechnet werden. Der Zugriff auf ein Element dieser "pseudo-deklarierten" Felder kann dann zur Laufzeit des Compilers in einem festen Code-Segment analog zu einem üblichen Feldzugriff erfolgen.

Das Problem ist nun, in welcher Weise diese Felder (zur Laufzeit des Compilers) initialisiert werden können; diese Initialisierung muß (im Unterschied zu der oben beschriebenen Möglichkeit der Ablage im Konstantenspeicher) in Programmform erfolgen. Die dazu nötige Befehlssequenz kann vom Generator im Rumpf des jeweiligen Moduls abgelegt werden; dadurch ergibt sich (nach Konstruktion eines Moduls) eine automatische Definition der Tabellen mit der Aktivierung eines Moduls.

Wir betrachten im folgenden die Code-Schemata, die bei direkter Code-Erzeugung auf Generator-Ebene die erforderliche Initialisierung in günstiger Form ermöglichen. Wir gehen nicht ein auf die eher trivialen Zugriffs-Code-Sequenzen (die auch bei Ablage der Tabellen im Konstanten-Speicher verwendet würden).

7.1.3.2.1. Initialisierung der Tabellen durch Feldzugriffe.

In einem ersten Ansatz betrachten wir die generierten Tabellen als ein "deklariertes" Feld, für das durch den Generator im Parser-Modul Speicherplatz angelegt wird. Die Initialisierung des Tabellen-Feldes erfolgt zur Compile-Zeit durch die Ausführung einer Folge von Anweisungen, die die Belegung der Feldkomponenten mit den generierten Werten bewirkt.

Wir können uns im folgenden auf den Zugriff auf ein 1-dimensionales Feld beschränken; die generierten Tabellen können entweder auf diese Darstellungsform abgebildet werden oder der notwendige Codeaufwand wird in analoger Form erweitert. Wesentlich für die Darstellung ist nur die Ausnützung der Generator-Information, auf die wir nun eingehen.

Der (schreibende) Zugriff auf ein Feld läßt sich in p-Code durch folgende Befehlssequenz realisieren:

```
LDA    <Feld>        --  lade Basisadresse des Feldes
lade (index)         --  lade Feld-Index, hier Konstante
DECi lower_bound     --  normalisiere auf untere Feld-Grenze
IXA  disp            --  berechne Element-Adresse
lade (wert)          --  lade zuzuweisenden Wert
STOi                 --  speichere Wert in berechneter Adresse
```

Diese Befehlssequenz wäre nun zur Initialisierung jeder Feldkomponente auszuführen; eine solche Sequenz würde ebenfalls entstehen, wenn eine nicht-optimierte Übersetzung einer entsprechenden Zuweisung in einem Compiler erfolgen würde, ohne daß eine Konstanten-Faltung vorgenommen würde.

Die erforderliche Adressrechnung kann jedoch auf Generator-Ebene in einfacher Weise ausgeführt werden:

- die Basis-Adresse des Feldes ist bekannt
- der Speicherplatz (disp) eines Feld-Elements ist bekannt
- die Normalisierung auf den Feld-Beginn kann entfallen
- der Wert des Feld-Index ist bekannt

Diese Angaben können daher zur Generierungszeit unmittelbar umgerechnet werden und ergeben die Adresse der Feldkomponente, in die ein konstanter Wert abzuspeichern ist. Bei zusätzlicher Verwendung eines geeigneteren p-Code-Befehls läßt sich obige Befehlsfolge daher schreiben als

```
LDCi (wert)      -- lade abzuspeichernden Wert
SROi <adresse> -- speichere (direkt) unter ang. Adresse
```

dabei ist <adresse> die vom Generator berechnete Adresse der Feld-Komponente zur Laufzeit des generierten Compilers.

7.1.3.2.2. Ablage der Tabellen im Datenspeicher unter Ausnutzung der p-Maschinen-Stack-Architektur.

Eine weitere Verbesserung des für die Initialisierung der Tabellen benötigten Codes ergibt sich (bei direkter p-Code-Erzeugung auf Generator-Ebene) durch Ausnutzung der Stack-Architektur der p-Maschine. Die Idee dabei ist die, daß man die konstanten Werte (ohne daß eine Adressrechnung nötig ist) konsekutiv auf den p-Maschinen-Stack lädt. Da die Länge des so entstandenen Datensegments (in p-Maschinen-Stack-Einheiten) zur Generator-Zeit berechnet werden kann, kann eine Zuweisung der so auf dem Stack entstandenen Wertefolge an den für die Tabelle vorgesehenen Speicherplatz im Datenspeicher durch einfaches Verschieben des kompletten Stack-Segments erfolgen. Man kann die Situation anhand Bild 7.9 veranschaulichen.

Der für die Initialisierung der Tabellen im Modul-Rumpf erforderliche Code besteht nun also aus einer einfachen Folge von p-Code-Lade-Befehlen der Form:

```
LDCt wert
```

die die Werte der Tabellen auf den Stack schreiben; pro Tabellenele-ment wird also genau eine p-Code-Instruktion benötigt.

Nach diesem "Initialisieren" des p-Maschinen-Stacks mit den Tabellen-Werten müssen diese in das modul-lokale Speichergebiet verlagert wer-den; dieses Datengebiet hat nach Konstruktion eines Moduls die Le-

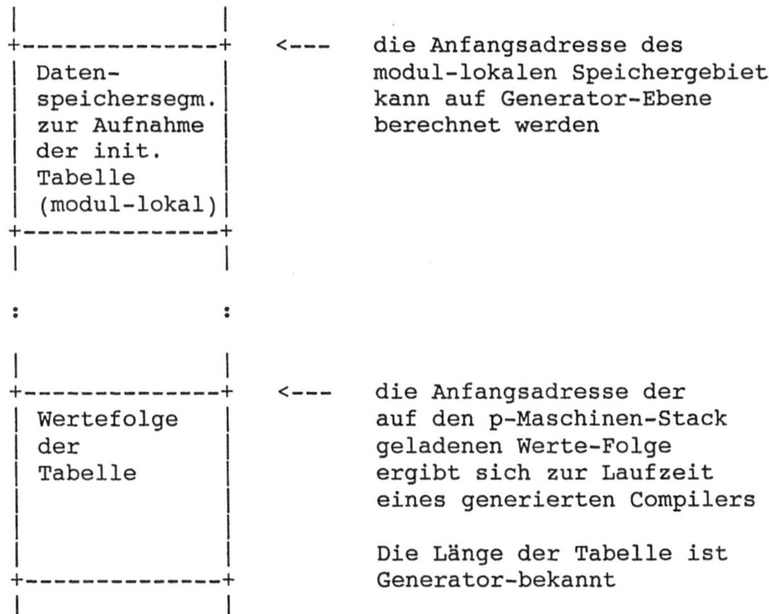

Bild 7.9: Stack-Situation nach Laden der Tabellen-Werte
auf den p-Maschinen-Stack.

bensdauer des umfassenden Blocks, damit nach Struktur der generierten Compiler, die des gesamten Programms. Die nötige Verlagerung läßt sich in p-Code durch folgende Instruktionsfolge bewirken:

```
lade <TADDR>   -- lade p-Maschinen-Stackadresse, an die
                  die Tabellendaten geladen sind

lade <MADDR>   -- lade Adresse im modullokalen Speicher-
                  gebiet, zu der das Datensegment
                  verlagert werden soll

MOV    len     -- verlagere len Speichereinheiten
```

Der Zugriff auf die derart in den Datenspeicher eines Moduls verlagerte Tabelle kann nun in der üblichen Form eines Feldzugriffs erfolgen; dabei kann wieder ausgenützt werden, daß die Basis-Adresse des so entstandenen Felds bekannt ist.

Die angegebene Lösung unterscheidet sich von der im vorigen Abschnitt vorgestellten dadurch, daß für jedes Tabellenelement nur eine Programmspeicher-Position benötigt wird. Interessant ist bei dieser Lösung, daß sie *keine* Änderung der p-Maschine notwendig macht; die vorgeschlagene Lösung ist allerdings nur auf Generator-Ebene möglich. Für eine Verwendung in POCO sind nach dieser Lösung die Tabellenformen Johnson-Tabelle (Methode(4)) und "Linearisierung der Matrix" (Methode(5)) untersucht worden.

7.1.4. Ein Vergleich der Ergebnisse bei direkter Generierung von p-Code gemäß den beschriebenen Methoden.

Wir geben eine tabellarische Zusammenfassung der Ergebnisse an, die sich für die Länge des zur Darstellung der ACTION-Tabelle benötigten Codes bei Anwendung der vorgestellten Verfahren ergeben. Die Ergebnisse beziehen sich auf die Behandlung von Beispiel-Grammatiken, die etwa das gesamte realistische Spektrum abdecken. Sie werden verglichen mit den Angaben zur Länge des entstandenen Codes, der bei (bestmöglicher) Generierung von PASCAL-Quellcode und nachfolgender Übersetzung durch den Compiler entstehen würde. Man beachte, daß die angegebenen Werte für den entstandenen Code-Umfang bei Generierung nach den hier vorgestellten Methoden (auf der Basis der als Internform vorliegenden generierten Parser, vgl. [Gro 83] und [Man 83]) hochgerechnet sind, da diese Verfahren noch nicht implementiert sind.

Wir stellen die verschiedenen Methoden zusammen:

(1) : direkte Umsetzung in Programm-Struktur gemäß Bild 7.3

(2) : Umsetzung in Programmstruktur unter Verwendung der
      internen Tabellen-Struktur und einer einfachen Sprungtabellen

(3) : wie (2) jedoch unter Verwendung einer re-indizierten
      Sprungtabellen

(4) : Tabellen-Form (Johnson-Tabelle) unter Ausnützung der
      Stack-Maschinen-Architektur

(5) : Tabellen-Form (Linearisierung der Matrix-Zeilen) unter
      Ausnutzung der Stack-Architektur

zum Vergleich:

(6) : PASCAL-Quellcode-Generierung und Übersetzung durch den
      Compiler

Es ergeben sich folgende Werte für die Länge der generierten p-Code-
Segmente:

```
+----------------------------------------------------------------+
| angew.  | Grammatik1)                                          |
| Methode|   AREX     | Minipascal | PASCAL-s  |  ADA            |
+----------------------------------------------------------------+
|         |            |            |           |                |
|  (1)    |   147      |    952     |   1791    |  7919          |
|         |            |            |           |                |
|  (2)    |   136      |   1015     |   2183    |  7080          |
|         |            |            |           |                |
|  (3)    |   151      |   1039     |   2112    |  8113          |
|         |            |            |           |                |
|  (4)    |   138      |    924     |   1854    |  7450          |
|         |            |            |           |                |
|  (5)    |   113      |    777     |   1542    |  6227          |
|         |            |            |           |                |
+---------+------------+------------+-----------+----------------+
|         |            |            |           |                |
|  (6)    |   269      |   1749     |   3539    | 18900          |
|         |            |            |           |                |
+---------+------------+------------+-----------+----------------+
```

Tabelle 7.1: Vergleich des Code-Umfangs bei Verwendung
der verschiedenen Generierungsmethoden.
(gemessen in p-Code-Instruktionen)

Man erkennt, daß die Darstellung in Programmform (Methoden (1)-(3))
bei i.a. besserer Laufzeit meist zu schlechteren Ergebnissen führt,
als eine tabellen-organisierte Darstellung; bei letzteren muß allerdings noch die Verwaltungs-(Zugriffs)-Routine berücksichtigt werden.
Interessant ist jedoch, daß alle vorgestellten Methoden eine wesentliche Verbesserung im Vergleich zu der PASCAL-Quellcode-Erzeugung
darstellen und im wesentlichen ähnlich gute Ergebnisse ermöglichen.
Bei Verwendung der Methoden (3),(4) ist allerdings der stark erhöhte
Generierungsaufwand zum Berechnen der Tabellen zu berücksichtigen;
Methode (5) ergibt hingegen (bei geringstem Generierungsaufwand) die
besten Ergebnisse.

Man beachte jedoch, daß in Tab. 7.1 bei Methoden (4) und (5) nur der
*Programm*speicher-Bedarf angegeben ist; zur Laufzeit eines generierten
Compilers ist jedoch (im Unterschied zu den nach Methode (1)-(3)

---

1) AREX ist die in Kap. 5 angegebene Beispielgrammatik; die anderen
Grammatiken wurden in Kap. 5.5. vorgestellt.

erzeugten Tabellen) ein Datenspeicher-Bereich erforderlich, dessen Größe proportional zum angegeben Programmspeicher-Bedarf ist. Diese Methoden sind daher nur sinnvoll, wenn die generierten Tabellen entsprechend der in Kap. 7.1.3.1. vorgeschlagene Modifikation von p-Code als konstante Datensegmente abgelegt werden können.

Der Vergleich der Methoden hat jedoch nur im dargestellten Fall der ACTION-Tabelle Gültigkeit; bei direkter Generierung der anderen Tabellen kann eine andere Methode bessere Ergebnisse ergeben. Da i.a. für eine gegebene Grammatik vor Beginn des Generierungsprozesses nicht entschieden werden kann, welches Verfahren das beste Ergebnis liefert, sollte diese Entscheidung dem Generator überlassen bleiben; nur bei den generierungs-aufwendigen Methoden sollte dies von einer Option in der Generator-Eingabe abhängig gemacht werden.

7.2. Direkte Generierung des Attribut-Übergabe-Moduls als p-Code-Segment.

Wie schon in den letzten Abschnitt hinsichtlich des generierten Parser-Moduls wollen wir hier beschreiben, in welcher Weise sich eine unmittelbare Generierung des Attribut-Übergabe-Moduls (ABM) in der Form eines p-Code-Segments erzielen läßt. Wir versprechen uns wieder Vorteile hinsichtlich des Umfangs des Codes der generierten Komponente durch geeignete Ausnutzung von Generator-Information.

Die allgemeine Struktur des ABM haben wir in Kap. 5 beschrieben; wir wollen sie auch bei der direkten p-Code-Generierung beibehalten. Wir werden uns in diesem Abschnitt speziell mit der günstigen Umsetzung der charakteristischen Attributkeller-Operationen in p-Code-Sequenzen beschäftigen; die Auswahl der zu den jeweiligen Regeln der Grammatik gehörenden Übergabeblöcke erfolgt wieder über eine Organisation in der Form eines case-Statements. Es gelten hier die in den letzten Abschnitten gemachten Angaben.

Die unmittelbare Generierung des ABM erlaubt zusätzlich die effiziente Ausnützung des für den Attributkeller vorgesehenen Speicherplatzes; wir gehen darauf zunächst kurz ein.

7.2.1. Typabhängige Vergabe von Attributkeller-Adressen bei direkter p-Code-Generierung.

Bei der Generierung des ABM in Form von PASCAL-m-Quelltext war es nötig, aus den in der Eingabe in den Generator spezifizierten Typen eine Schablone zu erzeugen, die als Muster eines Attributkeller-Elements verwendet wurde. Diese Schablone (notiert als PASCAL-record-Deklaration mit Varianten, die den deklarierten Typen entsprachen), hatte somit hinsichtlich des Speicherplatzbedarfs die (nachteilige) Eigenschaft, daß für alle Attributkeller-Elemente der Speicherplatz benötigt wurde, der dem Bedarf zur Darstellung des "längsten", in der Eingabe spezifizierten Typs entspricht.

Bei der direkten p-Code-Generierung ist es nun möglich, jedem Objekt Attributkeller-Adressen zuzuordnen, die dem individuellen Platzbedarf des mit dem Objekt assoziierten Typs entsprechen. Dazu betrachten wir den (modul-lokalen angelegten) Attributkeller als ein (unstrukturier-tes) Segment des p-Maschinen-Stacks; die Basis-Adresse dieses p-Ma-schinen-Stack-Segments ist zur Systemzeit bekannt bzw. kann zur Gene-rierungszeit berechnet werden, seine Länge wird zu Systemzeit festge-legt.

Durch die Verwendung von Generator-Zeit-Information über den Typ eines Attributs, entsprechender Berechnung von Attributkeller-Adres-sen und die Markierung von typ-abhängigen Operationen im erzeugten p-Code lassen sich somit die Attributkeller-Operationen in der gleicher Weise darstellen, wie compiler-generierte Operationen auf dem p-Ma-schinen-Stack. Insbesondere vermeiden wir die Fragmentierung des Attributkellers, da wir jedem Attribut nur den tatsächlich benötigten Speicherplatz zuweisen.

Der einzige Mehraufwand innerhalb des Generators der Attribut-Über-gabe besteht darin, den typ-individuellen Platzbedarf eines Attributs durch Aufsuchen einer semantischen Tabelle zu bestimmen und in die Berechnung der Übergabe-Information miteinzubeziehen.

7.2.2. Die direkte Erzeugung der charakteristischen AK-Operationen in p-Code.

In diesem Abschnitt werden wir Schemata für die direkte Umsetzung der charakteristischen Anweisungen entwickeln, aus denen sich die Attribut-Übergabe zusammensetzt. Ziel dieser Untersuchung ist wieder, kompakten Code auch für das ABM zu erzeugen. Zusätzlich gehen wir auf einige Randpunkte ein.

Wir haben in Kap. 5 als charakteristische Operationen auf dem Attributkeller festgelegt:

1. Keller-Kopieraktionen (also derived oder inherited-Kopierungen)
2. Aufruf semantischer Aktionen und ihre Versorgung mit Parametern
3. Zuweisung von konstanten Werten an Attributkeller-Positionen

Wir beschreiben zunächst die Situation, die sich ergibt, wenn wir von einer Feld-Struktur für den Attributkeller ausgehen, also die in Kap. 7.2.1. beschriebene Lösung *nicht* realisiert ist; wir betrachten weiter zunächst den Code, der typischerweise durch den Compiler für die charakteristischen Anweisungen erzeugt wird.

Zur Laufzeit des ABM liegt speziell die Situation vor, daß nach Konstruktion der Attribut-Übergabe die Attribute auf dem Attributkeller relativ zum Kellerpegel AKTOP adressiert werden; dies läßt sich in PASCAL-Notation etwa für eine Kopieraktion schreiben als:

$$AK[AKTOP - index1] := AK[AKTOP - index2];$$

Man beachte, daß bei uniform strukturiertem Attributkeller für diese Kopierung keine explizite Typ-Angabe erforderlich ist. Diese Situation auf dem Attributkeller zeigen wir in Bild 7.10.

Das Code-Schema zur Darstellung der *Kopieraktion* sieht dann auf p-Code-Ebene folgendermaßen aus:

```
(1)   lade Ziel-Adresse auf p-Maschinen-Stack
(2)   lade Quell-Adresse auf p-Maschinen-Stack
(3)   speichere Wert auf Quell-Adresse nach Ziel-Adresse
```

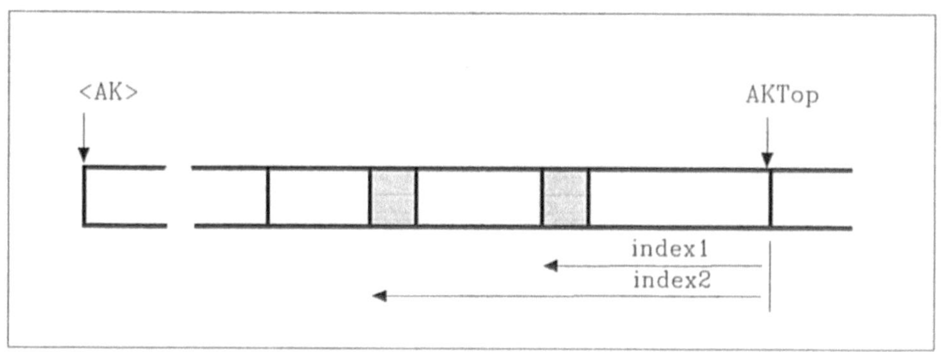

Bild 7.10: Attributkeller-Adressierung

Für den Aufruf einer *semantischen Aktion* "SEMAKT"

    SEMAKT (AK[AKTOP-index1].typ1,...,AK[AKTOP-indexn].typn)

ergibt sich folgendes allgemeine Schema:

    MST   -- mark-Stack-Instruktion

    lade Adresse 1. Parameter
    lade Wert des 1. Parameter auf p-Maschinen-Stack

    :
    :

    lade Adresse n. Parameter
    lade Wert des n. Parameter auf p-Maschinen-Stack

    CUP i L semakt -- Aufruf der semantischen Aktion

Dies ist das allgemeine Schema der Parameterübergabe der p-Maschine,
wie wir es auch in Kap. 6. dargestellt haben; wir gehen nicht näher
auf Besonderheiten ein, außer daß für **var**-Parameter (call-by-reference) nicht deren Wert, sondern ihre *Adresse* an die ausgerufene Prozedur übergeben wird. Die Parameter-Typen werden in den Lade-Opera-
tionen (bei Wert-Übergabe) berücksichtigt.

Analog ist das Schema für die *Zuweisung einer Konstante* an eine At-
tributkeller-Position:

    lade Attributkeller-Ziel-Adresse
    lade konstanten Wert
    speichere indirekt

Die zu diesen Schemata erzeugten p-Code-Sequenzen lassen sich am Beispiel der Kopieraktion zeigen:

```
(1)   lade <AK>         --  lade Attributkeller-Basisadresse
      lade (AKTOP)      --  lade Wert des Kellerpegels
      lade index1       --  lade konstanten Wert Index1
      SBI               --
      DECi    lower     --  normalisiere auf Feld-Grenze
      IXA     aesize    --  berechne AK-Element-Adresse in
                            Abh. von der Länge eines Elements
                            (aesize : AK-Element-Größe)

(2)   lade <AK>         --  Berechnen der Quell-Adresse
      lade (AKTOP)
      lade index2
      SBI
      DECi    lower
      IXA     aesize

(3) MOV      aesize --  Umspeichern von Quelle nach Ziel
```

Die Adress-Berechnungs-Sequenzen (1) und (2) werden in gleicher Weise
beim Aufruf semantischer Aktionen (zur Parameterübergabe) und der
Zuweisung konstanter Werte benötigt; man erkennt, daß eine Verbesserung des Adressierungs-Mechanismus die Qualität des erzeugten Codes
erhöhen würde.

Eine solche Verbesserung kann zunächst darin bestehen die in den
Sequenzen (1) und (2) enthaltenen Operationen dadurch zu veränden,
daß zur Generierungszeit bekannte Größen direkt eingesetzt werden.
Zur Generierungszeit bekannt sind:

```
    <AK> : Basisadresse des Attributkellers
           (relativ zum Beginn des p-Maschinen-Stack-Segments
            des Attribut-Übergabe-Moduls)

    lower : die untere AK-Feldgrenze

    index1,
    index2 : die während der Generierung berechneten
             Attributkeller-Positionen
             (genauer: der offset bzgl. dem zur Laufzeit
              gültigen Wert des Kellerpegels)
```

Die allgemeine Adressierungsformel in (1)

$$(\langle AK\rangle + (AKTOP) - index - lower) * aesize$$

läßt sich damit umformen zu:

```
( (<AK> - index - lower)  +  (AKTOP)  ) * aesize
```

wobei :

```
        <AK'> := (<AK> - index - lower)
```

zur Generierungszeit berechnet werden kann; die Einbeziehung der Multiplikation mit aesize ist nicht sinnvoll, da sie zur Compile-Zeit für (AKTOP) wiederholt werden müßte.

Damit läßt sich die Code-Sequenz (1) verbessern zu:

```
(1')
    lade  <AK'>
    lade  (AKTOP)
    IXA   aesize
```

Die vorgenommene Transformation ebenso durch einen einfachen Optimierungsschritt in einem Compiler erfolgen, ist also nicht unbedingt eine Generator-spezifische Verbesserung. Außerdem sind wir bei dieser Realisierung davon ausgegangen, daß der Attributkeller als strukturiertes Feld vorliegt, dessen Elemente Speicherplatz benötigen, der sich aus der Größe der deklarierten Typen ergibt.

Die nun beschriebene Verbesserung trägt diesem Problem Rechnung und bewirkt gleichzeitig eine weitere Reduzierung des benötigten Programmspeichers.

Wir betrachten von nun an den Attributkeller (wie in Kap. 7.2.1 dargestellt) als p-Maschinen-Stack-Segment von fester Länge; wir gehen davon aus, daß dieses Segment im modul-lokalen Speicherraum des ABM liegt. Zur Generierungs- (oder System-) Zeit ist die Anfangsadresse (relativ zum Beginn des Modul-lokalen Speichers für das ABM) dieses Segments bekannt. Dieses Segment ist unstrukturiert in der Weise, daß vom Generator keine Annahmen über seine Komponenten vorausgesetzt werden.

Der Kellerpegel AKTOP wird von nun an als Variable zur Aufnahme einer Adresse angesehen; diese Möglichkeit ist in p-Code vorgesehen und entspricht einer deklarierten Variablen vom Typ "Pointer"; AKTOP wird zur Laufzeit initialisiert mit dem Wert der Basis-Adresse von AK, also der Anfangsadresse des für den Attributkeller vorgesehen Speichersegments.

Während der Generierung der Attribut-Übergabe-Information werden nun anstelle von AK-Indizes (relativ zum Kellerpegel) Offset-Adressen (zu einer mit dem Kellerpegel zur Laufzeit identifizierten Adresse) berechnet. Bei dieser Berechnung werden die typindividuellen Speicherplatzerfordernisse der Attribute berücksichtigt; da alle Attribute durch eine Typ-Angabe in der Generator-Eingabe beschrieben werden, kann ihr Speicherplatzbedarf in Abhängigkeit von dem Speicherplatzbedarf für elementare Typen durch Aufsuchen einer semantischen Tabelle erfolgen. Die Angabe des für elementare Typen benötigten Speicherplatzes erfolgt (wie in Kap. 6. beschrieben) durch eine Installierung des Generators und des PASCAL-m-Compilers.

Diese Vorgehensweise hat ihre Entsprechung in der Speicherplatz-Vergabe für Variablen innerhalb eines Compilers; speziell ist sie an der im PASCAL-m-Compiler enthaltenen Methodik orientiert. Damit werden insbesondere Schnittstellen-Probleme vermieden, die sich daraus ergeben könnten, daß (separat compilierte) semantische Aktionen in unkompatibler Weise auf Generator-vergebene Speicherplatz-Adressen zugreifen.

Hinsichtlich des für die Attributübergabe generierten Codes hat diese Vorgehensweise weiter den Vorteil, daß die oben beschriebene AK-Adressierung günstiger ausgedrückt werden kann. Dies hat zur Folge, daß der benötigte Code kürzer und die Laufzeit geringer wird. Die Verbesserung ergibt sich dadurch, daß nun effizientere Instruktionen verwendet werden können, die ausschließlich auf Adressen operieren; zudem wird die Orientierung an die Basis-Adresse des Attributkellers völlig überflüssig.

Die Berechnung von Adressen, die zu Attributkeller-Positionen gehören, läßt sich nun folgendermaßen schreiben:

```
        lade (AKTOP)      --  AKTOP enthält als Wert die Adresse des
                              obersten Elements des als Attributkeller
                              verwendeten p-Maschinen-Stack-Segments

        INCa index        --  index ist eine Adress-Konstante, die
                              vom Generator berechnet, den Offset
                              bzgl. der Spitze des AK beschreibt
bzw.

        lade (AKTOP)
        DECa index        --  INC/DEC sind Inkrement/Dekrement-
                              Operationen, hier auf Objekten vom
                              Typ "Adresse" (Pointer).
```

Damit läßt sich die Code-Sequenz (1') durch eine der beiden oben angegebenen Sequenzen ersetzen; es werden zur Adress-Rechnung also nur noch zwei Instruktionen benötigt. Da diese Befehlsfolge typischerweise mehrere tausendmal in einem generierten ABM (für eine realistische Programmiersprache) benötigt wird, wird so eine wesentliche Verringerung des Code-Umfangs erzielt.

Als zusätzliche Leistung auf Generator-Ebene ist allerdings erforderlich, daß (etwa für eine Kopieraktion) beide Index-Werte (für Quell- und Ziel-Offset zum Kellerpegel) berechnet und gespeichert werden müssen; bei uniform strukturiertem Attributkeller war es möglich, auf die Angabe der Umspeicherungsziel-Indizes zu verzichten, da die zu kopierenden Attribut-Werte konsekutiv abgespeichert werden konnten *und* der Abstand zweier AK-Elemente fest war; durch die Berücksichtigung der Typ-Information ist dies nun nicht mehr möglich.

Die Veränderungen des Kellerpegels AKTOP lassen sich ebenfalls als Adress-Operationen schreiben; die entsprechende Code-Sequenz hat folgendes Aussehen:

```
        lade        (AKTOP)    --   lade Wert des Kellerpegels
        INCa        pv         --   inkrementiere um Pegelveränderung
bzw.
        DECa        pv         --   dekrementiere um Pegelveränderung
        speichere <AKTOP>
```

Da wir jedoch eine (zu Systemzeit festgelegte) feste Länge des als Attributkeller verwendeten Speichergebiets annehmen, ist zur Laufzeit eine Kontrolle über die Einhaltung der Speichergebiets-Grenzen notwendig. Aus diesem Grund ist die Organisation der Pegelveränderung in Form einer Prozedur angebracht, da sonst diese Abfragen den Code-Umfang erhöhen würden. Der bei dieser Vorgehensweise entstehende Mehraufwand für den Prozedur-Aufrufs- und Parameter-Übergabe-Mechanismus kann jedoch vernachläßigt werden, da wir auf höherer Ebene (wie in Kap. 5. beschrieben) durch Normalisierung der AK-Adressen auf einen festen Kellerpegel für alle Kelleroperationen eines Übergabeblocks die Anzahl der sonst notwendigen Kellerpegel-Veränderungen verringern.

Es besteht jedoch keine Möglichkeit in p-Code, die eine Verwendung von Prozedur-Parameterwerte für die Pegelveränderung mittels der INC/DEC-Anweisungen erlaubt; andere Operationen, die Werte von Adressen modifizieren können, stehen ebenfalls nicht zur Verfügung. Es

bleibt daher nur die Möglichkeit, die eigentliche Pegel-Veränderung
in der oben angegeben Weise direkt im Code zu erzeugen, und nur die
Überprüfung des veränderten Wertes in einer Prozedur zu isolieren; es
ergibt sich also für eine Pegelveränderung folgende vollständige
Sequenz:

```
lade        (AKTOP)     --  lade Wert des Kellerpegels
INCa/DECa   pv          --  ..krementiere um Pegelveränderung
speichere  <AKTOP>
MST                     --  Aufruf (parameterlose) Prozedur
CUP  0      L aktest --  zum Test des Pegelwertes
```

Dabei kann (naheliegenderweise) in Abhängigkeit von der Richtung der
Pegelveränderung (Inkrementierung/Dekrementierung) eine eigene Prozedur aufgerufen werden, die nur eine Alternative der Bereichsabfrage
realisiert; dies ergibt eine geringfügige Laufzeitverbesserung.

Die Verbesserung, die sich hinsichtlich des benötigten Code-Aufwands
ergibt, beträgt zwischen 50-70% verglichen mit dem Code, der bei
PASCAL-Quelltext-Generierung und anschließender Übersetzung durch den
Compiler entsteht. Aussagen über die Verbesserungen hinsichtlich des
Datenspeicher-Bedarfs können noch nicht gemacht werden.

8. Zusammenfassung und Ausblick.

In diesem Kapitel fassen wir die Eigenschaften von POCO zusammen und
gehen auf einige Punkte ein, die in dieser Arbeit nicht berücksichtigt werden konnten. Daran anschließen wird sich ein Überblick über
bisherige Ergebnisse und ein Ausblick auf weitere Anwendungsmöglichkeiten für das System.

Ausgehend von der Überarbeitung eines bewährten CGS (MUG1) konnte mit
POCO ein System entwickelt werden, das dessen Vorzüge bewahrt, den
Benutzeraufwand stark reduziert und durch die Einführung neuer Beschreibungsmittel die Arbeit mit dem System auf die Ebene einer höheren Programmiersprache anhebt.

Ein hinreichend mächtiges Beschreibungsmittel erlaubt die Generierung
von Compilern für eine große Klasse praktisch relevanter Programmiersprachen. Die generierten Compiler sind effizient bei Berücksichtigung ihrer 1-Pass-Struktur.

Das System POCO, ebenso wie die generierten Compiler, ist portabel,
wobei der nötige Benutzeraufwand durch die Ausnutzung einer gemeinsamen Portierungsschnittstelle für das Generator-System und die generierten Compiler (insgesamt) niedrig gehalten wird. Zudem stützt sich
der Portabilitätsansatz auf eine bewährte und relativ einfache, aber
effizient realisierbare und sichere Methode. Darüberhinaus ist das
Portierungsverfahren durch weitere Verbesserungen hinsichtlich der
Parametrisierung auf die Zielmaschine vereinfacht worden.

Die in POCO realisierte Portierung über Zwischensprachen eignet sich
insbesondere für die Erzeugung von Compilern für "nackte" Maschinen,
auf denen außer einem (Rumpf-) Betriebssystem und einem Assembler
keine weiteren Hilfsmittel zur Programmentwicklung zur Verfügung
stehen; Cross-Assemblierung ist ebenfalls möglich.

In dieser Arbeit wurde nicht eingegangen auf die Möglichkeit der

Bereitstellung fester semantischer Moduln, die wie benutzereigene in einer Generator-System-eigenen Bibliothek abgelegt, von Benutzern von POCO zur Lösung semantischer Aufgaben verwendet werden können. Die Verwendung fester semantischer Moduln stößt bei Verwendung der Programmiersprache PASCAL bei strenger Typisierung auf Probleme: Da keine Möglichkeit zur Typ-Parametrisierung besteht, ist ein festes Modul i.a. zu starr. Die im Rahmen von POCO vorgesehene Lösung wird daher so aussehen, daß Schemata für feste semantische Moduln in die System-Bibliothek eingetragen werden, die durch den Benutzer (in automatischer Form) auf seine typ-spezifischen Besonderheiten abgebildet werden können. Die Einzelheiten dieser Vorgehensweise sind jedoch noch nicht festgelegt. Das Modul-Bibliothekssystem [Deg 85] sowie der maschinenunabhängige Binder [Keb 85] wurden im Rahmen von Diplomarbeiten entwickelt.

Erste konkrete Erfahrungen bei der Arbeit mit dem System konnten in einem Compiler-Generierungs-Projekts (für eine "kleine" Programmiersprache) im Rahmen des Fortgeschrittenen-Praktikums gesammelt werden. Dabei erwies sich das System als bemerkenswert stabil; speziell ergaben sich keine wesentlichen Probleme in den System-Komponenten und auch nicht hinsichtlich der Benutzung durch einen sehr unterschiedlichen Anwenderkreis.

In der Zwischenzeit wird POCO von einer Reihe von Institutionen sowohl im akademischen als auch im kommerziellen Bereich in einer Vielzahl verschiedener Anwendungen eingesetzt. Bemerkenswert war dabei die Erfahrung, daß gerade im kommerziellen Bereich die Option der Erzeugung eines Compilers in der Form von Pascal-Quellcode am wichtigsten erschien. Als größere Projekte seien hier nur erwähnt die Entwicklung eines Compilers für die Chip-Beschreibungssprache HILL [Nov 86] sowie - im kommerziellen Bereich - für die Programmiersprache UBS5000 für speicherprogrammierbare Steuerungen durch metalevel software GmbH, Saarbrücken; gerade bei dem letztgenannten Projekt zeigten sich die Vorteile des generativen Ansatzes besonders, da die Programmiersprache noch während der Entwicklung des Compilers mehrmals geändert wurde.

Neben der naheliegenden Anwendungsmöglichkeit des CGS POCO zur Generierung von Compilern ergeben sich jedoch weitere Einsatzmöglichkeiten. An der Universität des Saarlandes besteht eine interessante Anwendung von POCO darin, einen von POCO generierten Compiler als ersten Pass innerhalb eines komplexen und leistungsfähigen Mehr-Pass-

Compilers zu verwenden, dessen weitere Pässe ebenfalls mithilfe geeigneter Verfahren beschrieben und generiert werden können. In diesem Zusammenhang sei auf das OPTRAN-System ([GMW 80], [MWW 84]) verwiesen. Aufgabe des durch POCO generierten ersten Passes ist dabei die syntaktische Analyse und die Erstellung eines abstrakten Syntaxbaums, der mit (im wesentlichen vom Scanner gelieferten) Attributen dekoriert wird.

Eine typische Anwendungsmöglichkeit für POCO (auf der Ebene von Generatoren) ergibt sich darin, daß für Generatoren erforderliche Eingaben sich (bei entsprechender Beschreibung) mittels eines von POCO generierten "Compilers" in eine interne Darstellung überführen lassen. Diese Internformen der Eingabe können dann als Datenbasis für die eigentlichen Generierungsaufgaben innerhalb solcher Generatoren verwendet werden; ein solcher generierter Compiler erfüllt somit die Funktion eines "Grammatik-Lesers". Anwendungen von POCO in diesem Sinne sind in [Rau 86] und [Sch 87] beschrieben; beide Arbeiten stammen aus dem Gebiet der automatischen Generierung von Maschinencode-Generatoren. Auch der Grammatikleser des POCO-Generators selbst wurde mithilfe von POCO neu generiert; dabei ergab sich, daß die generierte Fassung wesentlich weniger Programmspeicher benötigt und auch in der Laufzeit um (mindestens) den Faktor 2 besser ist.

Eine weitere interessante Anwendungsmöglichkeit ergab sich im Rahmen eines Projekts zur Bewertung von Software; Ziel dieses Projekts ist es, anhand der Quelltexts von COBOL-Programmen Aussagen über die Qualität dieser Programme zu machen. Eine geeignete Lösung für diese Aufgabe ergibt sich durch die Generierung eines Compilers, in dessen Semantikanlyse-Phase der Aufbau eines Kontrollfluß-Graphen geleistet wird, der zur Berechnung der Qualitätsmerkmale einer Eingabe verwendet werden kann. Die Ergebnisse dieses Anwendungsbeispiels für POCO sind in [Bar 87] beschrieben.

Das POCO-System ist in der Zwischenzeit weiterentwickelt und um einige zusätzliche Leistungen ergänzt worden. Eine wesentliche Verbesserung stellt ein neu entwickelter Scanner-Generator dar, der nicht nur ein günstigeres Laufzeitverhalten bietet, sondern auch um einige Konzepte erweitert wurde; einige bisher vorhandene Einschränkungen wurden beseitigt. Weiterhin wurden speziell dem UNIX-Benutzerkreis dahingehend Konzessionen gemacht, daß die generierten Objekte auch optional in der Form von Tabellen erzeugt werden, die von festen Treibern interpretiert werden.

Ein besonders interessanter Aspekt für eine weitere Fortentwicklung des Systems bietet die folgende Überlegung: Die Kernidee des POCO-Systems ist die direkte Erzeugung von Compilerkomponenten in p-Code; die Erzeugung von p-Code erfolgt speziell, um den Portabilitätsanspruch zu erfüllen. Andererseits ließen sich viele der verwendeten Konzepte, die zu einer verbesserten Codequalität und besserem Laufzeitverhalten führen, (im Gegensatz zur Portabilitätszielsetzung) auch dazu einsetzen, für eine reale Maschine sehr effizienten Code zu erzeugen. Der Generator müßte dazu mit einer Teilmenge des Instruktionssatzes sowie mit Architekturcharakteristika einer solchen realen Maschine parametrisierbar gemacht werden. Das Ergebnis eines entsprechenden Generatorlaufs wären dann hocheffiziente Compilerkomponenten, wie sie etwa in [Pen 86] für eine spezielle Lösung beschrieben sind.

Anhang A: p-Code-Instruktionssatz in alphabetischer Ordnung.

Instr.	Opt. Param.		Stack-Situation vorher - nachher		Beschreibung
ABI			(i)	i	Absolut-Wert (integer)
ABR			(r)	r	Absolut-Wert (real)
ADI			(i,i)	i	Integer Addition
ADR			(r,r)	r	Real-Addition
AND			(b,b)	b	logisches Und
CHK t	p	q			Bereichs-Kontrolle
CHR			(i)	c	Konvertierung integer -> char
CSP		q			Standard-Prozedur-Aufruf
CUP	p	q			Unterprogramm-Aufruf
DEC t		q	(x)	x	Dekrement
DIF			(s,s)	s	Mengen-Differenz
DVI			(i,i)	i	integer-Division
DVR			(r,r)	r	real-Divison
ENT	p	q			Enter Block
EOF			(a)	b	Test der EOF-Beding.
EQU t		q	(x,x)	b	Vergleich (=)
FJP		q	(b)		jump on false
FLO			(i,r)	r,r	Konvertierung Integer -> real
FLT			(r,i)	r,r	Konvertierung Integer -> real
GEQ t		q	(x,x)	b	Vergleich (>=)
GRT t		q	(x,x)	b	Vergleich (>)
INC t		q	(x)	x	Inkrement
IND t		q	(a)	x	indiziertes Laden
INN			(i,s)	b	*in*-Operation
IOR			(b,b)	b	inklusives Oder
IXA		q	(a,i)	a	Index-Berechnung
LAO		q		a	lade Adresse Niveau 0
LCA		q		a	lade Adresse einer Konst.
LCI	p	q		x	lade Konstante indirekt
LDA	p	q		a	lade Adresse mit Niveau p
LDC t				x	lade Konstante
LDO t				x	lade Inhalt von Adr. (Niv. 0)
LEQ t		q	(x,x)	b	Vergleich (<=)
LES t		q	(x,x)	b	Vergleich (<)
LOD t	p	q		x	lade Inh. einer Adr.
MOD			(i,i)	i	modulo-Operation
MOV		q	(a,a)		move
MPI			(i,i)	i	integer-Multiplikation
MPR			(r,r)	r	real-Multiplikation
MST	p				Mark-Stack-Operation
NEQ t		q	(x,x)	b	Vergleich (<>)
NGI			(i)	i	negiere integer
NGR			(r)	r	negiere real
NOT			(b)	b	logisches Nicht
ODD			(i)	b	Standard-Fkt. odd
ORD t			(x)	i	konvertiere zu integer
RET t					Unterprogramm-Return

Instr.	Opt. Param.	Stack-Situation vorher - nachher		Beschreibung
SBI		(i,i)	i	integer-Subtraktion
SBR		(r,r)	r	real-Subtraktion
SGS		(i)	s	Mengenbildung
SQI		(i)	i	Quadrat (integer)
SQR		(r)	r	Quadrat (real)
SRO t	q	(x)		speichere direkt (Niv. 0)
STO t		(a,x)		speichere indirekt (Niv. 0)
STP				stop
STR t	p q	(x)		speichere (Niv. p)
TRC		(r)	i	truncate-Operation
UJC				Fehler-Sprung (case-Stat.)
UJP	q			unbedingter Sprung
UNI		(s,s)	s	Mengen-Vereinigung
XJP	q	(i)		indizierter Sprung

Zur Beschreibung der Effekte auf dem Stack wurden folgende Abkürzungen verwendet:

a	-	Adresse
b	-	boolean-Wert
c	-	char
i	-	integer
r	-	real
s	-	Menge
x	-	irgendeiner dieser Angaben

Die Stack-Situation (x,x) - x ist so zu interpretieren, daß eine Operation zwei Argumente von Typ x auf dem Stack verlangt und als Ergebnis einen Wert von Typ x auf dem Stack hinterläßt.

Anmerkung: Obige Tabelle wurde aus [PeD 82] übernommen; im Original enthaltene Fehler wurden korrigiert.

Anhang B: Syntax der POCO - Eingabesprache

<u>Notation:</u>

Wir geben die Syntax der Poco-Eingabesprache in Backus-Naur-Notation an; die folgenden Symbole sind die üblichen Meta-Zeichen und gehören nicht zur Generator-Eingabesprache:

        ::= | {   }

"|" kennzeichnet Alternativen, geschweifte Klammern dienen zur Darstellung der Wiederholung eines Ausdrucks mit folgender Bedeutung:

        X ::= {Y}   steht für   X ::= | XY

Nonterminals werden in < ... > eingeschlossen, Terminals zur Verdeutlichung fettgedruckt.

1. Grundvokabular.

1. Zeichenvorrat.

Der Zeichenvorrat des Grundvokabulars der Generator-Eingabesprache besteht aus *Buchstaben*, *Ziffern* und *Sonderzeichen*.

1.1. Buchstaben.

        <letter> ::= A | ... | Z | a | ... | z | _

1.2. Ziffern.

        <digit> ::= 0 | ... | 9

1.3. Sonderzeichen.

        <special_character> ::= + | - | * | / | (|) | [|] | { | } |
                                < | . | , | ; | : | ' | " | ^ | % | $

Zwischen Groß- und Kleinschreibung wird unterschieden mit Ausnahme der *reservierten Worte*, die in Groß- *oder* Kleinschreibung angegeben werden können.

2. Symbole.

Aus dem Zeichenvorrat des Grundvokabulars lassen sich die Grundsymbole der GES bilden. Die Grundsymbole der GES sind *Bezeichner, Konstanten, Spezialsymbole* sowie eine Menge von *reservierten Worten*.

2.1. Bezeichner (Identifier).

```
<identifier> ::= <letter> { <letter> | <digit> | '_' }
```

2.2. Konstanten.

```
<UnsignedInteger> ::= <Digit> { <Digit> }

<CharConst>        ::= ' beliebiges Zeichen '

<String>           ::= ' Folge von beliebigen Zeichen ohne "'"  '

<String_2>         ::= " Folge von beliebigen Zeichen ohne '"'  "
```

Wie üblich müssen in Character-Konstanten und in Strings Apostrophe doppelt geschrieben werden; dies gilt analog für Konstanten vom Typ String_2

2.3. Spezialsymbole.

```
<SpecialSymbols>   ::= ':=' | '<' | '<=' | '=' | '<>' | '>='
                       '>'  | '^'
```

2.4. Kommentare.

Kommentare können in einer der beiden folgenden Formen geschrieben werden:

```
'{' beliebige Zeichenfolge ohne '}'
```

bzw.

```
'(*' beliebige Zeichenfolge ohne '*)'
```

Kommentare können zwischen zwei Bezeichnern, Konstanten, reservierten Worten oder Spezialsymbolen auftreten; sie können einfach verschachtelt werden durch Anwendung der alternativen Schreibweise:

```
{ dies ist ein (* Kommentar *) im Kommentar }
```

2.5. Reservierte Worte.

2.5.1. Reservierte Worte aus Standard-Pascal.

if	*do*	*to*	*in*	*or*	*end*
for	*div*	*var*	*mod*	*set*	*and*
not	*else*	*with*	*then*	*goto*	*type*
case	*file*	*begin*	*until*	*while*	*array*
const	*label*	*repeat*	*record*	*downto*	*packed*
forward	*program*	*function*	*procedure*		

2.5.2. Reservierte Worte aus der Pascal-m-Spracherweiterung.

module   interface implementation use

2.5.3. Spezielle reservierte Worte.

language	*terminals*	*axiom*	*productions*	*finis*
error	*call*	*allbut*	*lookahead*	*epsilon*
$left	*$right*	*$non*	*$precedence*	

3. Standard-Bezeichner.

In der POCO-Eingabesprache gibt es die folgenden vordeklarierten
Bezeichner:

```
Integer         -- Pascal-Standardtyp Integer
Boolean         -- Pascal-Standardtyp Boolean
Char            -- Pascal-Standardtyp Char
Real            -- Pascal-Standardtyp Real
Nil             -- Nil-Pointer
True            -- Boolesche Konstante true
False           -- Boolesche Konstante false
CR              -- Einzelzeichenklasse, Carriage Return
LF              -- Einzelzeichenklasse, Line Feed
EOL             -- Einzelzeichenklasse, Zeilenende
MaxInt          -- größte darstellbare ganze Zahl
MinInt          -- kleinste darstellbare ganze Zahl
```

2. Syntax der Generator-Eingabesprache (GES).

1. Die CGS-Eingabe:

```
<LanguageSpecification>   ::=   <LanguageIdentification>
                                <TerminalDefinitionPart>
                                <ConstantDefinitionPart>
                                <TypeDefinitionPart>
                                <ModuleDeclarationPart>
                                <AxiomDefinition>
                                <ProductionDefinition>
                                Finis
```

2. Die Bezeichnung des zu generierenden Compilers:

```
<LanguageIdentification> ::= Language <Identifier> | <empty>
```

Durch die Angabe des <identifiers> wird die Sprache, für die ein Compiler generiert werden soll, benannt. Der angegebene Bezeichner wird
auch als Programm-Name für den generierten Bezeichner verwendet.

Beispiel:

```
Language Pascal
```

führt zu

```
Program Pascal_Compiler
```

als Programmname des generierten Compilers.

Wird keine Bezeichnung für die Sprache angegeben, so heißt der generierte Compiler "Compiler".

3. Definition der Terminalsymbole:

Die Definition der Terminalsymbole besteht aus der Definition von
Einzelzeichenklassen und der Definition der einzelnen Symbolklassen,
den Terminalen der kontextfreien Grammatik.

```
<TerminalDefinitionPart> ::= Terminals
                             { <CharacterClassDefinition>}
                              <TerminalDefinition>
                             { <TerminalDefinition>}
```

3.1. Einzelzeichenklassen-Definition.

Die Einzelzeichenklassen-Definitionen erlauben die Zusammenfassung
semantisch äquivalenter Zeichen eines zugrundegelegten Alphabets.
Dadurch wird die Definition von Symbolklassen erleichtert. Gleichzeitig hat die Verwendung von Einzelzeichenklassen Einfluß auf die Größe
des generierten Scanners, da dort Übergänge unter mehreren Einzel-
zeichen zu *einem* Übergang unter der Einzelzeichenklasse zusammengefaßt werden können.


```
<CharacterClassDefinition> ::= <CharClassMode> <CharClassSpec>

<CharClassMode>            ::= - | ^ | <empty>

<CharClassSpec>           ::= <CharClassName> =
                              <CharClass> { , <CharClass> } ;

<CharClass>               ::= <CharConstant> |
                              <CharConstant> - <CharConstant>

<CharClassName>           ::= <identifier>
```


Beispiel:

```
Letters = 'A' - 'Z', 'a' - 'z' , '_'
```

faßt alle Buchstaben und das Zeichen Underscore zu einer Einzelzeichenklasse mit dem Namen *Letters* zusammen.

Durch die Angabe des *Modus* der Einzelzeichenklasse kann das Verhalten
des Scanners bei Erkennen eines Zeichens festgelegt werden:

'-' : Die Modusangabe '-' erlaubt die Markierung einer Einzel-
      zeichenklasse *ignorierbar*; eine ignorierbare Einzelzei-
      chenklasse kann als eine Menge von Zeichen betrachtet
      werden, die vom Scanner dazu verwendet werden, um Symbole
      voneinander zu trennen, die jedoch nicht als Bestandteil
      eines Symbols erkannt werden.

'^' : Durch die Modusangabe '^' wird eine Einzelzeichenklasse
      als *ignorierbar, nicht trennend* charakterisiert; für Ele-
      mente einer solchen Klasse gilt, daß sie aus dem Zeichen-
      strom "herausgefiltert" werden, ohne daß sie Symbole
      trennen.

' ' : Die Einzelzeichenklasse ist *relevant*.

Beispiel:

Die Einzelzeichenklassen-Definition

    ^ UnderScore = '_'

kann dazu verwendet werden, die Aufschreibung von Zahlkonstanten
in der Form

    1_234_567

übersichtlich zu gestalten (der "Wert" der Zahl sei hier 1234567).

3.2. Symbolklassen-Definition.

Die Definition einer *Symbolklasse* erfolgt durch die Angabe einer
Klassennummer KCODE, einer (Scanner-relevanten) Markierung zur Kennzeichnung des Screening-Modus (der die Art und Weise regelt, in der
der Relativcode eines Tokens bestimmt wird), einer optionalen Angabe
der Präzedenz, den Bezeichner des Terminalsymbols sowie einen regulären Ausdruck zur Beschreibung der lexikalischen Struktur des Symbols.


```
<TerminalDefinition>      ::=  <KCode> <ScreeningMode>
                               <PrecedenceSpec>
                               <SymbolClassName>
                               = <RegularExpression> ;

<SymbolClassName>         ::= <Identifier>

<PrecedenceSpec>          ::= < <Associativity>
                                { , <UnsignedInteger> } > |
                             <empty>

<Associativity>           ::= $left | $right | $non

<Terminal>                ::= <Identifier>

<KCode>                   ::= <UnsignedInteger>

<ScreeningMode>           ::= + | * | - | ^ | ^ <UnsignedInteger>
                             | <empty>
```


<Identifier> bezeichnet den Namen des Terminalsymbols in der Gene-
rator-Eingabe; die Angabe des Klassencodes <KCode> dient zur Kommunikation mit dem Compile-Zeit-Scanner. Der Klassencode muß eindeutig
sein.

Screening Modes

Der *Screening-Mode* dient zur Spezifikation der Art und Weise, wie der Scanner die verschiedenen Elemente einer Symbolklasse behandeln soll. Der Scanner codiert die erkannten Symbole durch ein Paar (Klassen-Code, RelativCode), wobei der KlassenCode in der Eingabe spezifiziert ist und die Vergabe des RelativCodes in Abhängigkeit vom Screening-Mode erfolgt. Es gibt die folgenden Möglichkeiten:

' ' : Der Scanner interpretiert diese Symbolklasse als eine *konstante Klasse*, das heißt die Elemente dieser Klasse sind zur Generierungszeit bekannt und können sich zur Laufzeit des Scanners nicht mehr ändern.

'-' : Diese Symbolklasse wird als *ignorierbar* betrachtet, das erkannte Token wird nicht an den Parser übergeben und der Leseprozeß wird unmittelbar forgesetzt. Damit lassen sich Symbolklassen wie etwa *Kommentare* leicht beschreiben.

'+' : Diese Symbolklasse wird als *variabel* betrachtet. Der Scanner vergibt an jedes neue erkannte Symbol dieser Klasse einen eindeutigen Relativcode, der an den Parser weitergegeben wird. Wird vom Scanner ein schon früher erkanntes Symbol erneut gelesen, so wird der ursprünglich vergebene Relativcode verwendet.

'*' : Diese Symbolklasse ist ebenfalls *variabel*, im Unterschied zu der oben beschriebenen Form wird jedoch jedem erkannten Symbol ein neuer Relativcode zugeordnet, unabhängig davon, ob es schon früher erkannt worden war. Durch die Angabe dieses Screening-Modes kann der Benutzer Einfluß auf die Laufzeit des Scanners nehmen: es können Suchzeiten erspart werden.

'^' : Dieser Screening-Mode ist für Zahlkonstante vorgesehen und markiert eine Symbolklasse als *konvertierbar*. Damit wird es möglich, Zahlkonstanten unmittelbar im Scanner in Werte umzuwandeln und damit die Aufgaben der semantischen Analyse zu erleichtern. Die Basis der Zahldarstellung muß nach dem '^'-Zeichen angegeben werden; es gibt die folgenden Möglichkeiten:

      ^2 : Konvertierung einer Binärzahl
      ^8 : Konvertierung einer Oktalzahl
      ^10 : Konvertierung einer Dezimalzahl;
             die Basisangabe ist hier optional
      ^16 : Konvertierung einer Hexadezimalzahl

      Nicht zulässige Ziffern werden dabei ignoriert, also

      17Q : kann in die Oktalzahl 17 (Dezimal 15) umgewandelt werden, das Zeichen 'Q' wird ignoriert.

Zur Beschreibung der syntaktischen Struktur der lexikalischen Objekte werden *erweiterte reguläre Ausdrücke* verwendet. In regulären Ausdrükken können die Namen von Einzelzeichenklassen und textlich vorher definierten Symbolklassen verwendet werden. Die Namen von Symbolklassen müssen paarweise verschieden sein und dürfen nicht mit Namen für andere Objekte der Eingabe übereinstimmen. Es können auch keine Namen von Einzelzeichenklassen verwendet werden, die als *ignorierbar* markiert sind.

```
<RegularExpression>        ::=   <CharClassName>        |
                                 <SymbolClassName>      |
                                 <CharConstant>         |
                                 <StringConstant>       |
                                 <Concatenation>        |
                                 <Alternative>          |
                                 <Equivalence>          |
                                 <IterationOption>      |
                                 <AllbutExpression>     |
                                 <LookaheadExpression>

<StringConstant>           ::=   <String_2>

<Concatenation>            ::=   <String>

<Alternative>              ::=   ( <RegularExpression>
                                 | <RegularExpression>
                                 { | <RegularExpression } )

<Equivalence>              ::=   ( <RegularExpression>
                                 , <RegularExpression>
                                 { , <RegularExpression } )

<IterationOption>          ::=   [ <RegularExpression> ] |
                                 * [ <RegularExpression> ] |
                                 * <Range> [ <RegularExpression> ]

<Range>                    ::=   <UnsignedInteger> - <UnsignedInteger>
                                 | <UnsignedInteger> -
                                 | - <UnsignedInteger>

<AllbutExpression>         ::=   <RegularExpression>
                                 Allbut ( <RegularExpression> )

<LookaheadExpression>      ::=   <RegularExpression>
                                 Lookahead ( <RegularExpression> )
```

Anmerkungen:

(1) _Alternativen_ dienen zur Definition von Symbolklassen, deren Elemente je einen eigenen Relativcode erhalten sollen; der Relativcode der Elemente einer solchen Symbolklasse ergibt sich, indem die Elemente von links nach rechts beginnend mit 1 durchnumeriert werden.

Beispiel 1:

    3 AddOp = ('+' | '-' | 'or');

    '+' hat den Relativcode 1
    'or' hat den Relativcode 3

Beispiel 2:

    5 RelOp = '<' ('>' | '=');

    '<>' hat den Relativcode 1
    '<=' hat den Relativcode 2

(2) _Äquivalenzen_ erlauben die Zusammenfassung von Elementen in einer konstanten Symbolklasse _ohne_ die Vergabe eines eigenen Relativcodes an jedes Element.

Beispiel:

    BeginSy = ('begin' , 'Begin' , 'BEGIN');

    'begin', 'Begin', 'BEGIN' haben _alle_ den Relativcode 1

(3) Durch eine _Option_ kann eine (eventuell leere) Folge von Elementen beschrieben werden. Die Struktur eines Elements wird durch den regulären Ausdruck zwischen den eckigen Klammern angegeben. Es gibt im einzelnen die folgenden Varianten:

[R]	: Der reguläre Ausdruck R kann einmal auftreten oder ganz entfallen
* [R]	: R kann beliebig oft auftreten oder ganz entfallen
*u-o [R]	: R muß mindestens n-mal, kann höchstens jedoch m-mal auftreten
*u- [R]	: R muß mindestens n-mal, danach jedoch beliebig oft auftreten
*-m [R]	: R kann ganz entfallen oder aber höchstens m-mal auftreten

(4) *Allbut-Ausdrücke* können dann verwendet werden, wenn es ein-
     facher ist das Komplement einer regulären Menge zu beschrei-
     ben. Dies wird an folgendem Beispiel deutlich:

     Beispiel:

         10 - Comment = '{' *Allbut* ('}');

     beschreibt einen Kommentar in der Programmiersprache Pascal.

(5) *Lookahead-Ausdrücke* werden dann benötigt, wenn ein Symbol
     erst dann einer Klasse zugeordnet werden kann, sobald der
     Scanner eine gewisse Vorausschau machen konnte. Typisch ist
     die folgende Situation in der Programmiersprache FORTRAN:

     Beispiel:

         9 DoSy = 'DO' Lookahead (Ident '=' IntConst ',');

     damit wird vermieden, daß etwa bei dem Bezeichner 'DOI10' das
     Präfix als do-Symbol erkannt wird.

Einschränkungen und Konventionen:

(1) Als *ignorierbar* gekennzeichnete Symbolklassen dürfen nicht
     als Terminalsymbole in der kontextfreien Grammatik der POCO-
     Eingabe verwendet werden; der Scanner übergibt diese Symbole
     nicht an den Parser. Der Scanner-Generator erkennt diese
     Situation als Fehler.

(2) Eine konstante Symbolklasse wird beschrieben durch:

     (a) ein Einzelzeichen
     (b) den Namen einer Einzelzeichenklasse
     (c) den Namen einer konstanten Symbolklasse
     (d) einer Konkatenation von Einzelzeichen (Stringtyp 1)
     (e) einem String vom Typ 2
     (f) einer Äquivalenzklasse gebildet aus Elementen von (a)-(e)
     (g) Alternativen von Ausdrücken gebildet aus Elementen der
         Form (a) - (f)

(3) *Stringkonstanten* vom Typ 2 (eingeschlossen in Doppelapo-
     strophe) können nur in konstanten Zeichenklassen auftreten;
     sie können auch nicht zusammen mit anderen regulären Aus-
     drücken auftreten, insbesondere dürfen Symbolklassen nicht
     aus mehreren Stringkonstanten bestehen.

(4) Für jeden String vom Typ 2 muß es eine *Musterklasse* geben, in
     der die lexikalische Struktur des Strings beschrieben wird.
     Der Scanner erkennt zunächst nur die Musterklasse, erst wäh-
     rend der Screening-Phase wird dem erkannten Symbol das rich-
     tige (Klassen-, Relativcode)-Paar zugeordnet. Bei Fehlen
     einer solchen Musterklasse meldet der Generator einen Fehler.

4. Die Deklaration benannter Konstanten:

Die Definition von benannten Konstanten dient zur Vereinfachung der Attributierung und zur Erleichterung von Typdefinitionen die Syntax entspricht (bis auf die fehlende Möglichkeit zur Definition von real-Konstanten) der Konstanten-Deklaration in PASCAL:

```
<ConstantDefinitionPart>   ::= Const <ConstantDefinition>
                                 { ; <ConstantDefinition> } ;
                               | <empty>


<ConstantDefinition>       ::= <Identifier> = <Constant>


<Constant>                 ::= <UnsignedNumber> |
                               <Sign> <UnsignedNumber> |
                               <ConstantIdentifier > |
                               <Sign> <ConstantIdentifier> |
                               <String>

<UnsignedNumber>           ::= <UnsignedInteger>

<Sign>                     ::= + | -

<ConstantIdentifier>       ::= <Identifier>
```

5. Die Definition der Attribut-Typen:

Die Definition der Attributtypen erfolgt weitgehend analog zur Definition von Typen in der Programmiersprache PASCAL. Als Basistypen sind <u>integer</u>, <u>char</u> und <u>boolean</u> zugelassen, auf den Typ <u>real</u> wird verzichtet.

```
<TypeDefinitionPart>       ::= Type <TypeDefinition>
                                 { ; <TypeDefinition> }
                               | <empty>

<TypeDefinition>           ::= <Identifier> = <Type>

<Type>                     ::= <SimpleType> |
                               <StructuredType> |
                               <PointerType>

<SimpleType>               ::= <ScalarType> |
                               <SubrangeType> |
                               <TypeIdentifier>

<TypeIdentifier>           ::= <Identifier>
```

```
<ScalarType>                  ::= ( <Identifier> { , <Identifier> } )

<SubrangeType>                ::= <Constant> .. <Constant>

<StructuredType>              ::= <UnpackedStructuredType> |
                                  packed <UnpackedStructuredType>

<UnpackedStructuredType> ::= <ArrayType> |
                                  <RecordType> |
                                  <SetType>

<ArrayType>                   ::= array [ <indexType>
                                  { , <indexType>} ] of <ComponentType>

<IndexType>                   ::= <SimpleType>

<ComponentType>               ::= <Type>

<RecordType>                  ::= record <FieldList> end

<FieldList>                   ::= <FixedPart> |
                                  <FixedPart> ; <VariantPart> |
                                  <VariantPart>

<FixedPart>                   ::= <RecordSection> { ; <RecordSection>}

<RecordSection>               ::= <FieldIdentifier>
                                  { , <FieldIdentifier>} : <Type> |
                                  <empty>

<VariantPart>                 ::= case <TagField> <TypeIdentifier>
                                  of <Variant> { ; <Variant>}

<TagField>                    ::= <FieldIdentifier> :  | <empty>

<Variant>                     ::= <CaseLabelList>
```

6. Die Deklaration der semantischen Aktionen:

Die semantischen Aktionen werden (zusammengefaßt in Moduln von Pascal-m) als externe Moduln deklariert; dabei werden inherited-Attribute als *value*- und derived-Attribute als *var*-Parameter (im Sinne der
Programmiersprache PASCAL) notiert.

```
<ModuleDeclaration>          ::=   module <module identifier> ;
                                   <InterfacePart>
                                   <ImplementationPart> |
                                   module <module identifier> ;
                                   <interface part>
                                   use ;
```

```
<InterfacePart>              ::= interface
                                 <ConstantDefinitionPart>
                                 <TypeDefinitionPart>
                                 <Procedure/FunctionHeading>
                                 { <Procedure/FunctionHeading>}

<ImplementationPart>         ::= implementation <Block>

<Block>                      ::= <label declaration part>
                                 <ConstantDefinitionPart>
                                 <TypeDefinitionPart>
                                 <VariableDeclarationPart>
                                 <ModuleDeclarationPart>
                                 <Procedure/FunctionDeclarationPart>
                                 <statement part>

<ModuleDeclarationPart>      ::= { <ModuleDeclaration> ; }

<CompilationUnit>            ::= <Program> | <Module>

<Module>                     ::= <ModuleDeclaration>
                                 { ; <ModuleDeclaration>} .
```

7. Die Definition des Axioms der Sprache:

```
<AxiomDefinition>            ::= Axiom <Nonterminal>

<Nonterminal>               ::= <Identifier>
```

8. Die Definition der Produktionen der attr. Grammatik:

```
<ProductionDefinition>       ::= Productions <Production>
                                            { <Production> }
```

Die Definition der Produktionen erfolgt in van Wijngarden-Notation:
jede Produktion wird mit "." abgeschlossen, verschiedene Alternativen
zu einem Nonterminal werden mittels ";" getrennt, aufeinanderfolgende
Symbole auf der rechten Seite einer Alternative durch ",". Zwischen
linker und rechter Seite einer Produktion steht ein ":". (Wir nennen
i.a. eine Alternative einer Produktion eine *Regel*.)

```
<Production>                 ::= <LeftSide> : <RightSide> .

<LeftSide>                   ::= <Nonterminal> { <LHSAattributes> }

<LHSAattributes>             ::= ( <AttributeGroup>
                                 { ; <AttributeGroup> } )
```

```
<AttributeGroup>          ::= <InhAttributeGroup> |
                              <DerAttributeGroup>

<InhAttributeGroup>       ::= <AttributeList> | empty

<DerAttributeGroup>       ::= var <AttributeList> | empty
```

Man beachte, daß inherited-Attribute (derived-Attribute) als value-
(var-) Parameter analog zu einem PASCAL-Prozeduraufruf notiert werden; dies ist eine Konzession an die Wirtssprache, vor allem wegen
der analogen Spezifikation der sem. Aktionen.

```
<AttributeList>           ::= <AttributeIdentifier>
                              { , <AttributeIdentifier> }
                              ; <TypeIdentifier>
```

Analog zu einem Standard-PASCAL-Prozeduraufruf erfolgt die Spezifikation des Typs der Attribute durch Angabe eines deklarierten Typbe-
zeichners; eine explizite Typvereinbarung ist (abgesehen von den
Standard-Typen) nicht möglich.

```
<RightSide>               ::= <Alternative> { ; <Alternative> }
                              <ExplicitPrecedence>

<Alternative>             ::= <AltElement> { , <AltElement> }

<ExplicitPrecedence>      ::= $precedence <Terminal> |
                              <empty>

<AltElement>              ::= <AltHeader> |
                              <AltHeader> ( <RHSAttribute>
                                      { , <RHSAttribute> } ) |
                              call <SemAction>

<AltHeader>               ::= <Nonterminal> | <Terminal>
```

Die Verwendung von call ist redundant und wird nur aus Gründen der
besseren Lesbarkeit verlangt.

```
<SemAction>               ::= <ProcedureIdentifier> |
                              <ProcedureIdentifier>
                              ( <AtualParameter>
                                { , <ActualParameter> } )

<ProcedureIdentifier>     ::= <Identifier>

<ActualParameter>         ::= <AttributeIdentifier>
```

```
<AttributeIdentifier>     ::= <Identifier> |
                              <ConstantIdentifier>

<RHSAttribute>            ::= <AttributeIdentifier>

<empty> ::=
```

Die Verwendung von benannten Konstanten auf Attribut-Positionen (bzw.
Parameter-Positionen von semantischen Aktionen) unterliegt der Bedin-
gung, daß sie nur auf derived-Positionen der linken Seite bzw. inhe-
rited-Positionen der rechten Seite einer Regel stehen dürfen.

In Anhang D ist als Beispiel für eine Eingabe in POCO die Generator-
Eingabesprache in ihrer eigenen Syntax angegeben.

Anhang C: Syntax der POCO - Eingabesprache (Syntax - Diagramme)

Anmerkung:

Die folgenden Syntaxdiagramme beschreiben die wichtigsten Konstrukte der POCO-Eingabesprache. Nicht aufgeführte Konstrukte entsprechen Elementen der Programmiersprache Pascal; "String_2" ist in Anhang B definiert.

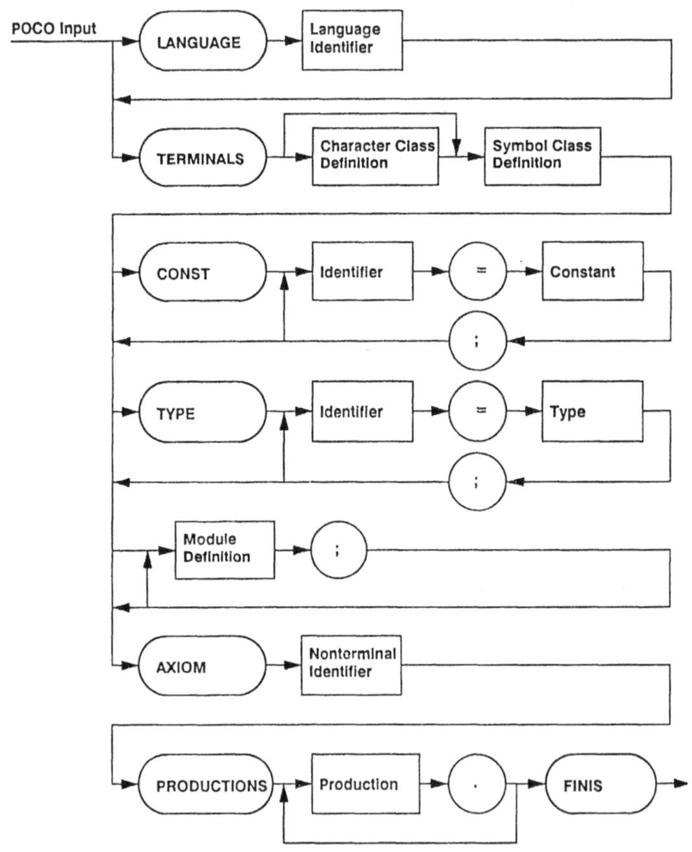

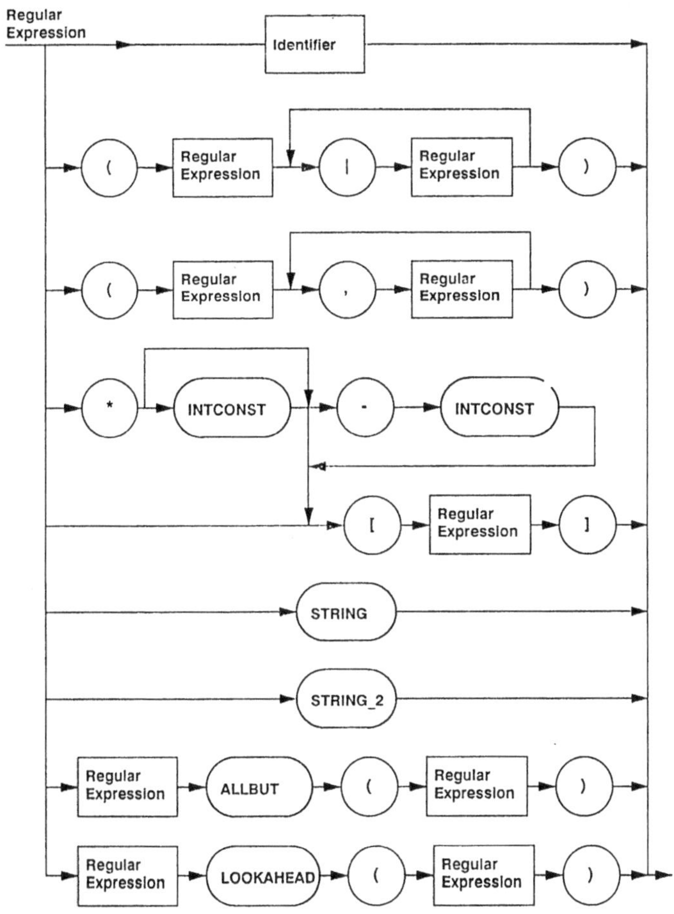

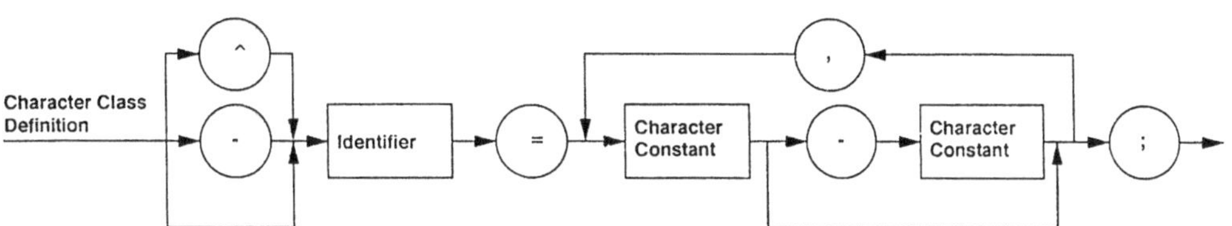

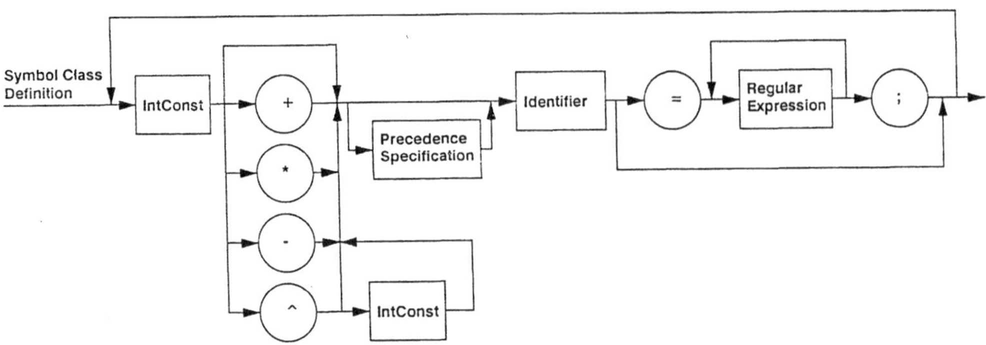

Symbol Class
Definition
IntConst
+
*
-
^
IntConst
Precedence
Specification
Identifier
=
Regular
Expression
;

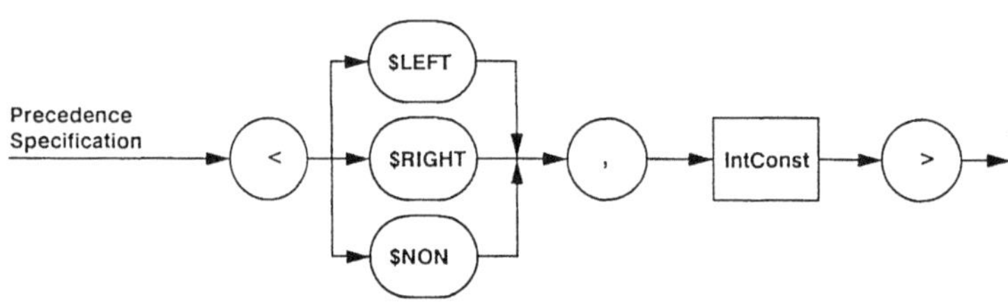

Precedence
Specification
<
$LEFT
$RIGHT
$NON
,
IntConst
>

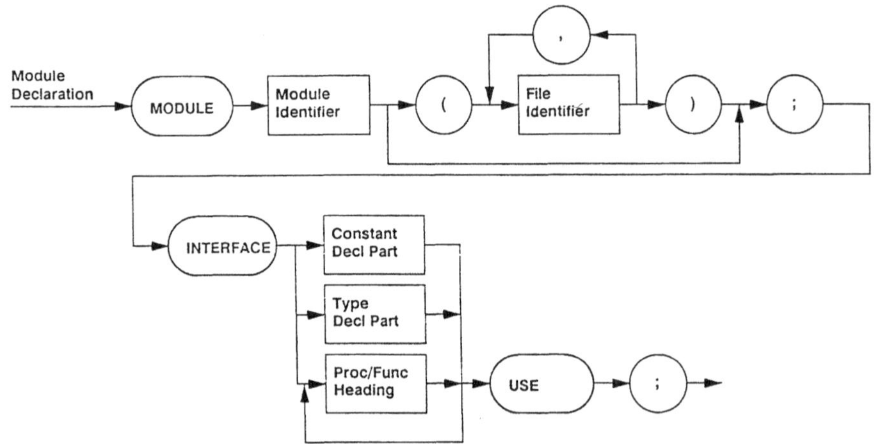

Module
Declaration
MODULE
Module
Identifier
(
,
File
Identifier
)
;
INTERFACE
Constant
Decl Part
Type
Decl Part
Proc/Func
Heading
USE
;

Production

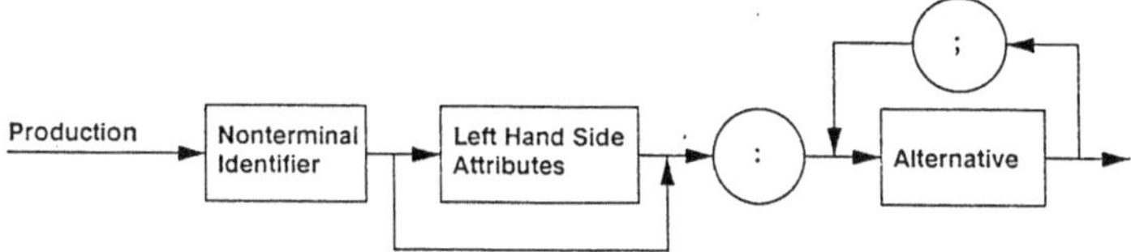

Left Hand Side Attributes

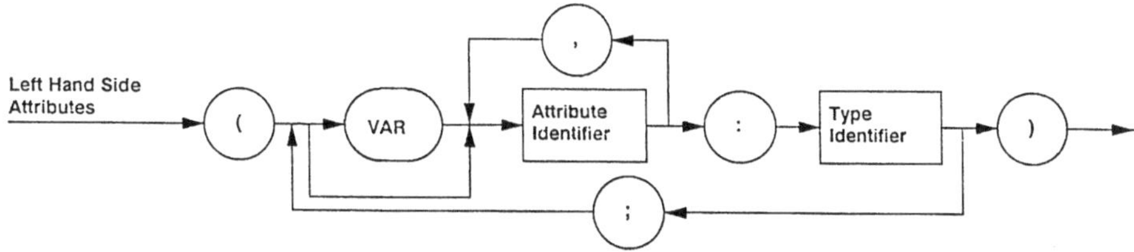

Alternative

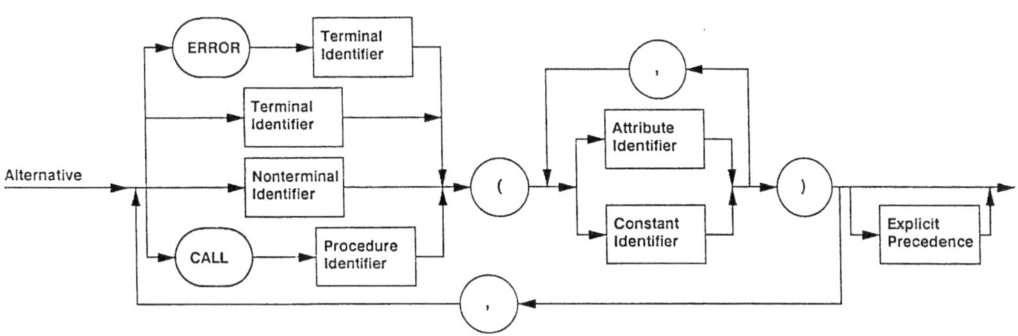

Explicit Precedence

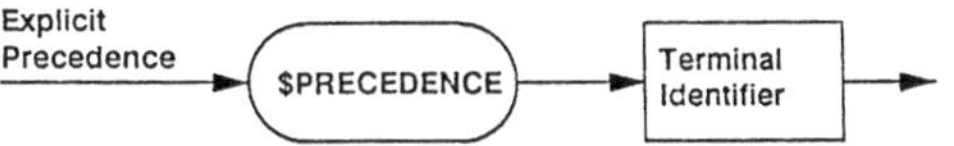

Anhang D: Beispiel für eine Eingabe in der Generator-Eingabesprache.

```
{$L+,S+,P+,C+}

{-----------------------------------------------------------------

   Die folgende Eingabe ist die (leicht gekürzte) Beschreibung der

                POCO-Generator-Eingabesprache

     in ihrer eigenen Syntax.

   ---------------------------------------------------------------}

Language POCO

Terminals

   Bu     = 'a' - 'z', 'A' - 'Z';
   Zi     = '0' - '9';
   Dollar = '$';
   US     = '_' ;
   Apo    = '''' ;
   Quote  = '"' ;


   1 + Ident        = (Bu | Dollar) * [ (Bu | Zi | US) ];
   2 * IntConst     = Zi * [Zi] ;
   4 * StringConst  = Quote Allbut (Quote) ;
   5 * CharString   = *1-[Apo Allbut (Apo)] ;

   6   LParent      = '(' ;
   7   RParent      = ')' ;
   8   LBracket     = '[' ;
   9   RBracket     = ']' ;
  10   Comma        = ',' ;
  11   Semicolon    = ';' ;
  12   Period       = '.' ;
  13   Colon        = ':' ;
  14   PlusSy       = '+' ;
  15   MinusSy      = '-' ;
  16   StarSy       = '*' ;
  17   AltSy        = '|' ;
  18   IsSy         = '=' ;
  19   RangeSy      = '..';
  20   PointerSy    = '^' ;

  21   LanguageSy   = "LANGUAGE" ;
  22   TerminalSy   = "TERMINALS";
  23   AxiomSy      = "AXIOM"      ;
  24   ProductSy    = "PRODUCTIONS" ;
  25   FinisSy      = "FINIS"        ;
```

```
26   ErrorSy      = "ERROR"              ;
27   CallSy       = "CALL"               ;
28   AllbutSy     = "ALLBUT"             ;
29   LookAheadSy  = "LOOKAHEAD"    ;
30   ModuleSy     = "MODULE"             ;
31   InterfaceSy  = "INTERFACE"      ;
32   ImplementSy  = "IMPLEMENTATION"  ;
33   ProcSy       = "PROCEDURE"       ;
34   FuncSy       = "FUNCTION"        ;
35   UseSy        = "USE"             ;
36   ConstSy      = "CONST"           ;
37   TypeSy       = "TYPE"            ;
38   VarSy        = "VAR"             ;
39   ArraySy      = "ARRAY"           ;
40   RecordSy     = "RECORD"          ;
41   SetSy        = "SET"             ;
42   CaseSy       = "CASE"            ;
43   OfSy         = "OF"              ;
44   EndSy        = "END"             ;
45   PackedSy     = "PACKED"          ;
46   LeftSy       = "$LEFT"           ;
47   RightSy      = "$Right"          ;
48   NonSy        = "$NON"            ;
49   PrecSy       = "$PRECEDENCE"  ;

50   LessSy       = '<' ;
51   GreaterSy    = '>' ;

60 - Comment1     = '{' Allbut ('}') ;
61 - Comment2     = '(' '*' Allbut ('*' ')') ;
62 - Blanks       = ' ' * [ ' ' ]     ;


Axiom   LanguageSpec


Productions

LanguageSpec        : LanguageIdent,
                      TermDefPart ,
                      ConstDeclPart ,
                      TypeDefPart ,
                      ModuleDeclPart ,
                      AxiomDefinition ,
                      ProductionDef ,
                      FinisSy .

LanguageIdent       : LanguageSy , Ident ;
                      (* Epsilon *) .

TermDefPart         : TerminalSy ,
                      CharClassDefs ,
                      SymbolClassDefs .

CharClassDefs       : CharClassDefs, CharClassDef ;
                      (* Epsilon *) .
```

```
CharClassDef       : CharClassMode ,
                     Ident ,
                     IsSy ,
                     CharSpecList ,
                     Semicolon .

CharClassMode      : MinusSy ;
                     PointerSy ;
                     (* Epsilon *) .

CharSpecList       : CharSpecList, Comma, CharClass ;
                     CharClass .

CharClass          : CharString ;
                     CharString , MinusSy , CharString .

SymbolClassDefs    : SymbolClassDefs, SymbClassDef ;
                     SymbClassDef .

SymbClassDef       : IntConst ,
                     SymbClassMode ,
                     PrecedenceSpec ,
                     Ident ,
                     IsSy ,
                     RegularExpr ,
                     Semicolon   ;
                     Semicolon .

PrecedenceSpec     : LessSy , Associativity , GreaterSy ;
                     LessSy , Associativity , Comma ,
                     IntConst , GreaterSy ;
                     (* Epsilon *) .

Associativity      : LeftSy ;
                     RightSy ;
                     NonSy .

SymbClassMode      : PlusSy ;
                     StarSy ;
                     MinusSy ;
                     PointerSy ;
                     PointerSy, IntConst;
                     (* Epsilon *) .

RegularExpr        : RegExpression , RegularExpr ;
                     RegExpression .

RegExpression      : Ident ;
                     CharString ;
                     StringConst ;
                     RegAlternative ;
                     RegEquivalence ;
                     IterationOption ;
                     AllbutExpression ;
                     LookAheadExpr .
```

```
RegAlternative     : LParent , AltExprList , RParent .

AltExprList        : AltExprList, AltSy , RegularExpr ;
                     RegularExpr , AltSy , RegularExpr .

RegEquivalence     : LParent , EquivExprList , RParent .

EquivExprList      : EquivExprList  , Comma , RegularExpr ;
                     RegularExpr , Comma , RegularExpr .

IterationOption    : QualifierOption ,
                     LBracket, RegularExpr , RBracket .

QualifierOption    : StarSy , RangeOption ;
                     (* Epsilon *) .

RangeOption        : MinusSy , IntConst ;
                     IntConst , MinusSy ;
                     IntConst , MinusSy , IntConst ;
                     (* Epsilon *) .

AllbutExpression   : AllbutSy , LParent , RegularExpr , RParent .

LookAheadExpr      : LookAheadSy , LParent , RegularExpr , RParent .

ConstDeclPart      : ConstSy , ConstDefList ; (* Epsilon *) .

ConstDefList       : ConstDefList, ConstDefinition ;
                     ConstDefinition .

ConstDefinition    : Ident , IsSy , Constant , Semicolon .

Constant           : IntConst ;
                     Ident ;
                     StringConst ;
                     CharString .

TypeDefPart        : TypeSy , TypeDefList ; (* Epsilon *) .

TypeDefList        : TypeDefList, TypeDefinition ;
                     TypeDefinition .

TypeDefinition     : Ident , IsSy , TypeSpec , Semicolon .

TypeSpec           : SimpleType ;
                     StructuredType ;
                     PointerType .

SimpleType         : ScalarType ;
                     SubrangeType ;
                     Ident .

ScalarType         : LParent , IdentList , RParent .

SubrangeType       : Constant , RangeSy , Constant .
```

```
StructuredType      : UnpackStructType;
                      PackedSy, UnpackStructType .

UnpackStructType  : ArrayType ;
                      RecordType ;
                      SetType .

ArrayType           : ArraySy , LBracket , IndexTypeList , RBracket ,
                      OfSy , ComponentType .

IndexTypeList       : IndexTypeList , Comma , IndexType ;
                      IndexType .

IndexType           : SimpleType .

ComponentType       : TypeSpec .

RecordType          : RecordSy , FieldList , EndSy .

FieldList           : FixedPart ;
                      FixedPart , Semicolon , VariantPart ;
                      VariantPart .

FixedPart           : FixedPart , Semicolon , RecordSection ;
                      RecordSection .

RecordSection       : IdentList , Colon , TypeSpec ;
                      (* Epsilon *) .

VariantPart         : CaseSy , TagField , TypeSpec , OfSy , VariantList .

VariantList         : VariantList , Semicolon , Variant ;
                      Variant .

Variant             : CaseLabelList , Colon , LParent , FieldList , RParent

CaseLabelList       : CaseLabelList, Comma , IntConst ;
                      IntConst .

TagField            : Ident , Colon ; (* Epsilon *) .

PointerType         : PointerSy , Ident .

SetType             : SetSy , OfSy , TypeSpec .

ModuleDeclPart      : ModuleDeclList ; (* Epsilon *) .

ModuleDeclList      : ModuleDeclList , ModuleDecl ;
                      ModuleDecl .

ModuleDecl          : ModuleSy , Ident , Semicolon
                      , InterfacePart , UseSy , Semicolon .

InterfacePart       : InterfaceSy , ConstDeclPart , TypeDefPart ,
                      ProcHeadingList .
```

```
ProcHeadingList    : ProcHeadingList , ProcHeading
                   ; ProcHeading .

ProcHeading        : ProcSy , Ident , ParameterOption , Semicolon .

ParameterOption    : LParent , AttributeList , RParent ;
                     (* Epsilon *) .

AxiomDefinition    : AxiomSy , Ident .

ProductionDef      : ProductSy , ProductionList .

ProductionList     : ProductionList , Production ;
                     Production .

Production         : LeftSide , Colon , RightSide , Period .

LeftSide           : Ident , LhsAttributes .

LhsAttributes      : LParent , AttributeList , RParent ;
                     (* Epsilon *) .

AttributeList      : AttributeList , Semicolon , AttributeGroup ;
                     AttributeGroup .

AttributeGroup     : InhAttributes ;
                     DerAttributes .

InhAttributes      : IdentList , Colon , TypeSpec .

DerAttributes      : VarSy , IdentList, Colon , TypeSpec .

IdentList          : IdentList , Comma , Ident ;
                     Ident .

RightSide          : RightSide , Semicolon , Alternative ;
                     Alternative .

Alternative        : Alternative , Comma , AltElement , ExplicitPrec ;
                     AltElement , ExplicitPrec .

ExplicitPrec       : PrecSy , Ident ;
                     (* Epsilon *) .

AltElement         : AltHeader , RhsAttributes ;
                     ErrorSy , Ident ;
                     (* Epsilon *) .

RhsAttributes      : LParent , IdentList , RParent ;
                     (* Epsilon *) .

AltHeader          : Ident ;
                     CallSy , Ident .

FINIS
```

Anhang E: Liste der POCO-Fehlermeldungen

```
  1 : ERROR IN SIMPLE TYPE
  2 : IDENTIFIER EXPECTED; DO NOT USE PASCAL RESERVED WORDS!
  3 : 'PROGRAM' EXPECTED
  4 : ')' EXPECTED
  5 : ':' EXPECTED
  6 : ILLEGAL SYMBOL
  7 : ERROR IN PARAMETER LIST
  8 : 'OF' EXPECTED
  9 : '(' EXPECTED
 10 : ERROR IN TYPE
 11 : '[' EXPECTED
 12 : ']' EXPECTED
 13 : 'END' EXPECTED
 14 : ';' EXPECTED
 15 : INTEGER EXPECTED
 16 : '=' EXPECTED
 17 : 'BEGIN' EXPECTED
 18 : ERROR IN DECLARATION PART
 19 : ERROR IN FIELD-LIST
 20 : '.' EXPECTED
 21 : '*' EXPECTED
 22 : ',' EXPECTED
 23 : '<' Expected
 24 : '>' Expected

 41 : MODULE DECLARATION MUST BE AT LEVEL 1
 42 : 'USED' OR 'IMPLEMENTATION' EXPECTED
 43 : 'INTERFACE' EXPECTED
 44 : MODULE INTERFACE PART MUST NOT BE EMPTY
 45 : 'IMPLEMENTATION' EXPECTED

 50 : ERROR IN CONSTANT
 51 : ':=' EXPECTED
 52 : 'THEN' EXPECTED
 53 : 'UNTIL' EXPECTED
 54 : 'DO' EXPECTED
 55 : 'TO'/'DOWNTO' EXPECTED
 56 : 'IF' EXPECTED
 57 : 'FILE' EXPECTED
 58 : ERROR IN FACTOR
 59 : ERROR IN EXPRESSION

101 : IDENTIFIER DECLARED TWICE
102 : LOW BOUND EXCEEDS HIGH BOUND
103 : IDENTIFIER IS NOT OF APPROPRIATE CLASS
104 : IDENTIFIER NOT DECLARED
105 : SIGN NOT ALLOWED
106 : NUMBER EXPECTED
107 : INCOMPATIBLE SUBRAGE TYPES
```

```
108 : FILE NOT ALLOWED HERE
109 : TYPE MUST NOT BE REAL
110 : TAGFIELD TYPE MUST BE SCALAR OR SUBRANGE
111 : INCOMPATIBLE WITH TAGFIELD TYPE
112 : INDEX TYPE MUST NOT BE REAL
113 : INDEX TYPE MUST BE SCALAR OR SUBRANGE
114 : BASE TYPE MUST NOT BE REAL
115 : BASE TYPE MUST BE SCALAR OR SUBRANGE
116 : ERROR IN TYPE OF STANDARD PROCEDURE PARAMETER
117 : UNSATISFIED FORWARD REFERENCE
118 : FORWARD REFERENCE TYPE IDENTIFIER IN VARIABLE DECLARATION
119 : FORWARD DECLARED; REPETITION OF PARAMETER LIST NOT ALLOWED
120 : FUNCTION RESULT PARAMETER MUST BE SCALAR, SUBRANGE OR POINTER
121 : FILE VALUE PARAMETER NOT ALLOWED
122 : FORWARD DECLARED FUNCTION; REPETITION OF RESULT
123 : MISSING RESULT TYPE IN FUNCTION DECLARATION
124 : 'F'-FORMAT FOR REAL ONLY
125 : ERROR IN TYPE OF STANDARD FUNCTION PARAMETER
126 : NUMBER OF PARAMETERS DOES NOT AGREE WITH DECLARATION
127 : ILLEGAL PARAMETER SUBSTITUTION
128 : RESULT TYPE OF PARAMETER FUNCTION DOES NOT AGREE WITH DECLARATION
129 : TYPE CONFLICT OF OPERANDS
130 : EXPRESSION IS NOT OF SET TYPE
131 : TESTS ON EQUALITY ALLOWED ONLY
132 : STRICT INCLUSION NOT ALLOWED
133 : FILE COMPARISON NOT ALLOWED
134 : ILLEGAL TYPE OF OPERAND(S)
135 : TYPE OF OPERAND MUST BE BOOLEAN
136 : SET ELEMENT TYPE MUST BE SCALAR OR SUBRANGE
137 : SET ELEMENT TYPES NOT COMPATIBLE
138 : TYPE OF VARIABLE IS NOT ARRAY
139 : INDEX TYPE IS NOT COMPATIBLE WITH DECLARATION
140 : TYPE OF VARIABLE IS NOT RECORD
141 : TYPE OF VARIABLE MUST BE FILE OR POINTER
142 : ILLEGAL PARAMETER SUBSTITUTION
143 : ILLEGAL TYPE OF LOOP CONTROL VARIABLE
144 : ILLEGAL TYPE OF EXPRESSION
145 : TYPE CONFLICT
146 : ASSIGNMENT OF FILES NOT ALLOWED
147 : LABEL TYPE INCOMPATIBLE WITH SELECTING EXPRESSION
148 : SUBRANGE BOUNDS MUST BE SCALAR
149 : INDEX TYPE MUST NOT BE INTEGER
150 : ASSIGNMENT TO STANDARD FUNCTION IS NOT ALLOWED
151 : ASSIGNMENT TO FORMAL FUNCTION IS NOT ALLOWED
152 : NO SUCH FIELD IN THIS RECORD
153 : TYPE ERROR IN READ
154 : ACTUAL PARAMETER MUST BE A VARIABLE
155 : CONTROL VARIABLE MUST NOT BE DECLARED ON INTERMEDIATE LEVEL
156 : MULTIDEFINED CASE LABEL
158 : MISSING CORRESPONDING VARIANT DECLARATION
159 : REAL OR STRING TAGFIELDS NOT ALLOWED
160 : PREVIOUS DECLARATION WAS NOT FORWARD
161 : AGAIN FORWARD DECLARED
162 : PARAMETER SIZE MUST BE CONSTANT
163 : MISSING VARIANT IN DECLARATION
164 : SUBSTITUTION OF STANDARD PROC/FUNC NOT ALLOWED
```

```
165 : MULTIDEFINED LABEL
166 : MULTIDECLARED LABEL
167 : UNDECLARED LABEL
168 : UNDEFINED LABEL
169 : ERROR IN BASE SET
170 : VALUE PARAMETER EXPECTED
171 : STANDARD FILE WS REDECLARED
172 : UNDECLARED EXTERNAL FILE
174 : PASCAL PROCEDURE OR FUNCTION EXPECTED
175 : MISSING FILE 'INPUT' IN PROGRAM HEADING
176 : MISSING FILE 'OUTPUT' IN PROGRAM HEADING
177 : ASSIGNMENT TO FUNCTION IDENTIFIER NOT ALLOWED HERE
178 : MULTIDEFINED RECORD VARIANT
180 : CONTROL VARIABLE MUST NOT BE FORMAL
181 : CONSTANT PART OF ADDRESS OUT OF RANGE

201 : ERROR IN REAL CONSTANT : DIGIT EXPECTED
202 : STRING CONSTANT MUST NOT EXCEED SOURCE LINE
203 : INTEGER CONSTANT EXCEEDS RANGE
205 : ZERO LENGTH STRING NOT ALLOWED
206 : INTEGER PART OF REAL CONSTANT EXCEEDS RANGE

250 : TOO MANY NESTED SCOPES OF IDENTIFIERS
251 : TOO MANY NESTED PROCEDUES AND/OR FUNCTIONS
252 : TOO MANY FORWARD REFERENCES OF PROCEDURE ENTRIES
253 : PROCEDURE TOO LONG
254 : TOO MANY LONG CONSTANTS IN THIS PROCEDURE
255 : TOO MANY ERRORS IN THIS SOURCE LINE
256 : TOO MANY EXTERNAL REFERENCES
257 : TOO MANY EXTERNALS
258 : TOO MANY LOCAL FILES
259 : EXPRESSION TOO COMPLICATED
260 : TOO MANY EXIT LABELS

300 : DIVISION BY ZERO
301 : NO CASE PROVIDED FOR THIS VALUE
302 : INDEX EXPRESSION OUT OF BOUNDS
303 : VALUE TO BE ASSIGNED IS OUT OF BOUNDS
304 : ELEMENT EXPRESSION OUT OF RANGE

390 : String Exceeds Max. Possible Length
397 : Illegal Character
398 : IMPLEMENTATION RESTRICTION
399 : VARIABLE DIMENSION ARRAYS NOT IMPLEMENTED

450 : Symbol Class Defined Twice
451 : Character Constant Expected
452 : Illegal Neglect Symbol
453 : Character Sets Must Be Ordered
454 : Character Defined In More Than One Symbol Class
455 : Illegal Symbol Class Mode
456 : Too Many Symbol Class Definitions.
458 : Character Class or Symbol Class Name Expected
459 : Illegal Combination of Alternative/Sem. Equality
460 : Ignorable Symbols Not Allowed
461 : Ignorable Symbol Class Name Not Allowed
```

```
462 : Option Lower Bound Exceeds Upper Bound
463 : Strings Not Allowed in Non-Constant Symbol Classes
464 : Upper Bound of Option Missing
465 : Only Single Element Character Classes Allowed
466 : Non-Constant Symbol Class Name Not Allowed
467 : '-' Expected
468 : Constant Class Name Not Allowed
469 : Constant String Used Twice
470 : Constant String is used in Multiple Classes
471 : Symbol Class Name Not Allowed in ALLBUT Argument
473 : Strings Not Allowed in ALLBUT Expressions
474 : Option Not Allowed in ALLBUT Expression
475 : Semantic Equality Not Allowed in ALLBUT Expression
476 : Options Not Allowed in Constant Symbol Classes
477 : No Nested ALLBUT Expressions Allowed
478 : ALLBUT Not Allowed in Constant Symbol Classes
479 : First Part of ALLBUT Expression Malformed
480 : Semantic Equality Not Allowed in Non-Constant Symbol Classes
483 : To Many Nested Alternatives/Semantic Equalities
484 : Malformed Constant Symbol Class Definition
491 : SCANNER accepts empty Input
492 : Symbol Classes not Disjunct:
499 : Malformed Regular Expression

501 : Illegal OPTION or OPTION Format
502 : Illegal Symbol Class Code
503 : Symbol Class Code Used Twice
504 : Ignorable Symbol Class Not Allowed in Syntax Definition
510 : GL: AXIOM Definition Expected
511 : Axiom Must Not Have Inherited Attributes.
512 : GL: ';' EXPECTED
513 : GL: ',' / ';' / '.' EXPECTED
520 : GL: 'PRODUCTIONS' EXPECTED
530 : GL: NONTERMINAL Defined Twice
550 : GL: 'FINIS' EXPECTED
560 : GL: Undeclared Semantic Procedure
566 : Terminal Identifier (Symbol Class Name) Expected

620 : Nonterminal Identifier Expected
621 : Illegal Symbol in Alternative
636 : Inconsistent Number of Terminal Symbol Attributes
637 : Number of Attributes does not agree with NT Declaration
638 : Inconsistent Number of Attributes for this NT in prec. Input
639 : Inconsistent or erroneous Attribute Usage in prec. Grammar
640 : Inherited Attribute Did Not Appear on a Defining Position
641 : Left Hand Side Derived Attributes Are not Assigned a Value
660 : GL: UNDECLARED TERMINAL
697 : The Following Nonterminal Does Not Derive a Terminal String
698 : The Following Nonterminal Cannot Be Reached From the Axiom
699 : The Following NONTERMINAL does not have an Associated Rule

701 : SG: Error in Symbol Class Definition:
800 : AG: The Following Attribute is not found on the Attribute Stack
810 : The Following Constant is not of adequate Type
811 : Constant on Derived Position of Procedure NOT ALLOWED
```

Anhang F: ASCII - Zeichensatz

Dec	Hex	Chr	Dec	Hex	Chr	Dec	Hex	Chr	Dec	Hex	Chr
0	00	NUL	32	20	SPC	64	40	@	96	60	
1	01	^A	33	21	!	65	41	A	97	61	a
2	02	^B	34	22	"	66	42	B	98	62	b
3	03	^C	35	23	#	67	43	C	99	63	c
4	04	^D	36	24	$	68	44	D	100	64	d
5	05	^E	37	25	%	69	45	E	101	65	e
6	06	^F	38	26	&	70	46	F	102	66	f
7	07	^G	39	27	'	71	47	G	103	67	g
8	08	^H	40	28	(	72	48	H	104	68	h
9	09	^I	41	29	)	73	49	I	105	69	i
10	0A	^J	42	2A	*	74	4A	J	106	6A	j
11	0B	^K	43	2B	+	75	4B	K	107	6B	k
12	0C	^L	44	2C	,	76	4C	L	108	6C	l
13	0D	^M	45	2D	-	77	4D	M	109	6D	m
14	0E	^N	46	2E	.	78	4E	N	110	6E	n
15	0F	^O	47	2F	/	79	4F	O	111	6F	o
16	10	^P	48	30	0	80	50	P	112	70	p
17	11	^Q	49	31	1	81	51	Q	113	71	q
18	12	^R	50	32	2	82	52	R	114	72	r
19	13	^S	51	33	3	83	53	S	115	73	s
20	14	^T	52	34	4	84	54	T	116	74	t
21	15	^U	53	35	5	85	55	U	117	75	u
22	16	^V	54	36	6	86	56	V	118	76	v
23	17	^W	55	37	7	87	57	W	119	77	w
24	18	^X	56	38	8	88	58	X	120	78	x
25	19	^Y	57	39	9	89	59	Y	121	79	y
26	1A	^Z	58	3A	:	90	5A	Z	122	7A	z
27	1B	^[	59	3B	;	91	5B	[	123	7B	{
28	1C	^\	60	3C	<	92	5C	\	124	7C		
29	1D	^]	61	3D	=	93	5D	]	125	7D	}
30	1E	^^	62	3E	>	94	5E	^	126	7E	~
31	1F	^_	63	3F	?	95	5F	_	127	7F	DEL

Anmerkung:

Der ASCII-Zeichensatz wird Generator-intern zur Darstellung von Character-Konstanten verwendet. Der Scanner-Generator kann jedoch mit dem Zeichensatz der Zielmaschine parametrisiert werden, so daß ein generierter Scanner auch auf einer Zielmaschine ablauffähig ist, deren Zeichensatz nicht ASCII ist.

Anhang G: Hinweise zur Bedienung des Generators.

In diesem Abschnitt wird kurz auf die Bedienung des (eigentlichen) Generators eingegangen. Wir konzentrieren uns dabei auf die Bedienung des Systems auf zwei verbreiteten Rechnersystemen und auf eine Beschreibung der Optionen, mit deren Hilfe man Einfluß auf den Ablauf und die Ergebnisse der Generierung nehmen kann. Zusätzlich gehen wir auf die Möglichkeiten ein, die POCO zur Behandlung mehrdeutiger Grammatiken bietet.

1. Bedienung des Systems.

Das POCO-System ist derzeit ablauffähig auf Rechenanlagen unter den Betriebssystemen BS2000 (Siemens), UNIX (BSD 4.2, BSD 4.3) und VMS (DEC) sowie auf Mikrocomputern der IBM PC/AT-Klasse unter MS-DOS 3.2 (Microsoft). In diesem Abschnitt gehen wir nur auf die Bedienung des Generators unter BS2000 und UNIX ein; eine Beschreibung des Systems auf Mikrorechnern wird Bestandteil eines eigenen Textes werden.

1.1. Gemeinsame Eigenschaften unter BS2000 und UNIX.

Für den Betrieb unter den angegebenen Betriebssystemen gelten die folgenden Konventionen:

(1) Der Generator arbeitet auf drei verschiedenen Dateien, die alle vom Typ TEXT im üblichen Pascal-Sinn sind.

(2) Datei 1 (intern mit der File-Variablen *input* verbunden) wird als Eingabe-Datei benötigt; diese Datei enthält die POCO-Eingabe in der beschriebenen Form.

(3) Datei 2 (intern mit der File-Variablen *output* verbunden) wird als Protokoll-Datei verwendet und enthält nach einem Lauf des Generators Angaben zum Generierungsablauf, Fehlermeldungen sowie eine Protokollierung der Eingabe und die (umfangreichen) Ausgaben der Teil-Generatoren, sofern dies nicht durch die Angabe einer entsprechenden Option unterdrückt wurde.

(4) Datei 3 (intern mit der File-Variablen *PRR* verbunden) wird als
    Ausgabe-Datei für einen generierten Compiler verwendet; ein gene-
    rierter Compiler kann in einer der folgenden Formen ausgegeben
    werden:

    - ein Pascal-m-Quellprogramm mit Extern-Bezuegen auf separat-
      übersetzbare semantische Moduln

    - ein (Standard-) Pascal-Quellprogramm, in dem die semantischen
      Aktionen als forward-Prozeduren eingetragen sind; der Benutzer
      muß den Text der semantischen Aktionen nachtragen

    - ein p-Code-Programm mit Extern-Bezügen auf semantische Moduln

1.2. Betrieb von POCO unter BS2000.

Auf Siemens BS2000-Anlagen läßt sich POCO am einfachsten mit Hilfe
einer Kommandoprozedur starten; wir geben dafür ein Beispiel an:

```
/PROCEDURE  C,(&GRAM),SUBDTA=&
/SYSFILE SYSDTA=(SYSCMD)
/FILE #PRR.&GRAM,FCBTYPE=SAM,LINK=PRR
/FILE #LIST.&GRAM,FCBTYPE=SAM,LINK=OUTPUT
/FILE GRAM.&GRAM,FCBTYPE=SAM,LINK=INPUT
/EXEC POCO,TIME=60
/RELEASE PRR
/RELEASE OUTPUT
/RELEASE INPUT
/END
```

Ein Lauf des Generators kann dann durch

```
/DO KOM.GEN,name
```

gestartet werden. Dabei wird angenommen, daß die Kommando-Prozedur in
einer Datei KOM.GEN abgespeichert ist und die POCO-Eingabe in einer
Datei

```
GRAM.name
```

abgelegt ist. Protokoll und Generatorergebnisse sind dann in den
Dateien

```
#PRR.name  : Ausgabe-Datei
#LIST.name : Protokoll-Datei
```

zu finden.

1.3. Betrieb unter UNIX-Betriebssystemen.

In UNIX-Systemen läßt sich der Generator starten mittels dem Kommando

        POCO eingabe-datei protokoll-datei ergebnis-datei

Die Namen der Dateien sind frei wählbar; die Zugriffspfadnamen müssen
vollständig angegeben werden.

In UNIX-Systemen kann optional die Erzeugung der generierten Compiler-Komponenten in der Form von konstanten Tabellen gewählt werden,
die zur Laufzeit des Compilers durch feste Treiber interpretiert
werden. Diese Generierungsvariante ist ein Zugeständnis an eine
Gruppe von UNIX-Benutzern. Die so erzeugten Tabellen werden als C-
Quelltext erzeugt und müssen zunächst in bindefähige Objekte übersetzt werden, um danach zum Compiler-Skelett (das in der ergebnis-
datei abgelegt wird) zusammengebunden zu werden.

2. Optionen zur Steuerung des Generierungsablaufs.

Der Generierungsablauf, die Form der generierten Compiler sowie der
Umfang der Protokollierung können durch die Angabe von Optionen beeinflußt werden.

Eine Optionsangabe besteht aus einer öffnenden Kommentarklammer (also
{ oder (*), unmittelbar gefolgt von einem '$' sowie einer Liste von
Optionen, die durch eine schließende Kommentarklammer (} oder *))
abgeschlossen wird. Vor und nach dem Dollarzeichen sowie unmittelbar
nach einer Optionskennung sind keine Leerzeichen erlaubt.

Eine Option setzt sich zusammen aus einem Kennbuchstaben und einer

Angabe '+' oder '-' oder einer Ziffer, falls dies in der unten angegeben Tabelle vermerkt ist; durch '+' wird eine Option "eingeschaltet", durch '-' wird sie "ausgeschaltet", eine Ziffer hat die unten beschrieben Wirkung. Der Kennbuchstabe kann in Groß- oder Kleinschreibung angegeben werden. Bei Start des Generators gelten gewisse Voreinstellungen, die in der Tabelle in Klammern angegeben sind.

Tabelle der zulässigen Optionen:

```
A   (-)     : generiere Attribut-Übergabe-Information
C   (+)     : erzeuge Compiler-Objekt
C0          : erzeuge Compiler in Pascal-m (entspricht L+)
C1          : erzeuge Compiler in Standard-Pascal
C4          : erzeuge Compiler-Tabellen (nur unter UNIX!)
C5          : erzeuge Compiler-Tabellen (nur unter UNIX!)
D   (-)     : Ausgabe von Debug-/Trace-Information
L   (+)     : komplettes Eingabe- und Generierungsprotokoll
L1          : nur Protokollierung der Eingabe
L2          : nur Ausgabe des Scanner-Generators
L3          : nur Ausgabe des Attributer-Generators
L4          : nur Ausgabe des Parser-Generators
L0          : entspricht L- : keine Protokollierung
              (bei ausgeschalteter Protokollierung werden
               Fehlermeldungen dennoch ausgegeben)
N   (-)     : Disambiguierung von Parse-Konflikten
O   (-)     : shift-reduce-Optimierung (Parser)
P   (-)     : generiere Parser
S   (-)     : generiere Scanner
T   (-)     : Ausgabe der Symboltabelle des Grammatiklesers
X   (-)     : Cross-Reference-Liste der Eingabe-Symbole
Z   (-)     : Schön-Ausdruck, bewirkt besonders große Ausgaben
```

Beispiel:

```
{$L+,P+,S-,C+}
```

```
L+ : vollständige Protokollierung eingeschaltet
P+ : Parser-Generierung eingeschaltet
S- : Scanner-Generierung ausgeschaltet
C+ : Pascal-m-Codeerzeugung eingeschaltet
```

3. Behandlung mehrdeutiger Grammatiken.

Eine Grammatik heißt *mehrdeutig*, falls sie die syntaktische Struktur einer Sprache nicht eindeutig beschreibt. Konkret liegt dann die Situation vor, daß der Parser *nicht* entscheiden kann, ob das nächste Symbol der Eingabe zu lesen (*shift*-Aktion) oder ein Teil der schon gelesenen Eingabe zu einem Nichtterminal zu reduzieren ist (*reduce*-Aktion). Man nennt eine solche Situation einen *shift-reduce-Konflikt* Ein typisches Beispiel für eine solche Situation ist das "dangling else"-Problem, das in dem folgenden Grammatikfragment für die Programmiersprache Pascal enthalten ist:

```
Statement : IfSy, Condition, ThenSy, Statement ;
            IfSy, Condition, ThenSy, Statement, ElseSy, Statement .
```

Dieses Konstrukt ist mehrdeutig, da für geschachtelte If-Anweisungen nicht festgelegt ist, zu welchem vorausgehenden *if* ein eventuell nachfolgendes *else* gehört, also

```
if X then if Y then B := A else B := C
```

kann in den beiden folgenden Möglichkeiten strukturiert werden:

```
if X then
    if Y then B := A
else B := C
```

bzw.

```
if X then
    if Y then B := A
    else B := C
```

Die zweite Interpretation ist die, die in den meisten Programmiersprachen mit einem solchen Konstrukt angenommen wird: ein gelesenes *else* wird mit dem unmittelbar vorausgehenden *if* verbunden.

Eine ähnliche Situation liegt vor, wenn der Parser nicht entscheiden kann, nach welcher Regel er zu reduzieren hat; diese Situation nennt man *reduce-reduce-Konflikt*.

Soll für eine mehrdeutige Grammatik durch POCO ein Parser generiert werden, so wird der Parser-Generator einen Fehler melden und die Erzeugung eines Parsers unterdrücken. Da in vielen Fällen die Erzeugung eines Parsers dennoch erwünscht ist (mehrdeutige Grammatiken sind oftmals kürzer und "natürlicher" als eindeutige), erlaubt POCO durch die Angabe einer entsprechenden Option die automatische Disambiguierung für Konflikte der oben beschriebenen Art. Die automatische Disambiguierung erfolgt dabei (analog zu [Joh 76]) gemäß den beiden folgenden Regeln:

1. Im Falle eines shift-reduce-Konflikts wird die Parser-Aktion *shift* erzeugt.

2. Im Falles eines reduce-reduce-Konflikts wird eine *reduce*-Aktion gemäß der in der Grammatik textuell zuerst spezifizierten Regel erzeugt.

Durch diese Disambiguierungsregeln wird der oben beschriebene Konflikt des "dangling else" aufgelöst; in einigen Fällen (etwa bei der Spezifikation von arithmetischen Ausdrücken) ist diese einfache Lösung nicht ausreichend. Hier ist notwendig, die *Priorität* der Operatoren sowie ihre *Assoziativität* zu berücksichtigen. POCO erlaubt daher die explizite Spezifikation von Priorität und Assoziativität für die Terminalsymbole der Grammatik; damit wird es möglich, Parse-Konflikte aufzulösen und einen Parser zu erzeugen, der die angegebenen Prioritäten und Assoziativitäten berücksichtigt.

Die Priorität eines Terminalsymbols ist eine ganze Zahl, die frei wählbar ist, bezüglich der Assoziativität kann angegeben werden, ob ein Operator nach links oder rechts bindet bzw. nicht-assoziativ ist. Die Angaben zur Priorität und Assoziativität eines Terminalsymbols werden in jeder Grammatikregel berücksichtigt: Priorität und Assoziativität einer Regel ergibt sich aus den jeweiligen Werten des letzten Terminalssymbols auf der rechten Seite der Grammatikregel. Werden Terminalsymbole in der Grammatik mit unterschiedlichen Prioritäten benötigt wird, so kann durch eine explizite Angabe die Präzedenz einer Grammatikregel geändert werden. Für einige Regeln können diese Angaben fehlen.

Die Disambiguierung erfolgt dann nach den folgenden Regeln:

1. Bei einem shift-reduce-Konflikt:

   Fall 1: Grammatikregel *und* Lookaheadzeichen haben
           Präzedenzinformation:

      a) Die Prioritäten sind verschieden:

         Der Konflikt wird aufgelöst zugunsten der Aktion
         mitder höchsten Prioritätsangabe.

      b) Die Prioritäten sind gleich:

         Der Konflikt wird aufgrund der Assoziativitäten
         aufgelöst:

         Links-Assoziativität impliziert reduce
         Rechts-Assoziativität impliziert shift
         Nicht-Assoziativität impliziert einen Fehler

   Fall 2: Grammatikregel *oder* Lookaheadzeichen haben keine
           Präzedenzinformation:

         Die oben angegebenen allgemeinen Disambiguierungsregeln
         werden zugrundegelegt.

2. bei einem reduce-reduce-Konflikt:

   Die allgemeinen Disambiguierungsregeln werden zugrundegelegt.

Werden Parse-Konflikte mithilfe des oben beschriebenen Verfahrens
disambiguiert, so wird trotz entsprechender Fehlermeldungen des Generators ein Parser erzeugt. Die Fehlermeldungen sind dann als
Warnungen zu betrachten; im allgemeinen ist es ratsam, Konfliktsitua-
tionen aus der Grammatik zu entfernen, dies gilt insbesondere für
reduce-reduce-Konflikte.

Literaturverzeichnis

[ADA 80] : *Reference Manual for the ADA Programming Language*
(Proposed Standard Document)
United States Department of Defense, July 1980.

[Add 79] : A.N. Addyman (et al.),
A Draft Description on PASCAL
Software - Practice & Experience, Vol. 9,
pp. 381-424 (1979)

[AEH 73] : T. Anderson, J. Eve, J.J. Horning,
Efficient LR(1)-Parsers
Acta Informatica, Vol. 2, pp. 12-39,
Springer-Verlag (1973)

[AhJ 74] : A.V. Aho, S.C. Johnson,
LR-Parsing; Computing Surveys, Vol. 6, 2,
pp. 99-124 (1974)

[AhU 72] : A.V. Aho, J.D. Ullman,
The Theory of Parsing, Translation and Compiling
Prentice-Hall (1972)

[AhU 72] : A.V. Aho, J.D. Ullman,
Optimization of LR(k)-Parsers.
Journal of Computer and Systems Sciences, 6, 6,
pp. 573-602 (1972)

[AhU 73] : A.V. Aho, J.D. Ullman,
A Technique for Speeding up LR(k)-Parsers
SIAM Journal of Computing 2, 2, pp. 106-127 (1973)

[AhU 78] : A.V. Aho, J.D. Ullman,
Principles of Compiler Design; Addison-Wesley (1978)

[AKZ 81] : B. Ashbrook, U. Kastens, E. Zimmermann,
Generating an Efficient Compiler Front-End.
Universität Karlsruhe, Fak. für Informatik,
Bericht Nr. 17/81 (1981)

[Alt 78] : W. Altmann,
*Beschreibung von Programmoduln zum Entwurf
zuverlässiger Software*
Arbeitsbericht Bd. 11, Nr. 16, Erlangen (1978)

[Amm 74] : U. Ammann,
*The Method of Structured Programming applied
to the Developement of a Compiler*
Int.Comp.Symp. 1973, North-Holland, pp. 93-99 (1974)

[Amm 75] : U. Ammann,
*Die Entwicklung eines PASCAL-Compilers nach der
Methode des Strukturierten Programmierens*
Diss. ETH 5456, ETH Zürich (1975)

[Amm 77] : U. Ammann,
Ein paar Bemerkungen zur Implementierung von PASCAL
in: PASCAL - 3. Treffen 1977 GCh of the ACM
Applied Computer Science, Vol. 11
Carl Hanser Verlag, München Wien (1978)

[Atk 82] : L.V. Atkinson,
Optimizing Two-State Case Statements in PASCAL
Software - Practice & Experience, Vol. 12,
pp. 571-581 (1982)

[Bac 75] : P. Bachmann,
Grundlagen der Compilertechnik
R. Oldenbourg Verlag München Wien (1975)

[Bac 76] : R.C. Backhouse,
An Alternative Approach to the Improvement of LR Parsers
Acta Informatica, Vol. 6, No. 3, pp. 277-296,
Springer-Verlag (1976)

[BaC 77] : D. Bates, R. Cailliau,
Experience with PASCAL-Compilers on Mini-Computers
SIGPLAN Notices, Vol 12, No. 12, pp. 10-22 (1977)

[BaC 79] : W.A. Barrett, J.D. Couch,
Compiler Construction: Theory and Practice
Science Research Ass., Inc. (1979)

[BaE 74] : F.L. Bauer, J. Eickel (Eds.),
Compiler Construction - An Advanced Course
Springer-Verlag (1974), 2nd Ed. (1976)

[BaG 81] : G. Bartmuss, R. Giegerich,
Compiler Development with MUG2 - An Introductory Example
TU München, TUM-Info-Nr. 8102 (1981)

[Bal 77] : H. Balzert,
PASCAL aus didaktisch-methodischer Sicht
in: PASCAL - 3. Treffen 1977 GCh of the ACM
Applied Computer Science, Vol. 11
Carl Hanser Verlag, München Wien (1978)

[Bar 81] : D. W. Barron (Ed.),
PASCAL - The Language and its Implementation
Wiley, Chichester (1981)

[Bar 87] : U. Barthen,
*Ansatz eines Analysators von COBOL-Programmen für die
Qualitätseigenschaft "prüfungsgerecht"*
Dipl. Arbeit, Universität des Saarlandes, in Vorb. (1987)

[Bau 73] : F. L. Bauer (Ed.),
Software Engineering; Springer-Verlag (1973)

[BBW 75] : S.R. Bourne, A.D. Birrel, I. Walker,
The ALGOL68C Reference Manual
Cambridge University Computer Laboratory (1975)

[Bel 73] : J.R. Bell,
Threaded Code CACM Vol. 16, No. 6, pp.370-372 (1973)

[Ber 78] : R.E. Berry,
Experience with the PASCAL p-Compiler
Software - Practice and Experience, Vol. 8, No. 5,
pp. 617-628 (1978)

[BiI 82] : A. Biedl, M. Istinger,
PASCAL-Normung und PASCAL-Erweiterung
in: [LSS 82], pp.205-221 (1982)

[Boc 73] : G.V. Bochmann,
Hierarchical Language Definition
SIGPLAN Notices, Vol. 8, No. 9, pp. 50-51 (1973)

[Boc 76] : G.V. Bochmann,
Semantic Evaluation from Left to Right
CACM, Vol. 19, No. 2, pp. 55-62 (1976)

[BoH 78] : F.W. Bollinger, Th. Heubel,
*Ein System als Grundlage zur Implementierung der
Programmiersprache PASCAL auf dem Prozessrechner-
typ AEG80-20* ; RZ der Universität des Saarlandes,
Int. Bericht (1978)

[Bor 79] : R. Bornat,
Understanding and Writing Compilers Macmillan (1979)

[Bou 77] : S.R. Bourne,
ZCODE, A Simple Machine
Cambridge University Computer Laboratory (1977)

[BoW 77] : G.V. Bochmann, P. Ward,
Compiler writing system for attribute grammars
The Computer Journal, Vol. 21, No. 2, pp. 144-148 (1977)

[Bro 72] : P.J. Brown,
Levels of Language for Portable Software
CACM, Vol. 16, No. 12, pp. 1059-1062 (1972)

[Bro 77] : P.J. Brown (Ed.),
Software Portability Cambridge University Press (1977)

[Bro 82] : C. Bron,
*Modular PASCAL Language Definition (with special
reference to the PDP11 implementation)*
Dep. of Computing Science, Twente University of
Technology (1982)

[BuJ 82] : C. Burgess, L.James,
A Revised Indexed Biography for LR-Grammars and Parsers
SIGPLAN Notices, Vol. 17, No. 12, pp. 18-26 (1982)

[BuR 69] : J.N. Buxton, B. Randell (Eds.),
Software Engineering Techniques; Rome Conference (1969)

[BuS 77] : H. Buschmann, J. Spiess,
Die Implementierung von PASCAL für die PRIME-300
in: PASCAL - 3. Treffen 1977 GCh of the ACM
Applied Computer Science, Vol. 11
Carl Hanser Verlag, München Wien (1978)

[Bus 80] : D.W. Bustard,
An Introduction to PASCAL-Plus in: [McM 80] (1980)

[Cai 82] : R. Cailliau,
How to avoid getting SCHLONKED by PASCAL
SIGPLAN Notices, Vol. 17, No. 12 (1982)

[Cap 72] : P.C. Capon, D. Morris, J.S. Rohl, I.R. Wilson,
The MU5 Computer Target Language and Autocode
The Computer Journal, Vol. 15, No. 2, pp. 109-112 (1972)

[CNL 79] : R.G.G. Cattell, J.M. Newcomer, B.W. Leverett,
Code Generation in a Machine Independent Compiler
ACM-Sigplan Symp. Compiler Construction, Boulder, Co.
Vol. 14, No. 8, pp. 65-75 (1979)

[CoH 79] : R. Cohen, E. Harry,
*Automatic Generation of Near-Optimal Linear-Time
Translators for Non-Circular Attribute Grammars*
Conf. Rec. 6th Ann. ACM Symp. on Principles of
Prog. Languages, pp. 121-134 (1979)

[CoW 82] : R.J. Cowderoy, P.J.L. Wallis,
The Transfer of a BCPL Compiler to the Z80 Microcomputer
Software - Practice & Experience, Vol. 12,
pp. 235-239 (1982)

[CPW 74] : S.S. Coleman, P.C. Pool, W.M. Waite,
The Mobile Programming System JANUS
Software - Practice & Experience, Vol. 4, No. 1,
pp. 5-23 (1974)

[Cro 72] : D. Crowe,
Generating Parsers for Affix Grammars
CACM, Vol. 15, No. 8 (1972)

[DaP 80] : M.C. Daniels, S. Pemberton,
Implementing a PASCAL Compiler on a 8085A System
Microcomputer Appl., Vol. 4, No. 3 (1980)

[Deg 85] : W. Degenhard,
Eine Modulbibliothek für Pascal-m
Diplomarbeit, Universität des Saarlandes (1985)

[Den 77] : P. Dencker,
Ein neues LALR-System
Universität Karlsruhe, DiplomArbeit (1977)

[DeR 71] : F.L. DeRemer,
Simple LR(k) Grammars
CACM, Vol. 14, No. 7, pp. 453-460 (1971)

[Dit 82] : W. Dithmar,
Implementierung eines CGS auf einem Mikrorechner -
Der Attributbehandlungsgenerator
Diplom-Arbeit, Universität des Saarlandes (1982)

[Els 76] : E.F. Elsworth,
Intermediate Languages in Computation
Ph.D. Thesis, University of Cambridge (1976)

[Els 78] : E.F. Elsworth,
Compilation via an Intermediate Language
The Computer Journal, Vol. 22, No. 3, pp. 226-233,
(1978)

[Eul 82] : M. Eulenstein,
An Extension to PASCAL for Modular Programming and
a Proposal of a Conceptionally Machine Independent
Linker ; in: [LSS 82], pp. 29-45 (1982)

[Eul 85] : M. Eulenstein,
POCO-Compiler Generator User Manual
Techn. Bericht Nr. A2/85, Fachbereich Angewandte Mathe-
matik und Informatik, Universität des Saarlandes

[Fra 79] : D.J. Frailey,
An Intermediate Language for Source and Target
Independent Code Optimization
SIGPLAN Notices, Vol. 14, No. 8 (1979)

[FeG 68] : J. Feldman, D. Gries,
Translator Writing Systems
CACM, Vol. 11, No. 2, pp. 77-113 (1968)

[Fel 79] : S.I. Feldman,
Implementation of a Portable Fortran 77 Compiler
Using Modern Tools
Proc. ACM SIGPLAN Symp. Compiler Construction,
Vol. 14, No. 8, pp. 98-106 (1979)

[FiM 80] : C.N. Fisher, J. Manney,
On the Role of Error-Productions in Syntactic
Error Correction
Comp. Languages Vol. 5, pp. 131-139 (1980)

[Fos 80] : V.S. Foster,
Performance Measurement of a PASCAL Compiler
SIGPLAN Notices, Vol. 15, No. 6, pp. 34-38 (1980)

[FYN 72] : A. Fujii, M. Yamazaki, H. Nishino,
Hardware Independent Compilers
Proc. 1st USA-Japan Comp. Conf. pp. 456-461 (1972)

[Gan 76] : H. Ganzinger,
MUG1-Manual TU München, TUM-Info-7608 (1976)

[Gan 78] : H. Ganzinger,
*Optimierende Erzeugung von Übersetzerteilen aus
implementierungsorientierten Sprachbeschreibungen*
TU München, TUM-Info-7809 (1978)

[Gan 80] : H. Ganzinger,
*Some Principles for the Development of Compiler
Descriptions from Denotational Language Descriptions*
TU München, TUM-Info-8006 (1980)

[GaW 75] : H. Ganzinger, R. Wilhelm,
Verschränkung von Compiler-Moduln
TU München, Interner Bericht Nr. 7511 (1975)

[Gie 79] : R. Giegerich,
Introduction to the Compiler Generating System MUG2
TU München, TUM-Info-7913 (1979)

[Gie 81] : R. Giegerich,
Automatische Erzeugung von Maschinencode-Optimierern
TU München, TUM-Info-8112 (1981)

[GiW 77] : R. Giegerich, R. Wilhelm,
Implementierbarkeit attributierter Grammatiken
GI-Jahrestagung 77, Informatik-Fachberichte Bd. 10,
pp. 17-36, Springer-Verlag (1977)

[GKR 79] : H.C. Gyllstrom, R.C. Knippel, L.C. Ragland,
K.E. Spachman,
The Universal Compiling System
SIGPLAN Notices, Vol. 14, No. 12, pp. 64-70 (1979)

[GLS 70] : G. Goos, K. Lagally, G. Sapper,
PS440; TU München, Ber. Nr. 7002 (1970)

[GMW 80] : I. Glasner, U. Möncke, R. Wilhelm,
*OPTRAN - A Language for the Specification of
Program Transformations*
Informatik-Fachberichte Bd. 25, pp. 125-142,
Springer-Verlag (1980)

[Gra 80] : S.L. Graham,
Table Driven Code Generation
IEEE Computer, pp. 25-34, 8 (1980)

[Gra 75] : R.M. Graham,
Principles of Systems Programming
Wiley, N.Y. (1975)

[Gri 71] : D. Gries,
Compiler Construction for Digital Computers
Wiley, N.Y. (1971)

[Gro 83] : N. Groß,
*Direkte Generierung von Parser-Tafeln in Form
von p-Code-Moduln* (in Vorber.)
Dipl.-Arbeit, Universität des Saarlandes (1985)

[GRW 76] : H. Ganzinger, K. Ripken, R. Wilhelm,
MUG1 - An Incremental Compiler-Compiler
Proc. ACM '76, Houston (1976)

[GRW 77] : H. Ganzinger, K. Ripken, R. Wilhelm,
*Automatic Generation of Optimizing Multipass
Compilers* ; Information Processing 77,
North-Holland, Amsterdam, pp. 535-540 (1977)

[Hab 73] : A.N. Habermann,
Critical Comments on the Programming Language PASCAL
Acta Informatica, Vol. 3, pp. 47-57,
Springer-Verlag (1973)

[HeM 82] : J.L. Hennessy, N. Mendelsohn,
Compilation of the PASCAL Case Statement
Software - Practice & Experience, Vol. 12, No. 12,
pp. 879-882 (1982)

[Hoa 81] : Charles Anthony Richard Hoare,
The Emperor's Old Clothes
The 1980 ACM Turing Award Lecture,
Comm. of the ACM, Vol. 24, No. 2, pp. 75-83 (1981)

[HoH 79] : T.J. Howkins, M.T. Harandi,
Towards More Portable COBOL
The Computer Journal, Vol.22, No.4, pp.290-295,(1979)

[Hop 70] : F.R.A. Hopgood,
Compiler - Die Übersetzung von Programmiersprachen
Computer Monographien Bd. 3,
Carl Hanser Verlag, München (1970)

[Hot 74] : G. Hotz,
*Axiomatisierung von Programmiersprachen und ihre
Grenzen;* Prog. Methodology, Lect. Notes in Comp.
Science, Vol. 23 (1974)

[Hot 78] : G. Hotz,
Portabilität von real-Programmen
Int. Bericht (1978)

[HoW 73] : C.A.R. Hoare, N. Wirth,
*An Axiomatic Definition of the Programming
Language PASCAL*
Acta Informatica, Vol. 2, pp. 335-355,
Springer-Verlag (1973)

[IBH 80] : J.D. Ichbiah, J.G.P. Barnes, J.-C. Heliard,
B. Krieg-Brückner, C. Roubine, B.A. Wichmann,
*Modules and Visibility in the ADA Programming
Language*; in : [McM 80] (1980)

[JeW 75] : K. Jensen, N. Wirth,
PASCAL-User Manual and Report
Lecture Notes in Computer Science, Vol. 18,
Springer-Verlag, Berlin-Heidelberg (1975), 3.Aufl. (1985)

[Joh 76] : S.C. Johnson,
YACC - Yet Another Compiler Compiler
Bell-Laboratories (1976)

[Joh 78] : S.C. Johnson,
A Portable Compiler: Theory and Practice
Proc. 5th ACM Symp. Principles of Programming Lang.,
Vol. 13. No. 1, pp. 97-104 (1978)

[JOW 78] : S. Jähnichen, Ch. Oeters, B. Willis,
Übersetzerbau ; Vieweg (1978)

[Kas 76] : U. Kastens,
*Ein übersetzererzeugendes System auf der Basis von
attributierten Grammatiken*
Universität Karlsruhe, Fak. für Informatik,
Int. Bericht Nr. 10 (1976)

[Keb 85] : W. Keber,
BISAM - ein maschinenunabhängiger Binder für Pascal-m
Diplomarbeit, Universität des Saarlandes (1985)

[KHZ 82] : U. Kastens, B. Hutt, E. Zimmermann,
GAG: A Practical Compiler Generator
Lecture Notes in Computer Science 141, Springer-Verlag,
Berlin (1982)

[KeR 78] : B.W. Kernighan, D.M. Ritchie,
The C Programming Language
Prentice-Hall, Inc. (1978)

[KeW 76] : K. Kennedy, S.K. Warren,
*Automatic Generation of Efficient Evaluators for
Attributed Grammars*
Conf. Record 3rd ACM Symp. on Principles of
Programming Languages, Atlanta, Ga. (1976)

[Kin 73] : J.C. King,
Abstract Machines and Software Design
SIGPLAN Notices, Vol.8, No. 9, pp. 86-88 (1973)

[Knu 68] : D.E. Knuth,
Semantics of Context-free Languages
Math. Syst. Th. 2, pp. 127-145 (1968);
(corr.: Math.Syst.Th. 5, p. 95 (1971))

[Knu 71] : D.E. Knuth,
An Empirical Study of FORTRAN Programs
Software - Practice & Experience, Vol. 1, No. 2,
pp. 105-133 (1971)

[Kos 71] : C.H.A. Koster,
Affix Grammars
in: J.E.L. Peck(Ed.): *ALGOL68-Implementation*
North-Holland, pp. 95-109 (1971)

[LeB 74] : O. Lecarme, C.V. Bochmann,
A (Truly) Usable and Portable Compiler Writing System
IFIP 74, pp. 218-221 (1974)

[LeB 78] : R.J. LeBlanc,
Extensions to PASCAL for Separate Compilation
SIGPLAN Notices, Vol. 13, No. 9 (1978)

[Lec 73] : O. Lecarme,
*An Experience in Structured Programming and
Transferability;*
SIGPLAN Notices, Vol.8, No.9, pp.95-96 (1973)

[Lec 81] : O. Lecarme,
PASCAL and Portability
in: [Bar 81], pp. 21-35 (1981)

[LeD 75] : O. Lecarme, P. Desjardins,
More Comments on the Programming Language PASCAL
Acta Informatica, Vol. 4, pp. 231-243,
Springer-Verlag (1975)

[LeF 79] : R.J. LeBlanc, C.N. Fisher,
*On Implementing Separate Compilation in
Block-Structured Languages*
SIGPLAN Notices, Vol.14, No.8, pp.139-143 (1979)

[LMW 81] : J. Loeckx, K. Mehlhorn, R. Wilhelm,
Grundlagen der Programmiersprachen
Vorl. Skript (1981)

[Loe 81] : J. Lörscher,
Ein LR-Scanner-Generator
Dipl.-Arbeit, Universität des Saarlandes (1981)

[LRS 73] : P.M. Lewis II, D.J. Rosenkrantz, R.E. Stearns,
Attributed Translations; Proc. 5th Annual ACM
Symp. on Theory of Computing, Austin, Texas (1973)

[LRS 76] : P.M. Lewis II, D.J. Rosenkrantz, R.E. Stearns,
Compiler Design Theory
The Systems Progr. Series, Addison Wesley (1976)

[LSS 82] : H. Langmaack, B. Schlender, J.W. Schmidt (Hrsg.),
Implementierung PASCAL-artiger Programmiersprachen
Teubner Verlag (1982)

[Lvk 78] : Le Van Kiet,
The Module: A Tool for Structured Programming
ETH Zürich, Diss. (1978)

[Man 83] : R. Mansmann,
Direkte Generierung der Compile-Zeit-Attribut-
Berechnung in Form von p-Code-Moduln
Dipl.-Arbeit, Universität des Saarlandes (1985)

[Mau 69] : H. Maurer,
Theoretische Grundlagen der Programmiersprachen -
Theorie der Syntax; B.I. HTB Bd. 404 (1969)

[McK 74] : W.M. McKeeman, F.L. DeRemer,
Feedback-Free Modularisation of Compilers
Lecture Notes in Computer Science, Vol. 7, pp. 78-88,
Springer-Verlag (1974)

[McM 80] : R.M. McKeag, A.M. Macnaghten (Eds.)
On the Construction of Programs
Cambridge University Press (1980)

[MeN 82] : H. Meijer, A. Nijhold,
Translator Writing Tools Since 1970: A Selective
Biography (June 1982)
SIGPLAN Notices, Vol.17, No.11, pp. 62-72 (1982)

[MeS 73] : A.G. Merten, E.H. Sibley,
Transferability and Translation of Data
CACM, Vol. 8, No. 9, pp. 112-114 (1973)

[MeT 80] : F.P. Mehrlich, S.M. Tanner,
Portability - High Level Language Implementation
SIGPLAN Notices, Vol. 15, No. 1, pp. 139-145 (1980)

[MHW 70] : W.M. McKeeman, J.J. Horning, D.B. Worthman,
A Compiler Generator
Prentice-Hall Inc., Englewood Cliffs, N.J. (1970)

[MWW 84] : U. Möncke, B. Weisgerber, R. Wilhelm,
How to Implement a System for Manipulation of
Attributed Trees
Informatik-Fachberichte, Bd. 77, pp. 112-127,
Springer-Verlag (1984)

[MvB 81] : A. Müller-von Brochowski, J. Arz, P. Auler,
J. Messerschmidt, M. Ries,
The Programming Language COMSKEE (2nd Revised Report)
SFB 100, Elektr. Sprachforschung, Saarbrücken (1981)

[NAJ 76] : K.V. Nori, U. Ammann, K. Jensen, H.H. Nägeli,
Ch. Jacobi, *The PASCAL <P> Compiler :*
Implementation Notes (Revised Edition)
Institut für Informatik ETH Zürich (1976)

[NaR 68] : P Naur, B. Randell (Eds.),
          Software Engineering
          Garmisch Conference (1969)

[NeA 74] : D. Nel, M. Armichahy,
          Semantic Attributes and Improvement of Generated Code
          Proc.ACM Nat. Comp. Conf., San Diego, pp. 1-10 (1974)

[Nel 79] : P.A. Nelson,
          A Comparison of PASCAL Intermediate Languages
          SIGPLAN Notices, Vol.14, No.8, pp. 208-213,(1979)

[NPW 72] : M.C. Newry, P.C. Poole, W.M. Waite,
          *Abstract Machine Modelling to Produce Portable
          Software - A Review and Evaluation.*
          Software - Practice & Experience, Vol. 2,
          pp. 107-136 (1972)

[Nov 86] : M. Novak,
          Aspekte der Kompilierung und Optimierung beim HILL-System
          Dipl. Arbeit, Universität des Saarlandes (1986)

[OrW 69] : R.J. Orgass, W.M. Waite,
          A Base for a Mobile Programming System.
          CACM Vol. 12, No. 8, pp. 507-510 (1969)

[Pag 81] : F.G. Pagan,
          Formal Specification of Programming Languages
          Prentice-Hall (1981)

[Pag 74] : D. Pager,
          On Eliminating Unit Reductions from LR(k)-Parsers
          Lecture Notes in Computer Science Vol. 14, pp. 242-254,
          Springer-Verlag (1974)

[Pag77a] : D. Pager,
          On Eliminating Unit Reductions from LR(k)-Parsers
          Acta Informatica, Vol.9, pp. 31-59,
          Springer-Verlag (1977)

[Pag77b] : D. Pager,
          A Practical General Method for Constructing LR(k)-Parsers
          Acta Informatica, Vol.7, pp. 249-268,
          Springer-Verlag (1977)

[PeD 82] : S. Pemberton, M. Daniels,
          PASCAL-Implementation: The p4-Compiler
          Ellis Horwood Ltd. (1982)

[Pen 77] : T.J. Pennello,
          Error Recovery for LR Parsers
          Technical Report No. 77-7-002, Information Sciences,
          University of California Santa Cruz

[Pen 86] : T.J. Pennello,
Very Fast LR Parsing
Proc. SIGPLAN 86 Symp. on Compiler Construction,
Palo Alto, Cal., pp. 147-151 (1986)

[Pes 77] : G. Pessall,
Generierung eines PASCAL-s Compilers
Dipl. Arbeit, TU München (1977)

[PeS 79] : D.R. Perkins, R.L. Sites,
Machine-Independent Code Optimization
SIGPLAN Notices, Vol.14, No.8, pp. 201-207 (1979)

[Pfa 82] : P. Pfahler,
Ein LR-Scanner-Generator
Dipl. Arbeit, Universität des Saarlandes (1982)

[Poo 74] : P.C. Poole,
Portable and Adaptable Compilers
in: [BaE 74], pp. 427-497 (1974)

[PoW 73] : P.C. Poole, W.M. Waite,
Portability and Adaptability
in: [Bau 73], pp. 183-278 (1973)

[PuB 81] : P.W. Purdom,Jr., C.A. Brown,
Parsing Extended LR(k) Grammars
Acta Informatica, Vol. 15, pp. 115-127,
Springer-Verlag (1981)

[Pur 80] : P.W. Purdom,
Semantic Routines and LR(k)-Parsers
Acta Informatica, Vol. 14, pp. 229-315,
Springer-Verlag (1980)

[PWD 81] : G. Persch, G. Winterstein, S. Drossopoulou, M. Dausmann,
An LALR(1)-Grammar for (revised) ADA
SIGPLAN Notices, Vol. 16, No. 3, pp. 85-98 (1981)

[RaR 64] : B. Randell, L.J. Russell,
ALGOL60 Implementation Academic Press, N.Y. (1964)

[Rau 86] : Th. Rauber,
*Registerverteilung und Codeselektion für wechselnde
Zielmaschinen*
Dipl. Arbeit, Universität des Saarlandes (1986)

[Ric 71] : M. Richards,
The Portability of the BCPL-Compiler
Software - Practice and Experience, Vol. 1, No. 2,
pp. 135-146 (1971)

[Ric 77] : M. Richards,
Portable Compilers in: [Bro77] (1977)

[SaD 79] : A. Salvadori, Ch. Dumont,
Some Inconsistencies in Programming Language Implementation
SIGPLAN Notices, Vol.14, No.11, pp. 107-109 (1979)

[Sam 69] : J.E. Sammet,
Programming Languages: History and Fundamentals
Prentice-Hall (1969)

[Sch 75] : H.-J. Schneider,
Compiler; de Gruyter, Berlin New York (1975)

[Sch 82] : C. Schmauch,
Ein Fehlerbehandlungsalgorithmus für LR-attributierte Grammatiken
Diss., Universität Kaiserslautern (1982)

[Sch 87] : U. Schmitt,
Erstellung eines Front-Ends für ein System zur automatischen Erzeugung von Coderzeugern und Codeoptimierern.
Dipl. Arbeit, Universität des Saarlandes, in Vorb. (1987)

[SiP 79] : R.L. Sites, D.R. Perkins,
Universal p-Code Definition, vers.[0.3]
University of California at San Diego
UCSD/CS-79/037 (1979)

[Sit 79] : R.L. Sites,
Machine Independent Register Allocation
SIGPLAN Notices, Vol.14, No.8, pp. 221-225 (1979)

[Som 82] : I. Sommerville,
Software Engineering
Addison-Wesley Publ. Comp. (1982)

[SpB 77] : E.E. Spratt, P.J. Brown,
The Structure of the Course in: [Bro 77], pp. 3-4 (1977)

[SRC 75] : M. Griffiths,
CNRS/SRC Software Portability Study
in: [Bro 77], pp. 301-302 (1977)

[Ste 61] : T.B. Steel Jr.,
A First Version of UNCOL.
Proc. Western Joint Computer Conference,
pp. 371-378 (1961)

[Str 58a]: J. Strong (et al.),
The Problem of Programming Communication with Changing Machines. A Proposed Solution.
CACM Vol. 1, No. 8, pp. 12-18 (1958)

[Str 58b]: J. Strong (et al.),
The Problem of Programming Communication with Changing Machines. A Proposed Solution, Part 2.
CACM Vol. 1, No. 9, pp. 9-16 (1958)

[Tan 76] : A.S. Tanenbaum,
Structured Computer Organisation
Prentice-Hall (1976)

[Tan 78] : A.S. Tanenbaum,
A Comparison of PASCAL and ALGOL68
The Computer Journal, Vol. 21, pp. 316-323 (1978)

[TKB 78] : A.S. Tanenbaum, P. Klint, W. Bohm,
Guidelines for Software Portability
Software - Practice & Experience, Vol. 8,
pp. 681-698 (1978)

[Tou 70] : J.T. Tou (Ed.),
Software Engineering Vol. 1 und 2
Proc. 3rd Symp. on Computer & Information Sciences,
Miami Beach, Fla., 1969, Academic Press, N.Y., 1970.

[Tri 78] : J.M. Triance,
A Study of COBOL Portability
The Computer Journal, Vol. 21, pp. 278-281 (1978)

[TSS 82] : A.S. Tanenbaum, H.V. Staveren, J.W. Stevenson,
Using Peephole Optimization on Intermediate Code
ACM Trans. Prog. Lang. Syst. Vol. 4, No. 1 (1982)

[UCS 78] : University of California at San Diego
Institute for Information Systems :
UCSD (Mini-Micro Computer) PASCAL, Version I.5
La Jolla, Ca., September 1978.

[WaG 84] : W.M. Waite, G. Goos,
Compiler Construction Springer-Verlag, New York (1984)

[Wai 67] : W. M. Waite,
A Language-independent Macro Processor.
CACM Vol. 10, No. 7, pp. 433-440 (1967)

[Wai 70] : W. M. Waite,
The Mobile Programming System. Stage 2.
CACM Vol. 13, No. 7, pp. 415-421 (1970)

[Wai 73] : W.M. Waite,
Discussion in Transferability.
SIGPLAN Notices, Vol. 8, No. 9, pp. 11-16 (1973)

[Wai 77] : W.M. Waite,
JANUS; in: [Bro 77] (1977)

[Wat 74] : D.A. Watt,
Analysis Oriented Two-Level Grammars
Technical University Berlin, Ph.D. Thesis, 1974.

[Wat 77] : D.A. Watt,
The Parsing Problem for Affix Grammars
Acta Informatica, Vol. 8, No. 1, pp. 1-20,
Springer-Verlag (1977)

[Wat 79] : D.A. Watt,
An Extended Attribute Grammar for PASCAL.
SIGPLAN Notices Vol. 14, No. 2, pp. 60-74 (1979)

[Waz 78] : J. Wazek,
Ein Hardware-System zum Assemblieren, Binden und Laden
Diss., TU Berlin (1978)

[Wel 73] : M. Weller (Chairman),
Report of Session on Transferability
SIGPLAN Notices, Vol.8, No.9, pp. 11-16 (1973)

[WeM 81] : J. Welsh, M. McKeag,
Strukturierte Systemprogrammierung mit PASCAL plus
Carl Hanser Verlag München Wien, 1981.

[WeQ 72] : J. Welsh, C. Quinn,
A PASCAL-Compiler for ICL1900 Series Computers
Software - Practice & Experience, Vol. 2, No. 1,
pp. 73-77 (1972)

[Wet 79] : H. Wettstein,
Assemblierer und Binder
Comp. Monograph. Bd.15, Carl Hanser Verlag (1979)

[Wic 77] : B.A. Wichmann,
Use of ALGOL60; in: [Bro 77] (1977)

[Wil 74] : R. Wilhelm,
Codeoptimierung mittels attributierter Transformationsgrammatiken
Lecture Notes in Comp. Science 26, pp. 257-266,
Springer-Verlag (1974)

[Wil 79] : R. Wilhelm,
Attributierte Grammatiken
in: Informatik-Spektrum 2, pp. 123-130 (1979)

[Wil 82] : R. Wilhelm,
LL- and LR-Attributed Grammars
Informatik Fachberichte Nr. 53, pp. 151-164,
Springer-Verlag (1982)

[Win 76] : G. Winiger,
A Note on One-Pass CASE Statement Compilation
SIGPLAN Notices, Vol. 11, No. 1, pp. 32-36 (1976)

[Wir71a] : N. Wirth,
The Design of a PASCAL-Compiler
Software - Practice & Experience, Vol. 1, pp. 309-333
(1971)

[Wir71b] : N. Wirth,
The Programming Language PASCAL
Acta Informatica, Vol. 1, pp. 35-63,
Springer-Verlag (1971)

[Wir77a] : N. Wirth,
MODULA: A Language for Modular Multiprogramming
Software - Practice & Experience, Vol. 7, pp. 3-35
Wiley-Interscience (1977)

[Wir77b] : N. Wirth,
Design and Implementation of MODULA
Software - Practice & Experience, Vol. 7, pp. 67-82
Wiley-Interscience (1977)

[Wir77c] : N. Wirth,
The Use of MODULA
Software - Practice & Experience, Vol. 7, pp. 37-65
Wiley-Interscience (1977)

[Wir77d] : N. Wirth,
Compilerbau; Teubner Studienbücher Informatik (1977)

[Wir 82] : N. Wirth,
Programming in Modula-2
Springer-Verlag, Berlin Heidelberg New York (1982),
3rd Ed. (1985)

[WiS 83] : A. Wilk, W. Silverman,
OPTIMA - A Portable p-Code Optimizer
Software - Practice & Experience, Vol. 13, pp. 323-354
(1983)

[WRC 76] : R. Wilhelm, K. Ripken, J. Ciesinger, H. Ganzinger,
W. Lahner, R. Nollmann,
**Design Evaluation of the Compiler Generating
System MUG1**
Proc. 2nd Int.Conf. on Software Engineering,
San Francisco (1976)

[WSH 81] : J. Welsh, J. Sneeringer, C.A.R. Hoare,
Ambiguities and Insecurities in PASCAL
in: [Bar 81], pp. 5-19 (1981)

[Yuv 75] : G. Yuval,
Gathering Run Time Statistics Without Black Magic
Software - Practice & Experience, Vol. 5,
pp. 105-108 (1975)

[Zim 82] : H. Zima,
Compilerbau I
B.I. Reihe Informatik, Bd. 36 (1982)

[Zim 83] : H. Zima,
Compilerbau II
B.I. Reihe Informatik, Bd. 37 (1983)

Band 125: Mustererkennung 1986. 8. DAGM-Symposium, Paderborn, September/Oktober 1986. Herausgegeben von G. Hartmann. XII, 294 Seiten, 1986.

Band 126: GI-16. Jahrestagung. Informatik-Anwendungen – Trends und Perspektiven. Berlin, Oktober 1986. Herausgegeben von G. Hommel und S. Schindler. XVII, 703 Seiten. 1986.

Band 127: GI-17. Jahrestagung. Informatik-Anwendungen – Trends und Perspektiven. Berlin, Oktober 1986. Herausgegeben von G. Hommel und S. Schindler. XVII, 685 Seiten. 1986.

Band 128: W. Benn, Dynamische nicht-normalisierte Relationen und symbolische Bildbeschreibung. XIV, 153 Seiten. 1986.

Band 129: Informatik-Grundbildung in Schule und Beruf. GI–Fachtagung, Kaiserslautern, September/Oktober 1986. Herausgegeben von E. v. Puttkamer. XII, 486 Seiten. 1986.

Band 130: Kommunikation in Verteilten Systemen. GI/NTG-Fachtagung, Aachen, Februar 1987. Herausgegeben von N. Gerner und O. Spaniol. XII, 812 Seiten. 1987.

Band 131: W. Scherl, Bildanalyse allgemeiner Dokumente. XI, 205 Seiten. 1987.

Band 132: R. Studer, Konzepte für eine verteilte wissensbasierte Softwareproduktionsumgebung. XI, 272 Seiten. 1987.

Band 133: B. Freisleben, Mechanismen zur Synchronisation paralleler Prozesse. VIII, 357 Seiten. 1987.

Band 134: Organisation und Betrieb der verteilten Datenverarbeitung. 7. GI-Fachgespräch, München, März 1987. Herausgegeben von F. Peischl. VIII, 219 Seiten. 1987.

Band 135: A. Meier, Erweiterung relationaler Datenbanksysteme für technische Anwendungen. IV, 141 Seiten. 1987.

Band 136: Datenbanksysteme in Büro, Technik und Wissenschaft. GI–Fachtagung, Darmstadt, April 1987. Proceedings. Herausgegeben von H.-J. Schek und G. Schlageter. XII, 491 Seiten. 1987.

Band 137: D. Lienert, Die Konfigurierung modular aufgebauter Datenbanksysteme. IX, 214 Seiten. 1987.

Band 138: R. Männer, Entwurf und Realisierung eines Multiprozessors. Das System „Heidelberger POLYP". XI, 217 Seiten. 1987.

Band 139: M. Marhöfer, Fehlerdiagnose für Schaltnetze aus Modulen mit partiell injektiven Pfadfunktionen. XIII, 172 Seiten. 1987.

Band 140: H.-J. Wunderlich, Probabilistische Verfahren für den Test hochintegrierter Schaltungen. XII, 133 Seiten. 1987.

Band 141: E. G. Schukat-Talamazzini, Generierung von Worthypothesen in kontinuierlicher Sprache. XI, 142 Seiten. 1987.

Band 142: H.-J. Novak, Textgenerierung aus visuellen Daten: Beschreibungen von Straßenszenen. XII, 143 Seiten. 1987.

Band 143: R. R. Wagner, R. Traunmüller, H. C. Mayr (Hrsg.), Informationsbedarfsermittlung und -analyse für den Entwurf von Informationssystemen. Fachtagung EMISA, Linz, Juli 1987. VIII, 257 Seiten. 1987.

Band 144: H. Oberquelle, Sprachkonzepte für benutzergerechte Systeme. XI, 315 Seiten. 1987.

Band 145: K. Rothermel, Kommunikationskonzepte für verteilte transaktionsorientierte Systeme. XI, 224 Seiten. 1987.

Band 146: W. Damm, Entwurf und Verifikation mikroprogrammierter Rechnerarchitekturen. VIII, 327 Seiten. 1987.

Band 147: F. Belli, W. Görke (Hrsg.), Fehlertolerierende Rechensysteme / Fault-Tolerant Computing Systems. 3. Internationale GI/ITG/GMA-Fachtagung, Bremerhaven, September 1987. Proceedings. XI, 389 Seiten. 1987.

Band 148: F. Puppe, Diagnostisches Problemlösen mit Expertensystemen. IX, 257 Seiten. 1987.

Band 149: E. Paulus (Hrsg.), Mustererkennung 1987. 9. DAGM-Symposium, Braunschweig, Sept./Okt. 1987. Proceedings. XVII, 324 Seiten. 1987.

Band 150: J. Halin (Hrsg.), Simulationstechnik. 4. Symposium, Zürich, September 1987. Proceedings. XIV, 690 Seiten. 1987.

Band 151: E. Buchberger, J. Retti (Hrsg.), 3. Österreichische Artificial-Intelligence-Tagung. Wien, September 1987. Proceedings. VIII, 181 Seiten. 1987.

Band 152: K. Morik (Ed.), GWAI-87. 11th German Workshop on Artificial Intelligence. Geseke, Sept./Okt. 1987. Proceedings. XI, 405 Seiten. 1987.

Band 153: D. Meyer-Ebrecht (Hrsg.), ASST'87. 6. Aachener Symposium für Signaltheorie. Aachen, September 1987. Proceedings. XII, 390 Seiten. 1987.

Band 154: U. Herzog, M. Paterok (Hrsg.), Messung, Modellierung und Bewertung von Rechensystemen. 4. GI/ITG-Fachtagung, Erlangen, Sept./Okt. 1987. Proceedings. XI, 388 Seiten. 1987.

Band 155: W. Brauer, W. Wahlster (Hrsg.), Wissensbasierte Systeme. 2. Internationaler GI-Kongreß, München, Oktober 1987. XIV, 432 Seiten. 1987.

Band 156: M. Paul (Hrsg.), GI – 17. Jahrestagung. Computerintegrierter Arbeitsplatz im Büro. München, Oktober 1987. Proceedings. XIII, 934 Seiten. 1987.

Band 157: U. Mahn, Attributierte Grammatiken und Attributierungsalgorithmen. IX, 272 Seiten. 1988.

Band 159: Th. Christaller, H.-W. Hein, M. M. Richter (Hrsg.), Künstliche Intelligenz. Frühjahrsschulen, Dassel, 1985 und 1986. VII, 342 Seiten. 1988.

Band 160: H. Mäncher, Fehlertolerante dezentrale Prozeßautomatisierung. XVI, 243 Seiten. 1987.

Band 161: P. Peinl, Synchronisation in zentralisierten Datenbanksystemen. XII, 227 Seiten. 1987.

Band 162: H. Stoyan (Hrsg.), Begründungsverwaltung. Proceedings, 1986. VII, 153 Seiten. 1988.

Band 163: H. Müller, Realistische Computergraphik. VII, 146 Seiten. 1988.

Band 164: M. Eulenstein, Generierung portabler Compiler. X, 235 Seiten. 1988.

Band 165: H.-U. Heiß, Überlast in Rechensystemen. IX, 176 Seiten. 1988.

Band 166: K. Hörmann, Kollisionsfreie Bahnen für Industrieroboter. XII, 157 Seiten. 1988.

Band 167: R. Lauber (Hrsg.), Prozeßrechensysteme '88. Stuttgart, März 1988. Proceedings. XIV, 799 Seiten. 1988.

Band 168: U. Kastens, F. J. Rammig (Hrsg.), Architektur und Betrieb von Rechensystemen. 10. GI/ITG-Fachtagung, Paderborn, März 1988. Proceedings. IX, 405 Seiten. 1988.

Band 169: G. Heyer, J. Krems, G. Görz (Hrsg.), Wissensarten und ihre Darstellung. VIII, 292 Seiten. 1988.